2025年度用

公立中高一貫校 適性検査対策 問題集 総合編

攻略

実戦力をつける!
~実際の出題から良問を精選

考え方・答えの作り方がわかる!
~思考の道筋に重点をおいた詳しい解説
（一部動画つき）

作文が書ける!
~基礎を学ぶ6つのステップで
作文を攻略

自信がつく!
~仕上げテストで実力を確認

公立中高一貫校入試シリーズ

東京学参

この本の使い方

1　適性検査で問われる文章力，資料（グラフ）の読み取り方を身につける。

基礎編

2　分類された分野ごとの例題を解き，考え方，解き方を習得する。

例　題

サポートのポイント…保護者によるアドバイスのポイントをまとめている。
考え方・解き方…（　　）にあてはまる言葉や数を入れながら解き方を確認する。

学習日　月　日

例題を解いてみて，ようすをつかもう！
❶ 資料の読み取り・活用問題

出題の割合 ★★★
難　し　さ ★☆☆
関連教科　算 国 理 社 他

▼このテーマの目標
図表・グラフなどの意味しているところを読み取り，問われていることがらに応じた情報の整理・活用ができる。

◆　みなみさんは自由研究のテーマとして，「タンポポ」について調べてみることにしました。
町の図書館で調べたところ，タンポポにはもともと日本にあった在来種といわれるものと，外国から入ってきた外来種というものがあることを知りました。
……が多く見

出題の割合…その問題の出題率を確かめる。
難しさ…その問題の難しさ。
関連科目…その問題を解くために必要な教科。

3　２で分類された分野ごとの練習問題を解く。

実戦問題

時間の目安…問題を解く時間の目安を示している。
難しさ…★の数が多いと難しいことを表している。
目標…正解目標数を示している。
関連教科…その問題と関連の深い教科を示している。
ヒント…問題を解くヒントを示している。わからないときに読もう。

学習日　月　日

❶資料の読み取り・活用問題
実戦問題 ①

時間の目安10分
難しさ ★★☆
6問中　　問正解
関連教科　算 国 理 社 他
目標　4問以上正解

◆　さくらさんたちは，社会科の授業で，日本の輸送について学習し，荷物がさまざまな輸送機関によって運ばれていることを知りました。学習のあと，さくらさんたちは，身近な「宅《たく》配便」について興味をもち，資料を持ち寄って話し合いました。その後，さくらさんは，宅配便の営業所へ行きました。［さくらさんたちの話し合いの一部］や次のページの［さくらさんと宅配便の営業所の林さんとの会話の一部］，資料１～４をもとにして，あとの問いに答えなさい。

＜徳島県立中学校・改題＞

［さくらさんたちの話し合いの一部］

さくら　宅配便は，どれくらい荷物を運んでいるのかな。
たけし　資料を見ると，2012年には，［あ］個運んでいるね。その27年前の1985年と比べると，約［い］倍の荷物を運んでいるよ。
しおり　こちらの資料を見ると，全国で運ばれた荷物の総重量（３日間調査）の中で，「トラック（宅配便）」のしめる割《わり》合は［う］%だよ。

4　本番さながらの問題で実力を診断する。

仕上げテスト

5　解けなかったところを確認する。

解答・解説

問われる力…どんな観点の問題か示している。
☞…どんな問題なのか簡潔に示している。
ここに着目…問題を解く上での着眼点を示している。
解き方…考え方を順を追って説明している。
見直そう…問題に関連する重要事項をまとめている。
参考…知っておくと役立ちそうなことがらをまとめている。
コラム…問題に関連する発展的な事項を紹介している。
注意…まちがえやすい点，注意点。
サポートのポイント…保護者によるアドバイスのポイントをまとめている。

❶資料の読み取り・活用問題

実戦問題①　32・

◆〔社会，算数：資料の読み取り，くらしとかん境〕

答え
(1)　あ　ウ　(2)　い　7　う　3.7　え　63.2
(3)　(解答例)(宅《たく》配便の荷物は，）１件あたりの重さが軽い。
(4)　(解答例)（その後，）午後 11 時に物流ターミナルＡを出発し，物流ターミナルＢへ運びます。そして，よく朝の午前６時に物流ターミナルＢを出発し，県外のおばさんの家の近くの営業所へ運びます。

◆問わ

☞ 運送を題材とした問題。資料の数値《ち》を使って式をたてられるかがポイントと
ひとつのデータから読み取るだけではなく，他のデータと比かくしたり，組み合わせ
考えることが大切です。

ここに着目

(1)　たけしさんの発言に合わせて資料の縦軸《たてじく》と横軸を読み取りましょう。2012年の
の取りあつかい個数は縦軸で見ると約3500です。答えの単位になるように書きか
(2)　［い］は2012年の取りあつかい個数が1985年の何倍かを聞いているので，資料１
読み取り，割《わ》り算で求めましょう。［う］は資料２，［え］は資料３からそれぞれ読み
(3)　トラックで運んでいる荷物のうち，宅配便の荷物は資料２と資料３にしめる割《わり》
がっています。そのちがいからいえることを考えましょう。
(4)　問題で指示されている「出発時刻《こく》」と「運ぶ場所」を順に示すことを忘れずに，
タをわかりやすく説明しましょう。

解き方

はじめに

1990年代半ばに国内で初めて公立の中高一貫校が設置されました。これは，私学での中高一貫教育が広がりを見せるなか，小学校卒業後の心身ともに著しく成長する多感な時期に，六年間，一貫した教育を受ける機会を生徒・保護者に提供する必要がある，という趣旨のもとで導入されたものでした。

当初は全国で500校を設置することを目標としていましたが，その後，少しずつ数は増えていき，2024年3月現在，全国で約200校が設置されています。

学校の数が増えるとともに，そのメリットなどが知られるようになり，人気も高まってきています。特に志願倍率の高いところでは，倍率が10倍を超える学校もあります。

こうして，公立の中高一貫校への人気が高まってはいますが，設立からの歴史が浅い学校も多く，中身については次のような疑問をもつ方も多いかと思います。

どのような教育をするのか？
どのようなメリットがあるのか？

そして，公立の中高一貫校への進学を考えている人にとって，目の前の大きな関心事は適性検査のことでしょう。

本書では，初めに，公立の中高一貫校の特徴および適性検査の特徴を説明し，各校の選抜実施状況などを一覧表にまとめてあります。本書の中心となる，「実戦問題」では，過去の適性検査の問題から出題内容を調べ，14のテーマに分類して，それぞれ問題の考え方・解き方を説明し，その後に，過去の問題から厳選した練習問題を掲載しています。

本書が，公立の中高一貫校を目指す受検生・保護者の方々に役に立つ情報をご提示し，受検生の皆さんが適性検査でよい結果を得るためのお役に立てるものとなるよう願っております。

目　次

動画解説　このアイコンがある問題は解説動画を見て確認します。P.144（奥付）の QR コードを読み込みましょう。

公立中高一貫校とは

◆公立中高一貫校の３つのタイプ

公立の中高一貫校は，次の３つのタイプに分かれます。

<table>
<tr><th></th><th>中等教育学校</th><th>併　設　型</th><th>連　携　型</th></tr>
<tr><td>タイプ</td><td>１つの学校で一貫した教育を行う。

１つの学校
前期課程（３年）
中学校にあたる
後期課程（３年）
高校にあたる</td><td>１つの設置者が中学校・高校を併設し，一貫した教育を行う。

１つの設置者
中学校
高　校</td><td>もともとあった高校と中学校が連携して一貫した教育を行う。

中学校
連携
高　校</td></tr>
<tr><td>入学・入学者の選抜</td><td colspan="2">• 入学希望者が，学校を志望する。
• 入学者の選抜は
・小学校が作成する調査書
・適性検査　・作文　・面接　・実技　・抽選
などによる。</td><td>• 基本的に小学校からは，決められた通学区域の中学校に入学する。
• 中学から高校へは，簡単な選抜で進学できる。</td></tr>
<tr><td rowspan="3">注意点</td><td>希望する場合は，前期課程修了後，ほかの高校に進学できる。</td><td>希望する場合は，中学校修了後，ほかの高校に進学できる。</td><td>中学校修了後，連携しているところ以外の高校にも進学できる。</td></tr>
<tr><td>高校進学時には，ほかの中学からの入学者はいない。</td><td>高校進学時に，ほかの中学から入学する人がいる（外部進学者）。</td><td>高校進学時に，連携している中学校以外から入学する人がいる。</td></tr>
<tr><td colspan="2">➡生徒の構成からみると，中等教育学校と併設型では，高校から外部進学者がいるか，いないかが大きなちがいとなります。</td><td>➡中学校進学時に適性検査がないことが，ほかの２つのタイプとの大きなちがいです。</td></tr>
</table>

連携型は，中学校入学時に適性検査がないので，本書では対象としておりません。

◆公立中高一貫校の特徴

設置状況

2024年３月現在，全国で約200校が設置されています。そのうち，本書の対象となる中等教育学校が約30校，併設型の学校が約90校です。多くの公立中高一貫校は，「リーダーの養成」「国際社会で活躍できる人材育成」を目標として掲げています。

各高校通学区域に１校ということから，当初は全国で500校の設置が目標だったのですが，昨今の児童数の減少，通学区域の数の減少などの理由から，現在のところは今の数字くらいの校数に落ち着いているようです。

教育内容――中学校・高校との比較――

中学，高校という心身の成長の著しい多感な時期に，３年・３年の細かい区切りでなく，６年間という長い期間での教育プログラムを実施できることが特長です。また，中学から高校に進学するときに，受験勉強の必要がないので，腰を落ち着けて学習に取り組むことができます。

人事の異動はあるものの，基本的に同じ教員による一貫した指導を受けられるのもメリットといえます。ただし，逆に自分に校風が合わなかった場合などは，６年間も同じ学校に通わなければならないことがデメリットになることもあります。

入学方法――私立の中学入試，高校入試との比較

公立の中高一貫校では，中等教育学校でも，併設校でも，学力検査はしないということになっています。選抜方法は学校によりさまざまですが，適性検査，作文，面接，実技，抽選などが行われ，入学するための適性，資格が判断されます。学力検査がない代わりに，適性検査などで課される問題では，基本的な読み書きの能力，知識，思考力，表現力が不可欠です。

中高一貫校では，高校入試の受験勉強が不要です。しかし，中高一貫校の適性検査などは，何も対策をせずに対応できるものではありません。

結局，中学のときに受験勉強をするか，小学校のときに受検勉強をするかの選択にもなってきます。

学費について――私立の中高一貫校との比較――

中等教育学校の前期課程，併設型の中学校の間は義務教育ですので，授業料がありません。また，中等教育学校の後期課程，併設型の高校でも，ほかの公立高校同様，授業料は徴収されていませんので，私立の中高一貫校と比べて，経済的負担は著しく軽いといえます。

単純に比較すると，私学は公立より費用が高いことは事実ですが，施設の充実度合いなど，教育環境が異なるので，一概に言うこともできません。校風，通学の利便性など，さまざまな要素と考え合わせて，選択することになります。

適性検査の特徴

適性検査の特徴を説明する前に，公立の中高一貫校の一般的な選抜の過程を確認しましょう。

●選抜の過程

出願　以下の書類を提出します。

入学願書	調査書（報告書）	志願理由書
本人が作成する。	小学校が作成する	本人が作成する。提出の有無は学校による。

※検査前に書類選考，抽選による選考を行う学校もあります。

検査　検査では次のようなものが実施されます。

面　接	作　文	適性検査
受検者全員に実施される。	実施の有無は学校による。	名称や実施状況，内容は学校によって異なる。

合格者の選考　次のような過程で選考されます。

入学予定者の選考

調査書，面接・作文・適性検査などの結果から総合的に判断して「入学予定者」を選考する。

学校によっては募集定員に関係なく，入学の適性を認めた人を選考。

抽選 →

入学予定者を決定

※合格者の選考方法，基準などについては原則公表されません。

●適性検査の特徴

くり返しになりますが，公立の中高一貫校では，学力試験は実施されません。適性検査は学力を検査するものではなく，あくまでも受検者の入学者としての適性を判断するものとして実施されます。したがって，実際の適性検査は単に覚えておけば解けるという単純な問題はほとんどなく，読み書きの能力に加えて，思考力，判断力，表現力などが総合的に試されるのです。以下に特徴をあげてみます。

- **複数の教科にわたる問題**
- **作文や，文章で答える問題**
- **資料，写真，絵などをもとにした問題**
- **リスニング問題**（実施されていない学校もある）

では，例で見てみましょう。（本書で取り上げた問題は，実際に過去に出題された問題です。）

複数の教科にわたる問題
東海道五十三次の地図から，距離の計算，資料の読み取り

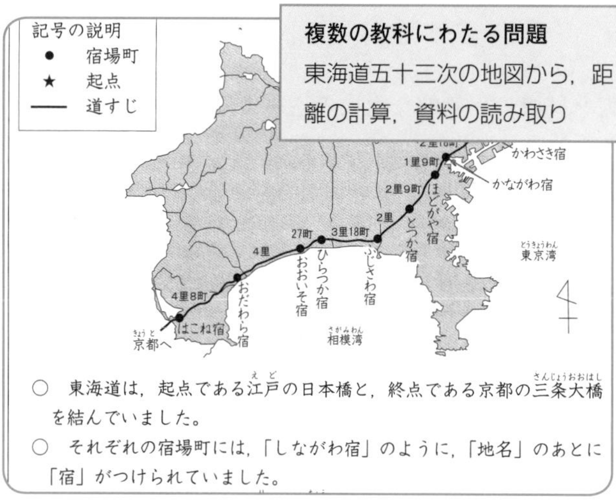

資料をもとにした問題
ごみを減らそうとする企業の取り組みから，理由説明，学級通信の記事の作文

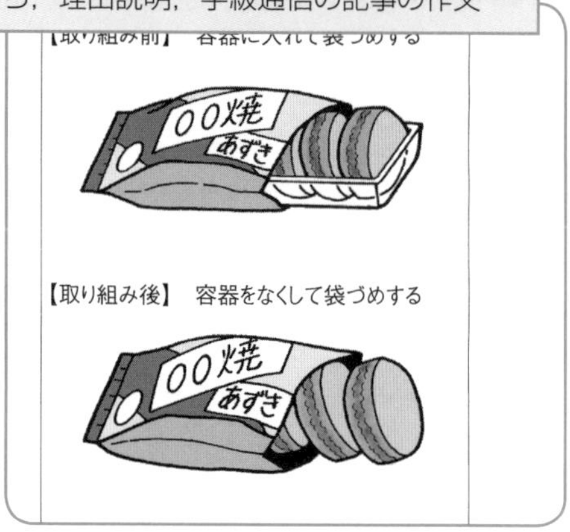

絵をもとにした問題
絵と会話中の言葉から500～600字の作文

作文問題
校長先生への招待状の作文

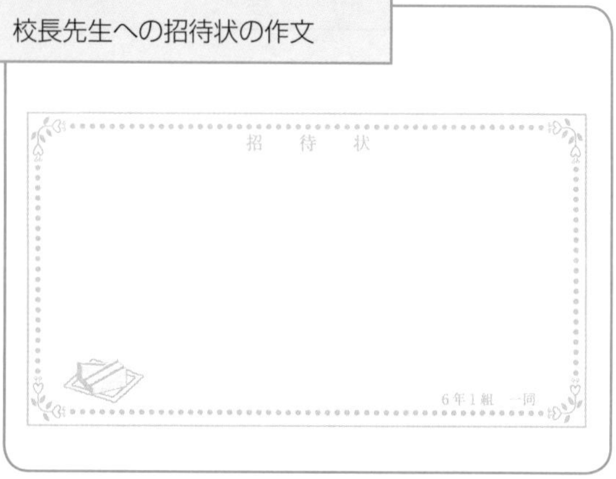

●適性検査への対応

適性検査に対応するために，次のような点に気をつけましょう。

学校の日々の授業・生活を大切にする

適性検査に必要な力や適性の基本となるのは，あくまでも学校で習得することです。ふだんの授業や学校生活の中で考える力，表現する力をつちかい，深められるよう努力しましょう。

ふだんの生活を大切にする

特に作文などで，受検者の考えを聞いたり，体験を聞いたりする問題が多く出題されます。読書，テレビ番組で印象に残ったことや，友達とのやりとりなどを心にとめておきましょう。

受検する学校の問題の傾向を知る

適性検査の問題は学校によりさまざまですが，それぞれの学校ごとに問題の内容や形式に傾向がある場合が多く見受けられます。適性検査を受ける前に，だいたいの傾向をつかんでおきましょう。

できるだけ多くの問題を解く

実際の適性検査では，予想していなかったような問題や，その場での思考力が試される問題が出題されます。そんな問題に対応するためには，できるだけ数多くの問題をこなして自信を深めることが大切です。

全国・公立中高一貫校一覧（2024年度版）

都道府県	学校名	募集人員	選抜方法	検査日	合格発表日	受検倍率
北海道	北海道登別明日 中等教育学校	男女80名 （寄宿舎に入る男女各８名を含む）	出願理由等説明書，児童の状況調書，作文，実技，個人面接（英語によるやり取りを含む）	1/6	1/18（web） 1/22までに通知	1.25
	札幌市立 札幌開成中等教育学校	男女160	一次：出願理由等説明書，児童の状況調書，適性検査Ⅰ，Ⅱ 二次：グループ活動	一次1/11， 二次1/20	1/26（通知）	3.06
青森県	青森県立三本木 高等学校附属中学校	男女66	調査書，自己ピーアール，適性検査Ⅰ，Ⅱ，個人面接	検査12/2 面接12/3	12/25 （通知 ,web）	—
岩手県	岩手県立一関第一 高等学校附属中学校	男女70	調査書，適性検査Ⅰ，Ⅱ，Ⅲ，集団面接	1/13	1/30 （投函, web）	1.47
宮城県	宮城県立 古川黎明中学校	男女105	調査書，総合問題， 作文，面接	1/7	1/15 （通知）	1.84
	宮城県立 仙台二華中学校	男女105	調査書，総合問題， 作文，面接	1/7	1/15 （通知）	3.40
	仙台市立 仙台青陵中等教育学校	男女140	調査書，総合問題Ⅰ，Ⅱ，作文，面接	1/7	1/15 （通知）	1.83
秋田県	秋田県立 横手清陵学院中学校	男女70 （県外居住者上限５名を含む）	報告書，適性検査，作文，集団・個人面接，入学願書	12/23	1/9 （通知）	0.30
	秋田県立大館国際情報 学院中学校	男女70 （県外居住者上限５名を含む）	報告書，適性検査，作文，集団・個人面接，入学願書	12/23	1/9 （通知）	0.83
	秋田県立 秋田南高等学校中等部	男女80 （県外居住者上限５名を含む）	報告書，適性検査，作文，集団面接，入学願書	12/23	1/9 （通知）	2.20
山形県	山形県立 東桜学館中学校	男女99名	調査書，適性検査，作文，集団面接	1/6	1/12 （通知）	1.68
	山形県立致道館中学校	男女99名	調査書，適性検査，作文，集団面接	1/6	1/12 （発送）	2.17
福島県	福島県立 ふたば未来学園中学校	一般48程度 （双葉郡枠12程度を含む）	調査書，志願理由書（出願時同封），適性検査１，２，個人面接	1/6	1/16 （通知 ,web）	1.50
		スポーツ12程度	調査書，志願理由書（1/4までに送付），実技検査（基礎的な運動能力，バドミントン，レスリング），作文，個人面接	1/6	1/16 （通知 ,web）	1.58
	福島県立 会津学鳳中学校	男女90	調査書，適性検査１，２，集団面接	1/6	1/16 （通知 ,web）	1.83
茨城県	茨城県立日立第一 高等学校附属中学校	男女80 （各40人程度）	志願理由書，調査書，適性検査Ⅰ，Ⅱ，集団面接	1/6	1/18 （通知 ,web）	2.55

※「受検倍率」は2024年２月時点で発表が確認できたものを掲載しています。

※この一覧は2024年度の選抜・検査の状況を弊社が独自に調査し編集したものです。2025年度の状況につきましては，各学校や自治体，教育委員会などにお問い合わせください。

※★印のついてある選抜方法，受検倍率については，2021年度の内容になります。

※感染症や災害の影響により，例年と実施内容（面接の中止など）に差異があります。また，追検査が実施されている場合もあります。

都道府県	学校名	募集人員	選抜方法	検査日	合格発表日	受検倍率
茨城県	茨城県立 並木中等教育学校	男女160 （各80人程度）	志願理由書，調査書，適性検査Ⅰ，Ⅱ，集団面接	1/6	1/18 （通知 ,web）	3.42
	茨城県立 古河中等教育学校	男女120 （各60人程度）	志願理由書，調査書，適性検査Ⅰ，Ⅱ，集団面接	1/6	1/18 （通知 ,web）	1.58
	茨城県立太田第一 高等学校附属中学校	男女40 （各20人程度）	志願理由書，調査書，適性検査Ⅰ，Ⅱ，集団面接	1/6	1/18 （通知 ,web）	1.35
	茨城県立鉾田第一 高等学校附属中学校	男女40 （各20人程度）	志願理由書，調査書，適性検査Ⅰ，Ⅱ，集団面接	1/6	1/18 （通知 ,web）	2.43
	茨城県立鹿島 高等学校附属中学校	男女40 （各20人程度）	志願理由書，調査書，適性検査Ⅰ，Ⅱ，集団面接	1/6	1/18 （通知 ,web）	1.80
	茨城県立竜ヶ崎第一 高等学校附属中学校	男女40 （各20人程度）	志願理由書，調査書，適性検査Ⅰ，Ⅱ，集団面接	1/6	1/18 （通知 ,web）	3.88
	茨城県立下館第一 高等学校附属中学校	男女40 （各20人程度）	志願理由書，調査書，適性検査Ⅰ，Ⅱ，集団面接	1/6	1/18 （通知 ,web）	2.05
	茨城県立水戸第一 高等学校附属中学校	男女80 （各40人程度）	志願理由書，調査書，適性検査Ⅰ，Ⅱ，集団面接	1/6	1/18 （通知 ,web）	3.85
	茨城県立土浦第一 高等学校附属中学校	男女80 （各40人程度）	志願理由書，調査書，適性検査Ⅰ，Ⅱ，集団面接	1/6	1/18 （通知 ,web）	2.95
	茨城県立 勝田中等教育学校	男女120 （各60人程度）	志願理由書，調査書，適性検査Ⅰ，Ⅱ，集団面接	1/6	1/18 （通知 ,web）	1.19
	茨城県立下妻第一 高等学校附属中学校	男女40 （各20人程度）	適性検査Ⅰ，Ⅱ，集団面接，調査書，志願理由書	1/6	1/18 （通知 ,web）	2.50
	茨城県立水海道第一 高等学校附属中学校	男女40 （各20人程度）	適性検査Ⅰ，Ⅱ，集団面接，調査書，志願理由書	1/6	1/18 （通知 ,web）	4.25
栃木県	栃木県立宇都宮東 高等学校附属中学校	男女105	学習や生活の記録，適性検査，作文，集団面接	1/6	1/11 （通知 ,web）	3.10
	栃木県立佐野 高等学校附属中学校	男女105	学習や生活の記録，適性検査，作文，集団面接	1/6	1/11 （通知 ,web）	2.34
	栃木県立矢板東 高等学校附属中学校	男女70	学習や生活の記録，適性検査，作文，集団面接	1/6	1/11 （通知 ,web）	1.77
群馬県	群馬県立 中央中等教育学校	男女各60	調査書，適性検査Ⅰ，Ⅱ，面接	1/20	1/29 （web）	2.92
	伊勢崎市立四ツ葉学園 中等教育学校	男女各60	調査書，適性検査Ⅰ，パーソナルプレゼンテーション	1/20	1/29 （web）	2.06
	太田市立太田中学校	男女各51	調査書，適性検査Ⅰ，作文，面接	1/20	1/29 （web，校内掲示）	1.83
埼玉県	埼玉県立伊奈学園中学校	男女80	一次：作文Ⅰ，Ⅱ 二次：調査書，個人面接	一次1/13， 二次1/20	一次1/18 二次1/25	4.94
	さいたま市立浦和中学校	男女各40	一次：調査書，適性検査Ⅰ，Ⅱ 二次：適性検査Ⅲ（Ⅲは作文），集団・個人面接（英語含む）	一次1/13， 二次1/20	一次1/17 二次1/24	8.13
	さいたま市立大宮国際 中等教育学校	男女各80程度より特別選抜の人数を差し引く	調査書 一次：適性検査 A，B 二次：適性検査C（作文），集団活動	一次1/14， 二次1/20	一次1/17 二次1/24	4.53 （特別選抜を含む）
		特別選抜（帰国生，外国人）（定員の10％程度）	調査書 一次：適性検査D，集団面接（英語含む） 二次：適性検査E（作文），集団活動	一次1/14， 二次1/20	一次1/17 二次1/24	—
	川口市立高等学校附属 中学校	男女各40	調査書 一次：適性検査Ⅰ，Ⅱ 二次：適性検査Ⅲ（作文），集団面接	一次1/13， 二次1/20	一次1/18 二次1/25 （web）	4.56

都道府県	学校名	募集人員	選抜方法	検査日	合格発表日	受検倍率
千葉県	千葉県立千葉中学校	男女80	一次：適性検査1-1，1-2 二次：報告書，志願理由書，適性検査2-1，2-2，集団面接	一次12/9， 二次1/24	一次12/20 二次1/31 （web，校内掲示）	7.05
	千葉県立東葛飾中学校	男女80	一次：適性検査1-1，1-2 二次：報告書，志願理由書，適性検査2-1，2-2，プレゼンテーション	一次12/9， 二次1/24	一次12/20 二次1/31 （web，校内掲示）	9.68
	千葉市立 稲毛国際中等教育学校	男女160	一次：適性検査Ⅰ，Ⅱ 二次：報告書，志願理由書，適性検査Ⅲ，面接	一次12/9， 二次1/24	一次12/16 二次2/1 （通知，web）	4.58
東京都	東京都立白鴎 高等学校附属中学校	帰国在京30	面接（成績証明書または報告書を活用）・作文（面接・作文は日本語または英語による）	1/25	1/31 （web，校内掲示）	1.40
		特別枠6以内	報告書・面接・実技検査	2/1	2/2 （web，校内掲示）	2.75
		男女各85より特別枠の人数を差し引く	報告書，適性検査Ⅰ，Ⅱ，Ⅲ	2/3	2/9 （web，校内掲示）	3.92
	東京都立両国 高等学校附属中学校	男女各80	報告書，適性検査Ⅰ，Ⅱ，Ⅲ	2/3	2/9 （web，校内掲示）	4.14
	東京都立富士 高等学校附属中学校	男女各80	報告書，適性検査Ⅰ，Ⅱ，Ⅲ	2/3	2/9 （web，校内掲示）	3.38
	東京都立大泉 高等学校附属中学校	男女各80	報告書，適性検査Ⅰ，Ⅱ，Ⅲ	2/3	2/9 （web，校内掲示）	4.04
	東京都立武蔵 高等学校附属中学校	男女各80	報告書，適性検査Ⅰ，Ⅱ，Ⅲ	2/3	2/9 （web，校内掲示）	2.52
	東京都立 桜修館中等教育学校	男女各80	報告書，適性検査Ⅰ，Ⅱ	2/3	2/9 （web，校内掲示）	4.18
	東京都立 小石川中等教育学校	特別枠 男女5以内	報告書・作文・面接	2/1	2/2 （web，校内掲示）	1.50
		男女各80より特別枠の人数を差し引く	報告書，適性検査Ⅰ，Ⅱ，Ⅲ	2/3	2/9 （web，校内掲示）	3.90
	東京都立 南多摩中等教育学校	男女各80	報告書，適性検査Ⅰ，Ⅱ	2/3	2/9 （web，校内掲示）	3.67
	東京都立 立川国際中等教育学校	帰国在京30	面接（成績証明書または報告書を活用）・作文（面接・作文は日本語または英語による）	1/25	1/31 （web，校内掲示）	1.73
		男女各65	報告書，適性検査Ⅰ，Ⅱ	2/3	2/9 （web，校内掲示）	3.95
	東京都立 三鷹中等教育学校	男女各80	報告書，適性検査Ⅰ，Ⅱ	2/3	2/9 （web，校内掲示）	4.52
	千代田区立 九段中等教育学校	区分A （千代田区民） 男女80	報告書，志願者カード，適性検査	2/3	2/9 （web，校内掲示）	2.21
		区分B （千代田区民以外の都民） 男女80	報告書，志願者カード，適性検査	2/3	2/9 （web，校内掲示）	5.41
神奈川県	神奈川県立 相模原中等教育学校	男女160	調査書，適性検査Ⅰ，Ⅱ	2/3	2/10	5.24
	神奈川県立 平塚中等教育学校	男女160	調査書，適性検査Ⅰ，Ⅱ	2/3	2/10	4.14

都道府県	学校名	募集人員	選抜方法	検査日	合格発表日	受検倍率
神奈川県	横浜市立 南高等学校附属中学校	男女160	調査書，適性検査Ⅰ，Ⅱ	2/3	2/10 （web）	4.17
	横浜市立横浜サイエンスフロンティア 高等学校附属中学校	男女80	調査書，適性検査Ⅰ，Ⅱ	2/3	2/10 （web）	5.36
	川崎市立川崎 高等学校附属中学校	男女120	調査書，適性検査Ⅰ，Ⅱ	2/3	2/10	3.94
新潟県	新潟県立 村上中等教育学校	男女80	調査書，作文，面接	1/6	1/14	0.83
	新潟県立柏崎翔洋 中等教育学校	男女80	調査書，作文，面接	1/6	追検査が実施されたため 1/22	0.45
	新潟県立燕中等教育学校	男女80	調査書，作文，面接	1/6	追検査が実施されたため 1/22	0.80
	新潟県立 津南中等教育学校	男女80	調査書，作文，面接	1/6	1/14	0.94
	新潟県立 直江津中等教育学校	男女80	調査書，作文，面接	1/6	1/14	0.93
	新潟県立 佐渡中等教育学校	男女40	調査書，作文，面接	1/6	1/14	0.65
	新潟市立 高志中等教育学校	男女120	調査書，適性検査1，2，面接（個人又は複数）	12/9	追検査が実施されたため 12/19	1.12
石川県	石川県立金沢錦丘中学校	男女120	調査書，総合適性検査Ⅰ，Ⅱ，個人面接	1/28	2/5 （通知）	2.10
福井県	福井県立高志中学校	男女90	調査書，適性検査Ⅰ，Ⅱ，Ⅲ，面接	12/16,17	12/25 （通知 ,web）	3.00
山梨県	北杜市立甲陵中学校	40	調査書，作文，適性検査1，2，3，集団面接 ★	12/24	1/11	－
長野県	長野県立屋代 高等学校附属中学校	男女80	報告書，適性検査Ⅰ，Ⅱ，集団面接	12/2	12/12	3.19
	長野県立諏訪清陵 高等学校附属中学校	男女80	報告書，適性検査Ⅰ，Ⅱ，集団面接	12/2	12/12	2.43
	長野市立長野中学校	男女70	報告書，適性検査，作文，集団面接	12/2	12/12	1.61
静岡県	静岡県立 清水南高等学校中等部	男女105	総合適性検査Ⅰ，Ⅱ，作文，面接，調査書	1/6，7	1/17 （郵送）	1.48
	静岡県立 浜松西高等学校中等部	男女140	総合適性検査Ⅰ，Ⅱ，作文，集団面接，調査書	1/6，7	1/17 （郵送）	2.68
	沼津市立 沼津高等学校中等部	男女80 （うち沼津市外は25%以内）	志願理由書，総合適性検査Ⅰ，Ⅱ，作文，面接	1/6，7	1/17 （郵送）	1.38
滋賀県	滋賀県立河瀬中学校	男女80	個人調査報告書，作文，適性検査，集団面接	1/13	1/20 （web，校内掲示）	1.68
	滋賀県立守山中学校	男女80	個人調査報告書，作文，適性検査，集団面接	1/13	1/20 （web，校内掲示）	3.85
	滋賀県立水口東中学校	男女80	個人調査報告書，作文，適性検査，集団面接	1/13	1/20 （web，校内掲示）	1.48
京都府	京都府立洛北 高等学校附属中学校	男女80	報告書，面接，適性をみる検査	1/13	1/17	2.43
	京都府立園部 高等学校附属中学校	男女40	報告書，面接，適性をみる検査	1/13	1/17	0.83

都道府県	学校名	募集人員	選抜方法	検査日	合格発表日	受検倍率
京都府	京都府立福知山 高等学校附属中学校	男女40	報告書，面接，適性をみる検査	1/13	1/17	1.63
	京都府立南陽 高等学校附属中学校	男女40	報告書，面接，適性をみる検査	1/13	1/17	2.50
	京都市立西京 高等学校附属中学校	男女120	報告書，面接，適性をみる検査Ⅰ，Ⅱ，Ⅲ	1/13	1/17	3.52
大阪府	大阪府立 咲くやこの花中学校	ものづくり（理工）男女20	適性検査Ⅰ，Ⅱ，作文	1/20	1/28	5.40
		スポーツ 男女20	適性検査Ⅰ，Ⅱ，作文	1/20	1/28	2.40
		言語 男女20	適性検査Ⅰ，Ⅱ，作文	1/20	1/28	3.90
		芸術（美術・デザイン） 男女20	適性検査Ⅰ，Ⅱ，作文	1/20	1/28	4.10
	大阪府立富田林中学校	男女120	適性検査Ⅰ，Ⅱ，Ⅲ，作文	1/20	1/28	2.79
	大阪府立 水都国際中学校	男女80	適性検査Ⅰ，Ⅱ，Ⅲ	1/20	1/28	4.05
奈良県	奈良県立青翔中学校	男女80	調査書，適性検査1，2，3	1/27	2/1 （通知，web）	1.15
	奈良県立国際中学校	男女70	調査書，適性検査1，2，3	1/27，28	2/1 （通知，web）	1.74
		国際選抜 男女5	調査書，作文（日本語若しくは英，仏，独，西，中，韓），個人面接	1/27	2/1 （通知，web）	0.60
兵庫県	兵庫県立 芦屋国際中等教育学校	男女80 （内外国人児童30，帰国児童30，海外生活を目指す者20）	推薦書，志願理由書，作文，個人面接	2/3	2/8	2.71
	兵庫県立大学附属中学校	男女70	志願理由書，調査書，適性検査Ⅰ，Ⅱ，集団面接	1/27	2/1 （校内掲示）	2.50
和歌山県	和歌山県立 古佐田丘中学校	男女40	調査書，適性検査Ⅰ，Ⅱ，作文，個人面接	1/20，21	1/31 （郵送）	1.20
	和歌山県立向陽中学校	男女80	調査書，適性検査Ⅰ，Ⅱ，作文，個人面接	1/20，21	1/31 （郵送）	3.05
	和歌山県立桐蔭中学校	男女80	調査書，適性検査Ⅰ，Ⅱ，作文，個人面接	1/20，21	1/31 （郵送）	2.99
	和歌山県立日高 高等学校附属中学校	男女40	調査書，適性検査Ⅰ，Ⅱ，作文，個人面接	1/20，21	1/31 （郵送）	1.00
	和歌山県立田辺中学校	男女80	調査書，適性検査Ⅰ，Ⅱ，作文，個人面接	1/20，21	1/31 （郵送）	1.45
岡山県	岡山県立岡山操山中学校	男女120	調査書，適性検査Ⅰ，Ⅱ，集団面接	1/6	1/19 までに通知	2.93
	岡山県立倉敷天城中学校	男女120	調査書，適性検査Ⅰ，Ⅱ，集団面接	1/6	1/19 までに通知	2.30
	岡山県立津山中学校	男女80	調査書，適性検査Ⅰ，Ⅱ，集団面接	1/6	1/19 までに通知	2.16
	岡山県立岡山大安寺 中等教育学校	男女160	調査書，適性検査Ⅰ，Ⅱ，集団面接	1/6	1/19 までに通知	2.96
	岡山市立 岡山後楽館中学校	男女80	課題作文，面接	1/13	1/20 入学候補者が定員超えた場合公開抽選	—

都道府県	学校名	募集人員	選抜方法	検査日	合格発表日	受検倍率
広島県	広島県立広島中学校	男女160（内帰国児童を2名以内含む）	志望理由書，調査書，適性検査１，2，面接（帰国児童のみ）	1/27	2/1	3.11
	福山市立福山中学校	男女120	志望理由書，調査書，適性検査1，2	1/21	2/1（郵送）	3.31
	広島市立 広島中等教育学校	男女120（内調整措置により学区外から36名，帰国児童の特別入学２名）	調査書，志望理由書，適性検査1，2，面接	1/14	1/18	2.43
	広島県立 広島叡智学園中学校	男女40	一次：志望理由及び自己紹介書，調査書，適性検査A，B，面接 二次（二泊三日の共同生活）：グループワーク，面接，共同生活の振り返り	一次11/19，二次12/25～27	一次11/29 二次1/11	6.53
	広島県立三次中学校	男女80（内帰国児童を２名以内を含む）	適性検査１，２，志望理由書，調査書，面接（帰国児童のみ）	1/27	2/1	1.96
山口県	山口県立 高森みどり中学校	男女40	調査書，記述式の課題１，２，個人面接	1/13	1/24（校内掲示，通知）	0.63
	山口県立 下関中等教育学校	男女105	調査書，記述式の課題１，２，個人面接	1/13	1/24（校内掲示，通知）	1.06
徳島県	徳島県立 城ノ内中等教育学校	男女140	調査書，適性検査Ⅰ，Ⅱ，面接（個人又は集団）	1/6	1/20（郵送）	2.14
	徳島県立富岡東中学校	男女70	調査書，適性検査Ⅰ，Ⅱ，面接（個人又は集団）	1/6	1/20（郵送）	1.39
	徳島県立川島中学校	男女50	調査書，適性検査Ⅰ，Ⅱ，面接（個人又は集団）	1/6	1/20（郵送）	0.88
香川県	香川県立高松北中学校	男女105 別枠で全国（県外）からの入学志願者上限５名	調査書，適性検査Ⅰ，Ⅱ，個人面接	1/13	1/20	0.82
愛媛県	愛媛県立 今治東中等教育学校	男女140	入学志願理由書，調査書，作文，適性検査，グループ面接	1/7	1/15	0.98
	愛媛県立 松山西中等教育学校	男女160	入学志願理由書，調査書，作文，適性検査，グループ面接	1/7	1/15	1.55
高知県	高知県立安芸中学校	男女60	志願理由書，適性検査A，B，作文，個人面接	2/17	2/22（校内掲示，郵送）	0.80
	高知県立中村中学校	男女60	志願理由書，適性検査A，B，作文，個人面接	2/17	2/22（校内掲示，郵送）	1.07
	高知県立 高知国際中学校	男女80	志願理由書，適性検査A，B，作文，個人面接	2/17	2/22（校内掲示，郵送）	2.25
福岡県	福岡県立育徳館中学校	男女120	調査書，集団面接，適性検査Ⅰ・Ⅱ，作文	1/7	1/16	1.59
	福岡県立門司学園中学校	男女120	調査書，集団面接，適性検査Ⅰ・Ⅱ，作文	1/7	1/16	1.27
	福岡県立宗像中学校	男女80	調査書，集団面接，適性検査Ⅰ・Ⅱ，作文	1/7	1/16	3.15
	福岡県立嘉穂高等学校附属中学校	男女80	調査書，集団面接，適性検査Ⅰ・Ⅱ，作文	1/7	1/16	2.44
	福岡県立 輝翔館中等教育学校	男女120	調査書，集団面接，適性検査Ⅰ・Ⅱ，作文	1/7	1/16	0.83
佐賀県	佐賀県立香楠中学校	男女120	調査書，適性検査⑴，⑵，集団面接	1/13	1/24	1.87

都道府県	学校名	募集人員	選抜方法	検査日	合格発表日	受検倍率
佐賀県	佐賀県立致遠館中学校	男女120	調査書，適性検査(1)，(2)，集団面接	1/13	1/24	2.68
	佐賀県立唐津東中学校	男女120	調査書，適性検査(1)，(2)，集団面接	1/13	1/24	2.68
	佐賀県立武雄青陵中学校	男女120	調査書，適性検査(1)，(2)，集団面接	1/13	1/24	1.91
長崎県	長崎県立長崎東中学校	男女120（男女いずれも60%以下）	調査書，適性検査，作文，集団面接	1/7	1/15までに発送	1.93
	長崎県立佐世保北中学校	男女120（男女いずれも60%以下）	調査書，適性検査，作文，集団面接	1/7	1/15までに発送	2.29
	長崎県立諫早高等学校附属中学校	男女120（男女いずれも60%以下）	調査書，適性検査，作文，集団面接	1/7	1/15までに発送	2.24
熊本県	熊本県立宇土中学校	男女70	調査書，適性検査Ⅰ，Ⅱ，集団または個人面接	1/7	1/18（通知）	1.33
	熊本県立八代中学校	男女70	調査書，適性検査Ⅰ，Ⅱ，集団または個人面接	1/7	1/18（通知）	1.83
	熊本県立玉名高等学校附属中学校	男女70	調査書，適性検査Ⅰ，Ⅱ，集団または個人面接	1/7	1/18（通知）	1.64
大分県	大分県立大分豊府中学校	男女120	調査書，適性検査Ⅰ，Ⅱ，集団面接	1/6	1/12（web）	1.98
宮崎県	宮崎県立五ヶ瀬中等教育学校	男20，女20	調査書，作文，適性検査Ⅰ，Ⅱ，個人面接 ★	1/6	1/16（投函）	1.58
	宮崎県立宮崎西高等学校附属中学校	男女80	調査書，作文，適性検査Ⅰ，集団面接	1/6	1/16（投函）	3.18
	宮崎県立都城泉ヶ丘高等学校附属中学校	男女40	調査書，作文，適性検査Ⅰ，集団面接	1/6	1/16（投函）	2.78
鹿児島県	鹿児島県立楠隼中学校	男子60 全寮制 全国から募集	調査書，適性検査Ⅰ，Ⅱ，個人又は集団面接	1/21	1/26（発送，web）	1.90
	鹿児島市立鹿児島玉龍中学校	男女120	調査書，適性検査Ⅰ，Ⅱ，面接	1/14	1/19（発送）	―
沖縄県	沖縄県立与勝緑が丘中学校	男女80（男女同数を基本とする）	調査書，適性検査Ⅰ，Ⅱ，志願理由書	12/2	1/5までに送付	1.48
	沖縄県立開邦中学校	男女80（男女同数を基本とする）	調査書，適性検査Ⅰ，Ⅱ，学校独自検査（算数），志願理由書	12/2	1/5までに送付	6.93
	沖縄県立球陽中学校	男女80（男女同数を基本とする）	調査書，適性検査Ⅰ，Ⅱ，志願理由書	12/2	1/5までに送付	4.54
	沖縄県立名護高等学校附属桜中学校	男女40（男女同数を基本とする）	調査書，適性検査Ⅰ，Ⅱ，志願理由書	12/2	1/5までに送付	2.95

◆2024年以降設置予定の公立中高一貫校

● 2025年度設置予定

愛知県立中高一貫校（名古屋地区）※学校名未定

設 置 者　愛知県　タ イ プ　併設型　課程学科　全日制普通科・音楽科

設置形態　既設の県立明和高等学校に併設中学校を導入する。

愛知県立中高一貫校（海部地区）※学校名未定

設 置 者　愛知県　タ イ プ　併設型　課程学科　全日制国際探求科

設置形態　既設の県立津島高等学校普通科を学科改編し，併設中学校を導入する。

愛知県立中高一貫校（知多地区）※学校名未定

設 置 者　愛知県　タ イ プ　併設型　課程学科　全日制普通科

設置形態　既設の県立半田高等学校に併設中学校を導入する。

愛知県立中高一貫校（刈谷地区）※学校名未定

設 置 者　愛知県　タ イ プ　併設型　課程学科　全日制普通科

設置形態　既存の県立刈谷高等学校に併設中学校を導入する。

福島県立安積中学校・高等学校（仮称）

設 置 者　福島県　タ イ プ　併設型　課程学科　全日制普通科

設置形態　安積高等学校の同一敷地内に設置することとする。

● 2026年度設置予定

愛知県立中高一貫校（西三河地区）※学校名未定

設 置 者　愛知県　タ イ プ　併設型　課程学科　全日制普通科

設置形態　既設の県立豊田西高等学校に併設中学校を導入する。

愛知県立中高一貫校（東三河地区）※学校名未定

設 置 者　愛知県　タ イ プ　併設型　課程学科　全日制普通科

設置形態　既設の県立時習館高等学校普通科を学科改編し，併設中学校を導入する。

愛知県立中高一貫校（西三河地区）※学校名未定

設 置 者　愛知県　タ イ プ　併設型　課程学科　全日制国際探求科

設置形態　既設の県立西尾高等学校に併設中学校を導入する。

（参照：各自治体教育委員会 HP など）

◆英語の出題がある学校

●北海道登別明日中等教育学校（英語による面接）
●青森県立三本木高等学校附属中学校
●宮城県立古川黎明中学校
●宮城県立仙台二華中学校
●仙台市立仙台青陵中等教育学校
●秋田県立横手清陵学院中学校
●秋田県立大館国際情報学院中学校
●秋田県立秋田南高等学院中等部
●山形県立東桜学館中学校
●埼玉県立伊奈学園中学校
●さいたま市立大宮国際中等教育学校（特別選抜のみ英語での集団面接）
●さいたま市立浦和中学校（面接冒頭で英語による自己紹介）
●千葉市立稲毛国際中等教育学校
●大阪府立水都国際中学校
●大阪府立富田林中学校
●奈良県立国際中学校（面接で英語のやり取りがある）
●徳島県立城ノ内中等教育学校
●徳島県立富岡東中学校
●徳島県立川島中学校
●熊本県立宇土中学校
●熊本県立八代中学校
●熊本県立玉名高等学校附属中学校

【出題傾向と内容】

英語は，日常会話やスピーチなどを聞き，その内容に基づいた問題に解答するリスニング形式で出題される。会話は，外国人との交流の場面が設定される傾向にある。選択肢には，近い状況のものが並べられるため，単純な単語のみではなく，会話やスピーチの内容を正確に聞き取り，把握できているかが問われる。また，選択肢はイラストであることが多く，表を読みとる必要があるものも存在し，情報を処理する力が要求される。まずは問題に目を通して，何を問われているのか，選択肢の差異などポイントはどこなのかを整理しておくとよいだろう。

学習日　　月　　日

基礎《きそ》編①

作文の基本［1］

公立中高一貫校の適性検査では、ほとんどの学校で作文が出題されますので、早いうちから作文を書く練習をして本番の検査に備える必要があります。では、これから、作文の書き方の基礎を6つのステップに分けて学んでいきましょう。

ステップ1　文章を書くことになれる

ふだん、私たちは言葉を使って会話をしています。しかし、ふだんから文章を書くことになれている人は、それほど多くはないでしょう。作文の書き方を学ぶ最初のステップとして、まずは文章を書くことになれましょう。

それでは、次の 例題1 を見てみましょう。

> 例題1
> 「今、自分の目の前にある物」というタイトルで作文を書きなさい。

解答例1

今ぼくの目の前には、えん筆が三本、青いペンが一本、赤いペンが一本、消しゴムが一つあります。

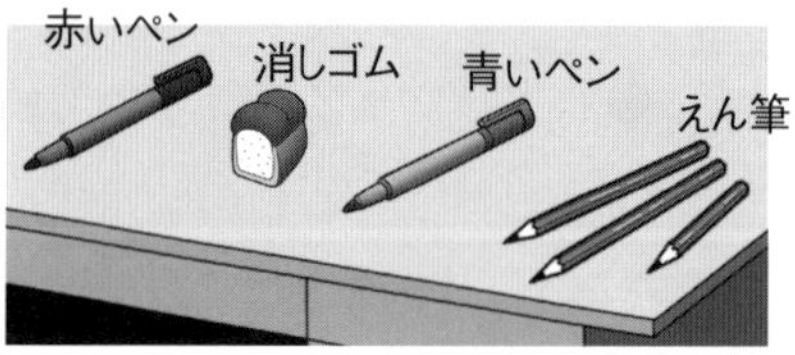

目の前にある物を文章にしてみる。これなら、ほとんどの人が書けると思います。作文の学習の最初のステップは、文章を書くことになれることです。

ここで、例題1 について、悪い例を見てみましょう。

悪い例1

えん筆が三本、青いペンが一本、赤いペンが一本、消しゴムが一つ。

なぜこの例が悪いかわかりますか？

悪い例1は、「は(が)～です(ます)」などの整った言葉づかいが少なくて、単語を並べただけですね。これではきちんとした文章とはいえません。

自分で作文のタイトルを見つけて、短くてもよいので、きちんとした文章を書くことになれましょう。

タイトルの例

- 今日の朝ごはんのメニュー
- ひまわりの花の形
- 自己紹介《しょうかい》
- 家族の紹介
- 将来の夢
- 好きな科目

※ステップ1でいちばん大切なこと

悪い例1は単語を並べただけで、きちんとした文章になってないのでよくないといいました。しかし、実際には「今、自分の目の前にある物」というタイトルから内容は外れていないし、意味もきちんと通じます。

だから、作文の練習の最初の段階では、よい文章を書くことにこだわりすぎず、結果をおそれずに、自信をもって、どんどん作文を書こうとする気持ちが大切です。

学習日　　月　　日

基礎《きそ》編 ①

作文の基本 [2]

ステップ2 順序の整った文章を書く

ステップ1で文章を書くことになれたら、次は順序の整った文章を書く練習をします。

まずは、例題1に対する悪い例を見てみましょう。

悪い例2

今ぼくの目の前には、えん筆が三本、青いペンが一本、消しゴムが一つ、赤いペンが一本あります。

解答例1と、悪い例2の順序を比べてみましょう。

解答例1　えん筆　↓　ペン（青、赤）　↓　消しゴム

悪い例2　えん筆↓ペン（青）↓消しゴム↓ペン（赤）

悪い例2ではペンが二か所で出てくるので、順番がバラバラな感じがします。これでは、内容にまとまりがないような印象を、読む人にあたえてしまいます。

では、書く順番に気をつけて、次のタイトルの作文を書いてみましょう。

- 学校までの行き方
- じゃんけんのルール
- 好きな物語のあらすじ
- カレーライスの作り方

ちょっとひと休み

作文っておもしろい？

悪い例2の文を、次の書き方にしてみたらどうでしょう。

今ぼくの目の前には、右から順に、えん筆が三本、青いペンが一本、消しゴムが一つ、赤いペンが一本あります。

「右から順に」をつけ加えたことで、順番の整った文章になりましたね。こういったところが、作文のおもしろいところです。

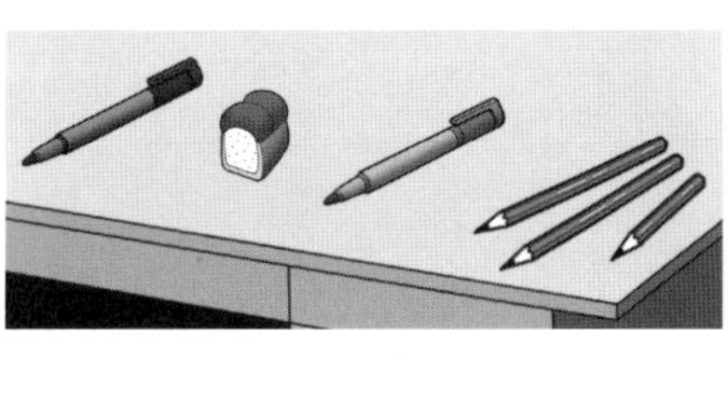

※順序の整った文章を書くコツ

- 解答例1のように、内容のまとまりごとに分けて書く。
- 「右から順に」（位置が基準）、「年代順に」（時間が基準）などの言葉を使って、基準を決めて書く。

書く順序をあれこれと迷ってしまって、作文が進まなくなった人はいませんか。そんなときは、ステップ1で**いちばん大切なこと**を思い出しましょう。最初のうちは、書くことがいちばん大切です。作文の一部分だけでも順序が整っていれば十分なので、自信をもって書き進めましょう。

学習日　　月　　日

基礎《きそ》編 ①　作文の基本[1][2]の確かめ

練習問題を解いてみよう

（答えは「解答・解説集」の1ページにあります。）

1 次の絵にかかれていることを、人物の会話も参考にして、文章で説明しなさい。（字数は自由）

(1)

8:00
どれが正しい時こくかな？
どうだろう？

(2)

これはツボの絵だね。
いや、向かい合った人の顔の絵だよ。

2 次のことを作文に書きなさい。（字数は自由）

(1) あなたの経歴（今まで通っていた幼稚園や学校、所属していたクラブ、それらでの活動など）。

(2) 植物または、生き物の一生。
小学校の理科で学習した植物や生き物の中から一つを選んで、書くこと。
例　チョウ、カブトムシ、カマキリ、ヘチマ、ツルレイシ、アサガオなど

解答・解説集➡p. 1

基礎《きそ》編 ①　作文の基本 [3]

ステップ3　原稿《げんこう》用紙の使い方を知る

文章を書くことになれたら、原稿用紙に書いてみましょう。

原稿用紙に書くときは、次の使い方の決まりに従います。

① 文字や 。 、「 」（ ）？ ！ などの符号は、一マスに書く。

ⅰ ——や、……は二マスに書く。

② *題名は一行目に三〜五字ほど下げて書く。

③ *名前は二行目の下に、下を一〜三字あけて書く。

④ 文章の初めや段落の初めは、一字分あける。

⑤ 会話文や引用文は「 」に入れる。

ⅰ 終わりは「。」」のように、一マスに書く。

ⅱ 強調したい言葉などを「 」に入れてもよい。

⑥ 符号が行の初めに来たときは、前の行の終わりのマスに入れる。

原稿用紙の使い方の例

③　　　俳句の作り方
③　　　　　　　　　　　　正岡　たかし
④　学校で、俳句を三句作るという宿題が出た
ことがあります。
④　ぼくは今までに俳句を作ったことがなかっ
たので、どのように作っていいかわかりませ
ん。そこで、俳句をしゅ味とする祖父に電話
で聞いてみました。
④　祖父が教えてくれたのは意外な方法でした。⑥
⑤「写生をするように、物事を写し取ってごら
ん。」⑤ⅰ
⑤「写生？」
④　ぼくは思わず聞き返しました。「写生」は、⑤ⅱ ⑥
ふつう絵をかくときに使う言葉です。

＊実際の問題では、題名や名前はあたえられた原稿用紙に入れなくてもよい場合もあります。

字数制限のために長い文章が書けないときは、「 」に入れた会話文や引用文を改行せずに、行の途中《とちゅう》に続けて書いてもかまいません。

基礎《きそ》編 ①

作文の基本 [4]

ステップ4　文字数を増やしたり減らしたりする

実際の作文の問題には、時間と文字数の制限があります。書くスピードをアップさせるのは、日々の訓練しかありません。制限字数内で書くのも日々の訓練で身につけるしかありませんが、文字数を増やしたり減らしたりするのは、ちょっとしたコツがあります。では、再び、解答例1を見てみましょう。

解答例1

今ぼくの目の前には、えん筆が三本、青いペンが一本、赤いペンが一本、消しゴムが一つあります。（45字）

この文章を長くするにはどうしたらよいでしょうか。

方法1　内容をくわしくする。

今ぼくの目の前には、まだ使っていない長いえん筆が二本と短いえん筆が一本、青いペンが一本、赤いペンが一本、そして、食パンの形をした消しゴムが一つあります。（76字）

方法2　*エピソードを入れる。

*エピソード＝本題には直接関係ない話。（——の部分）

今ぼくの目の前には、まだ使っていない長いえん筆が二本と短いえん筆が一本、青いペンが一本、赤いペンが一本、そして、食パンの形をした消しゴムが一つあります。この消しゴムは、「めずらしいデザインの消しゴムを見つけた。」ということで、姉がぼくにプレゼントしてくれたものです。（133字）

方法3　*引用を入れる。

*引用＝他の文章を、自分の文章に使うこと。（——の部分）

今ぼくの目の前には、まだ使っていない長いえん筆が二本と短いえん筆が一本、青いペンが一本、赤いペンが一本、そして、食パンの形をした消しゴムが一つあります。この消しゴムは、「めずらしいデザインの消しゴムを見つけた。」ということで、姉がぼくにプレゼントしてくれたものです。

この消しゴムの側面にはこう書いてあります。

「食べられません。」

大きさからいって、食パンと見まちがえるわけはないのですが、本当によくできたかわいいデザインの消しゴムです。（217字）

文章をかなり長くすることができました。それでは、今度は短くしてみます。次の（　）にはどんな言葉を入れたらよいか、考えてみましょう。

方法3　一つの言葉で言いかえてまとめる。

今ぼくの目の前には（　①　）があります。

方法4　「など」を使ってまとめる。

今ぼくの目の前に（　②　）があります。

答えを思いつきましたか？

（答えはこのページの下にあります。）

（答え）①筆記用具　②えん筆など

基礎《きそ》編 ①

作文の基本 [5]

ステップ5　全体的な構成を考える

作文を書くときは、まず、全体的な構成（どんなことを、どれくらいの長さで、どういう順番で書くか）を考えます。

文章の構成には、特に決まりはありませんが、作文の学習の最初の段階では、次のような構成が目安となるでしょう。

序論《じょろん》　一～五行　話題の提示《ていじ》、問題の提起《ていき》

・文章にどういうことを書くかを示す。

本文　話題、問題についての説明。

・必要なら、自分の体験、思い出、具体例なども書く。

結論　一～五行　自分の意見や考え、文章のまとめ

では、実際の過去の問題と解答例で確かめてみましょう。

＜福岡県立中学校・中等教育学校＞

あなたの身の回りには、多くの働く人がいます。

そこで、これまでの生活の中で、あなたの心に残っている、働く人の姿を一つ紹介《しょうかい》し、その姿が心に残っている理由を書きましょう。

また、「働くことの大切さ」についての、あなたの考えを書きましょう。

そのとき、次の【注意】にしたがって、下の原稿用紙に書きましょう。

【注意】

◎　原稿用紙には、題や氏名は書かないで、本文だけを書きましょう。

◎　文章を見直すときには、次の（例）のように、付け加えたり、けずったり、書き直したりしてもかまいません。

（例）

朝の会で、（私が）司会をしているとき、友だちが~~やさしく~~意見を~~書って~~（出して）くれました。

解答例

　私の心に残っている、働く人の姿といえば、
私が利用するバスの運転手の方たちの姿です。
　私が利用するバスの路線には、道がそれほ
ど広くなく、曲がり角いっぱいに障害物のあ
る交差点が二つもあります。
　乗用車は問題なく左折できます。しかし、
バスではとても曲がれそうにないと、いつも
思ってしまいます。それでもバスの運転手の
方たちは、一度右にハンドルを切り、交差点
の中でバスの先頭を大きく左に回して、うま
く左折するのです。すごい技術だと思います。
　私は、働くということは、ただお金を手に
入れるための手段だけではないと思います。
働くことの大切さは、自分の技術や知識を社
会のために役立てることだと思います。

序論　話題の提示　二行
バスの運転手について書くことを示している。

本論　説明
バスの運転手の働きぶりについて説明している。

結論　自分の意見　四行
働くことの大切さに対する自分の考えを述べている。

書いた順番は、問題文のとおりだね。（　）に言葉を入れて、確かめてみよう。
（答えはこのページの下にあります。）

初め　（　①　）の姿の紹介
次　その姿が印象に残っている理由
終わり　（　②　）の大切さについての自分の考え

（答え）①心に残っている働く人　②働くこと

基《き》礎《そ》編 ①

作文の基本［6］

ステップ6　ミスをなくす

作文を書いてみたら読み直しをして、ミスがないかどうかをチェックしましょう。

ミスをしやすいポイントには、次のようなものがあります。

●同じ読みで意味がちがう漢字

●送り仮名のまちがい

では、次のそれぞれの文にあるミスをぬき出して、下に正しく書き直しましょう。（答えはこのページの下にあります。）

① 国語事典で言葉の意味を調べて、手帳に書き移す。

（　　）→（　　）　（　　）→（　　）

② 私は人生で最も幸わせな時間を過すことができた。

（　　）→（　　）　（　　）→（　　）

書きまちがいなどを見つけたら、書き直さなければなりませんが、ステップ5で取り上げた問題のように、直し方の指示がある場合は、その指示に従いましょう。

ちょっとひと休み

ひらがな、カタカナだって難しい

次の文でまちがいを見つけて直せますか？

① ねらったとうりに球が転がる。

② 木の根っこにつまづく。

③ ボーリング大会で優勝する。

答えは、「とうり→とおり　つまづく→つまずく　ボーリング→ボウリング」です。

字のまちがいのほかに、次のことにも注意しましょう。

●主語、述語のねじれ

主語（○○が・○○は）と述語（何だ・どんなだ・どうした）は、きちんと対応していなければなりません。

次の二つの文を比べてみましょう。

主語　述語
私は将来、サッカー選手になりたいと思います。

主語　述語
私の将来の夢は、サッカー選手になりたいと思います。

二つ目の文は、主語（夢は）と述語（思います）が対応していません。

二つ目の文を次のように直せば、正しい表現になります。

私の将来の夢は、サッカー選手になることです。

●はなれすぎた修飾語

修飾語（続く語を説明する言葉）は、修飾する言葉の近くにあった方がわかりやすくなります。例で見てみましょう。

すぐに、時間どおりに着くように、出発しよう。

時間どおりに着くように、すぐに出発しよう。

修飾語（すぐに）は、「出発しよう」に近い方がわかりやすいですね。

作文の基本が理解できたら、あとは、できるだけたくさんの作文の問題にチャレンジして、力をつけましょう。

（答え）①事典→辞典　移す→写す　②幸わせ→幸せ　過す→過ごす

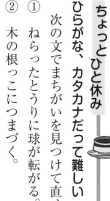

基礎《きそ》編 ①　作文の基本[3]〜[6]の確かめ

練習問題を解いてみよう

（答えは「解答・解説集」の1ページにあります。）

◆ 次の作文を書きなさい。なお、作文を書く前に①〜④のことを書いて、文章の構成を考えましょう。

〈福岡県立中学校・中等教育学校・改題〉

わたしたちは、みんなが気持ちよく生活できるようにしたいと願っています。このような生活を送るためには、守らなければならない「社会のきまりやマナー」があります。あなたもそれらを守ることの大切さを感じた経験があると思います。

そこで、みんなが気持ちよく生活するために必要な「社会のきまりやマナー」について、あなたの体験を一つあげて、そのときに考えたことと、これから心がけたいことを、次の【注意】にしたがって、下の原稿用紙に書きましょう。

【注意】

◎ 原稿用紙には、題や氏名は書かないで、本文だけを書きましょう。

◎ 文章を見直すときには、次の（例）のように、付け加えたり、けずったり、書き直したりしてもかまいません。

（例）

わたしたちは、秋に予定されている運動会のことについて~~話す~~話し合うことにしました。

① 「社会のきまりやマナー」についてのあなたの体験を一つ、簡単に書きなさい。

② そのときに考えたことを簡単に書きなさい。

③ これから心がけたいことを簡単に書きなさい。

④ ①②③をどういう順序で何行ずつ書く予定ですか。

学習日　　月　　日

基礎《きそ》編 ②　グラフの見方

▼基本的なグラフの見方を確認しておこう

問題に示されている棒グラフ，折れ線グラフ，帯グラフ，円グラフなどの資料から重要なポイントを読み取り，ねらいにそった活用ができるようにしよう。

◆ 棒グラフ

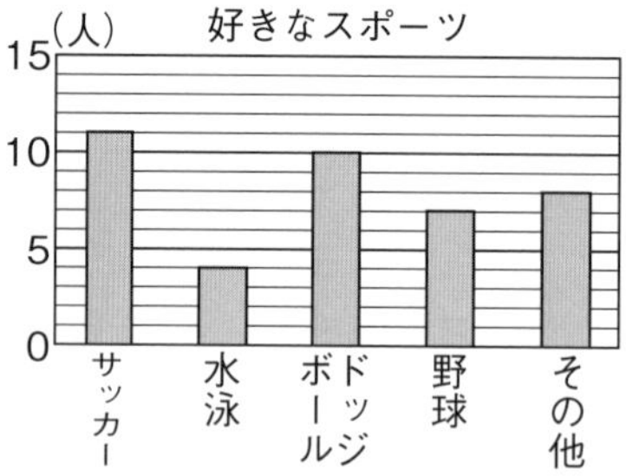

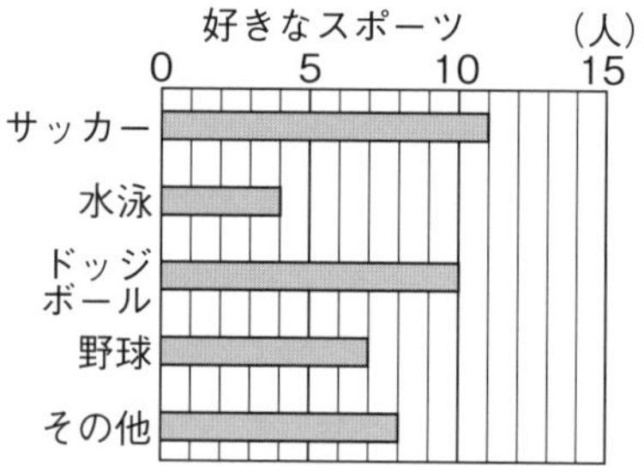

ポイント！

◎棒グラフに表すと，何が多くて何が少ないかがひと目でわかります。

◎1目もりの数と間隔《かんかく》の決め方で，大小のちがいについての印象が変わります。

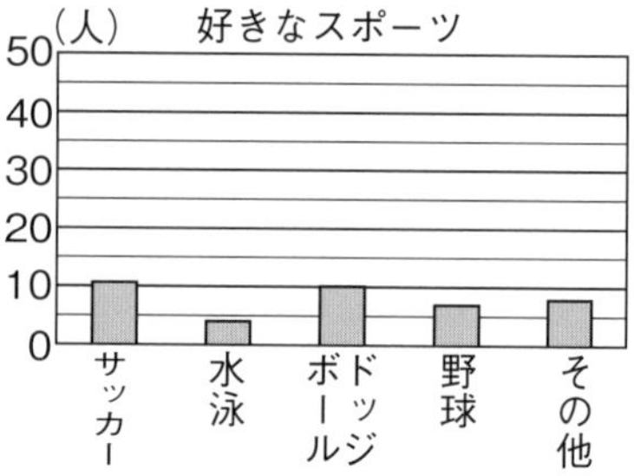

◆ 折れ線グラフ

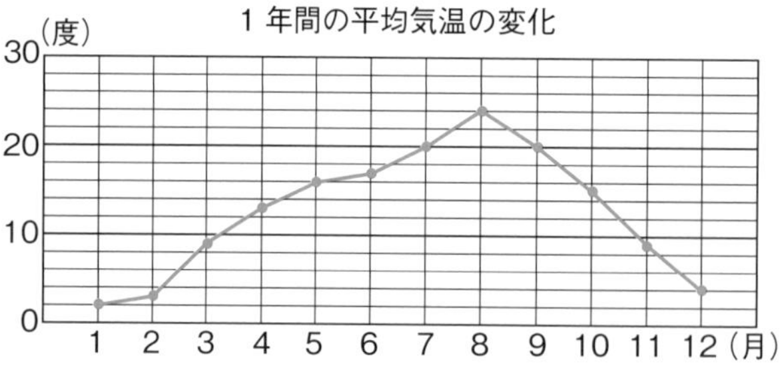

棒グラフと比べると，折れ線グラフは変わっていくようすがわかりやすいね。

ポイント！

◎気温のように，変わっていくもののようすを表します。

◎線のかたむきで変わり方がわかります。線のかたむきが急であるほど，変わり方が大きい。

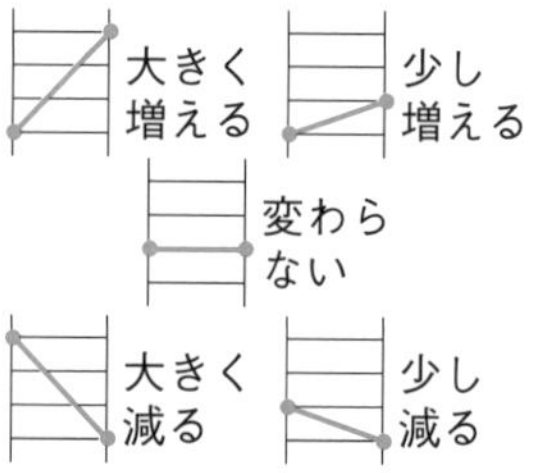

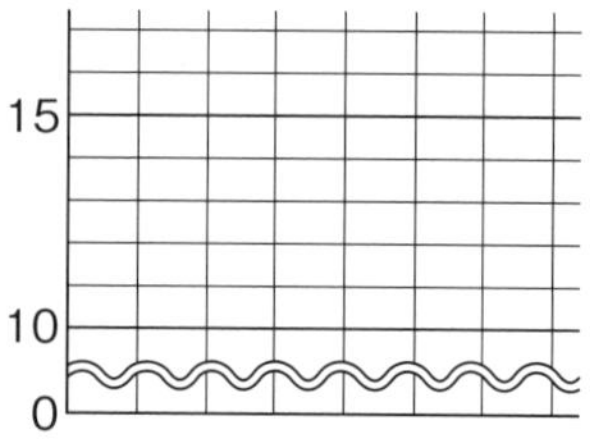

◎折れ線グラフでは，左の図のように，〰〰の印を使って目もりの途中《とちゅう》を省くことがあります。

◆ 帯グラフと円グラフ

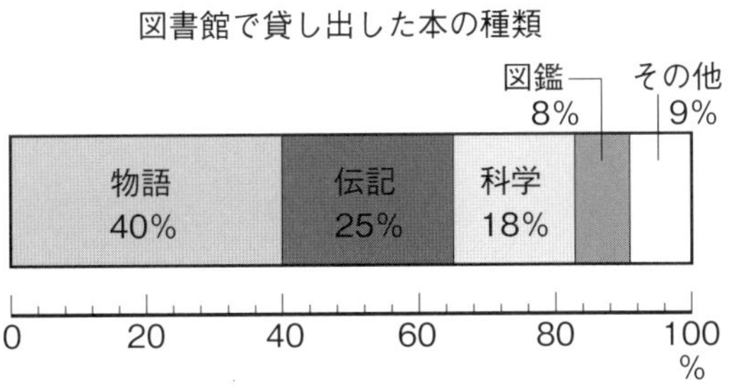

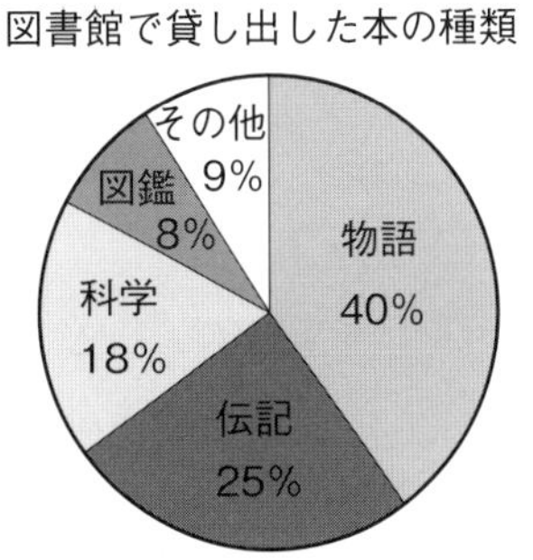

ポイント!

◎長方形を区切って割合を表したグラフを帯グラフ，全体を円で表し半径で区切って割合を表したグラフを円グラフといいます。

◎帯グラフと円グラフは，どちらも同じはたらきをしています。

◎ふつう帯グラフは左から，また円グラフでは真上から時計回りに百分率の大きい順に区切られています。

◎「その他」の項目は，その割合の大きさにかかわらず，最後におかれます。

円グラフの作成例

次の表は，ある学校で，1か月の欠席理由を調べたものです。割合を求めて，円グラフで表してみると，次のようになります。

欠席者の内わけ

欠席理由	かぜ	けが	頭痛	腹痛	その他	合計
人数（人）	80	14	32	40	34	200
割合（%）	40	7	16	20	17	100

それぞれ上段の人数÷合計人数で計算する。割合の合計が100%になるか，確かめよう。

欠席者の内わけ

グラフのタイトルをつける。

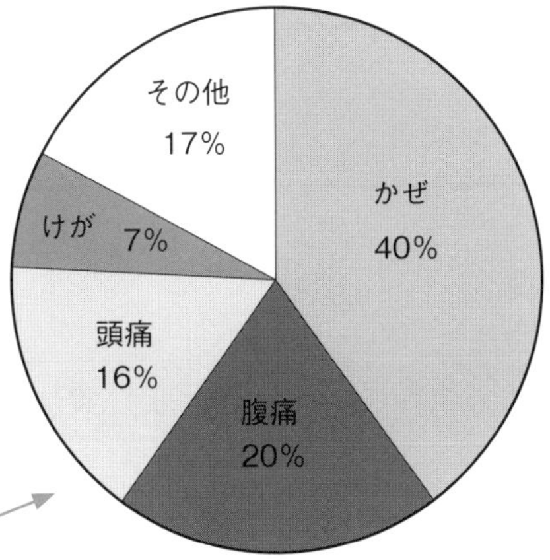

割合の大きさは，かぜ>腹痛>頭痛>けがの順。その他は最後に。

プラス1

100％で360°だから，中心の角は，1％あたり3.6°となる。

かぜ：144°（=3.6×40）

腹痛：72°

頭痛：57.6°

けが：25.2°

その他：61.2°

学習日　　月　　日

基《き》礎《そ》編 ② グラフの見方の確かめ

練習問題を解いてみよう

1 折れ線グラフに表すとよいものをすべて選びなさい。

ア　１時間ごとにはかった体温

イ　毎月の水道料金

ウ　クラス全員の好きな教科と人数

エ　学校の各クラスの人数

2 次の帯グラフは，しょうたさんの家の１か月の支出の割合を表したものです。

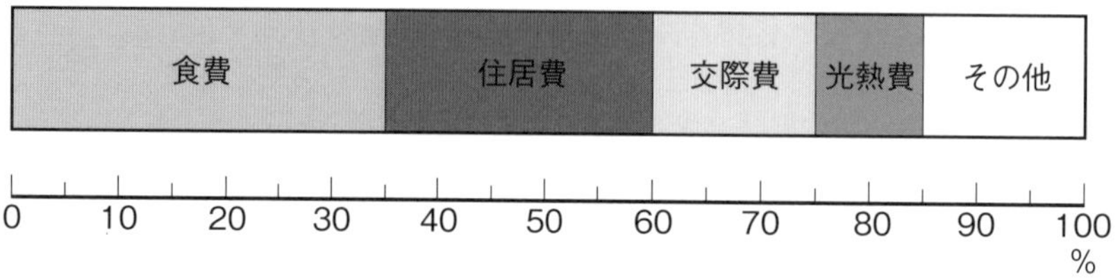

(1)　食費は全体の何％ですか。

(2)　支出の合計が48万円とすると，光熱費は何円ですか。

3 右の表は，みなこさんの学校の町別の生徒数を表したものです。

町名	A 町	B 町	C 町	D 町	その他	合計
人数	240	168	96	66	30	600
割合(％)						100

(1)　割合を求めて，表中に数字を書き入れなさい。

(2)　円グラフにしなさい。

　区切りと町名を入れ，グラフのタイトルもつけること。

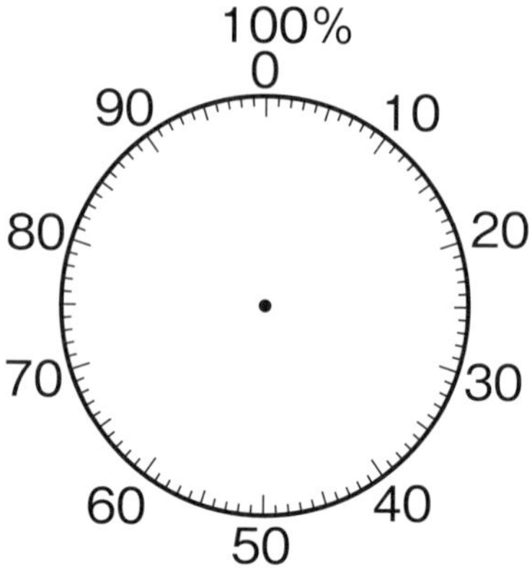

実戦編

学習日　　月　　日

例題を解いてみて，ようすをつかもう！

1 資料の読み取り・活用問題

出題の割合 ★★★
難しさ ★☆☆

関連教科
算 国 理 社 他

▼このテーマの目標

図表・グラフなどの意味しているところを読み取り，問われていることがらに応じた情報の整理・活用ができる。

◆ **みなみさん**は自由研究のテーマとして，「タンポポ」について調べてみることにしました。

町の図書館で調べたところ，タンポポにはもともと日本にあった在来種といわれるものと，外国から入ってきた外来種というものがあることを知りました。

そして，**みなみさん**が一番おどろいたことは，日本でさいているタンポポには外来種が多く見られることでした。

そこで，外来種が多い理由に興味をもち，在来種と外来種のちがいを調べてみることにしました。調べてみると，在来種は春にできた種がすぐには発芽せず秋に発芽することが多いのに対し，外来種は春から夏にかけてできた種がすぐに発芽するものが多いことが分かりました。

みなみさんは，なぜ発芽する時期がこのようにちがうのかということを調べ，次の**資料１**，**資料２**を見つけました。

＜東京都立南多摩中等教育学校・改題＞

資料１　タンポポの在来種と外来種の温度別に発芽の割合《わりあい》を調べた実験結果

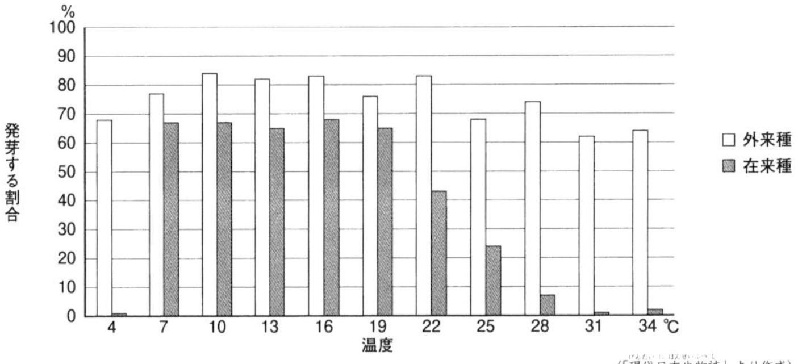

（「現代日本生物誌」より作成）

資料２　みなみさんが住んでいる地域《ちいき》の月別の気温の変化(1981年～2010年の平均)

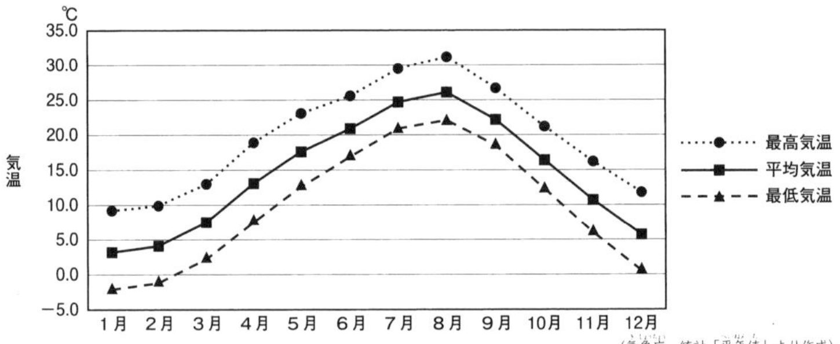

（気象庁　統計「平年値」より作成）

【問題】　在来種と外来種で発芽する時期がちがうことについて，**資料１**と**資料２**から考えられることを説明しなさい。

【考え方・解き方】

＊文中の空らんに合う言葉や数字を入れよう。

ここに着目 ①(　　　　)は，温度が変化しても発芽の割合はあまり変わらないが，②(　　　　)は，発芽する割合が多いときの温度の範囲《はんい》がせまいことに着目します。

解き方 まず，資料１のグラフからわかることを整理する。

・外来種　…４℃～34℃　→60～80％の割合で発芽する。
・在来種　…４℃以下　→ほとんど③(　　　　　　)。
　　　　　７℃～19℃　→60～70％の割合で④(　　　　　)。
　　　　　31℃以上　→ほとんど⑤(　　　　　　)。

次に，資料１からわかる外来種と在来種の発芽の特ちょうを，資料２のグラフにあてはめてみる。

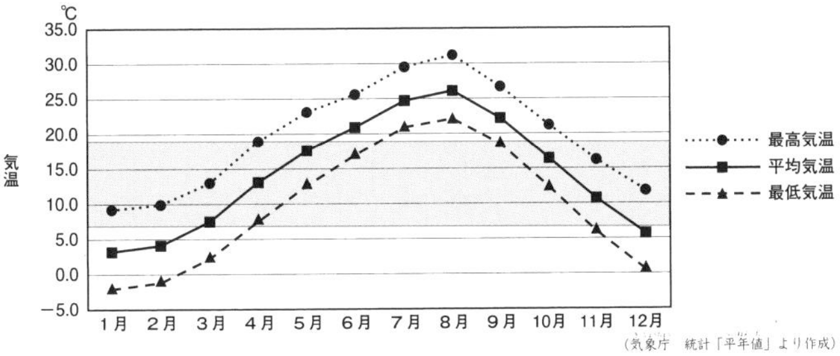

(気象庁　統計「平年値」より作成)

在来種では，発芽しやすい気温が7℃～19℃の範囲におさまる平均気温の月，季節をさがし出す。右の図のように，資料２に７℃～19℃の範囲に線を引くとよい。すると，春以降，平均気温が７℃～19℃の範囲になるのは⑥(　　　)月の終わり近くから11月の中ごろとなることがわかる。

これらのことをふまえて，文章にまとめる。まとめるとき，次のことがらについて書くようにする。

① 資料１から，外来種はどの温度でも発芽するが，在来種は７℃～19℃のときに発芽する割合が大きい。

② 資料２から，在来種の発芽する割合が多い温度には，春以降は９月の終わりになるまではならない。

答え 資料１から外来種は実験したどの温度でも60～80％の割合で発芽することが分かる。一方，在来種は7℃～19℃の間では60％～70％の割合で発芽していることが分かる。

この気温を資料２にあてはめて考えると，外来種は花がさく春から後ではどの月でも発芽できる気温になっていることが分かる。

在来種では発芽に適する気温の19℃を６月の平均気温ではこえてしまい，その後は発芽に適さない気温が続く。気温が下がってきて９月終わり近くになると，平均気温が19℃より低くなるため，春にできた種が夏をこえて秋に発芽することが多いと考えられる。

「９月終わり」のところは「10月くらい」としてもいいよ。大切なのは，在来種が発芽しやすいのは夏ではなく秋であるということが言えればいいよ。

サポートのポイント

まず，資料１，資料２のグラフから「はっきりとわかること」を整理するようにうながしましょう。整理の方法は，紙に箇条書きにして表にしてもよいということと，グラフにかきこんでもよいということをアドバイスしてあげましょう。

（空らんの記入例）①外来種　②在来種　③発芽しない　④発芽する　⑤発芽しない　⑥9

学習日　　月　　日

❶資料の読み取り・活用問題

実戦問題 ①

時間の目安 **10**分　難しさ ★★☆　3問中　　問正解　関連教科 算 国 理 社 他　目標 2問以上正解

◆　次の文章は，ゆりえさんとひろきさんが，キウイフルーツについて話し合っている場面の会話文です。この文章を読んで，⑴〜⑶の問いに答えてください。

＜愛媛県立中等教育学校＞

ゆりえ　愛媛県は，みかんなどのかんきつ類の生産で有名だけど，実はキウイフルーツの生産量が日本一なのよ。キウイフルーツは，秋ごろに収かくされる果物で，収かくしてすぐは，とてもすっぱいの。その後，しばらく保存《ほぞん》し，あまくさせてから，食べるのよ。スーパーマーケットなどにおろし売りされる日本産キウイフルーツは，［　あ　］が一番多く，夏が少ないのよ。

ひろき　でも，家の近くのスーパーマーケットで，８月に，キウイフルーツが，たくさんはん売されているのを見たことがあるよ。

ゆりえ　それは，輸入キウイフルーツよ。輸入キウイフルーツは，全体の約93％がニュージーランドから輸入されたものなの。

【資料１】１年を３か月ごとに四つの季節に分けたときの目安

季節＼国	日本	ニュージーランド
春	３〜５月	９〜11月
夏	６〜８月	12〜２月
秋	９〜11月	３〜５月
冬	12〜２月	６〜８月

（気象ちょうホームページほかによる）

ひろき　**資料１**を見ると，南半球にあるニュージーランドは，日本とは季節が逆なんだね。

ゆりえ　**資料２**，**資料３**は，日本産キウイフルーツと輸入キウイフルーツのおろし売り数量やおろし売り価格を表したものよ。**資料２**からは，日本産キウイフルーツのおろし売り数量が少ない時期に，輸入キウイフルーツのおろし売り数量が多くなっていて，［　い　］ことがわかるわ。

ひろき　だから，キウイフルーツを，日本とは季節が逆の国から輸入しているんだね。

【資料２】ある年の日本国内におけるキウイフルーツのおろし売り数量

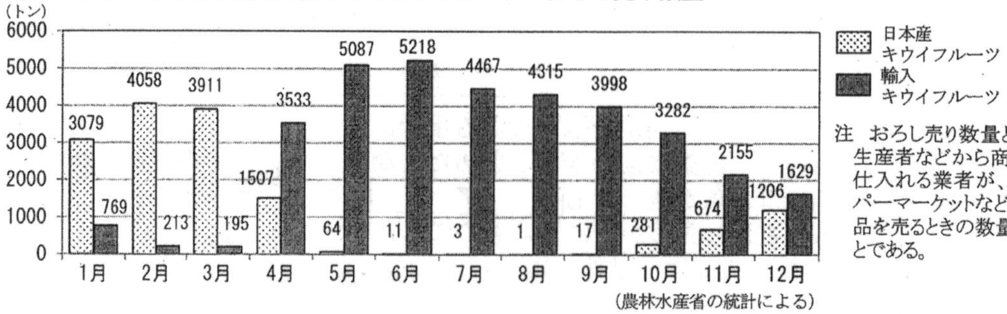

注　おろし売り数量とは、生産者などから商品を仕入れる業者が、スーパーマーケットなどに商品を売るときの数量のことである。

（農林水産省の統計による）

【資料３】ある年の日本国内におけるキウイフルーツ１kg当たりのおろし売り価格　（単位：円）

区分＼月	1月	2月	3月	4月	5月	6月	7月	8月	9月	10月	11月	12月
日本産キウイフルーツ	510	519	536	539	418	578	665	289	449	665	565	522
輸入キウイフルーツ	427	433	446	650	562	559	588	588	596	584	550	477

注　おろし売り価格とは、生産者などから商品を仕入れる業者が、スーパーマーケットなどに商品を売るときの価格のことである。

（農林水産省の統計による）

⑴ 文中の あ に当てはまる言葉を，**資料1**，**資料2**を参考にして，春，夏，秋，冬の中から一つ選び，漢字一字で書いてください。

⑵ **資料3**から読み取れることを述べた文として適当なものを，次の**ア**～**エ**の中から<u>二つ</u>選び，その記号を書いてください。

ア それぞれの月で，1 kg 当たりのおろし売り価格を比べると，いずれの月も，日本産キウイフルーツよりも輸入キウイフルーツのほうが安い。

イ 輸入キウイフルーツ 1 kg 当たりのおろし売り価格が 500 円以下の月は，いずれの月も，日本産キウイフルーツ 1 kg 当たりのおろし売り価格が 500 円以上である。

ウ 輸入キウイフルーツ 1 kg 当たりのおろし売り価格が一番高い月の，日本産キウイフルーツ 1 kg 当たりのおろし売り価格と，輸入キウイフルーツ 1 kg 当たりのおろし売り価格との差は，131 円である。

エ 日本産キウイフルーツ 1 kg 当たりのおろし売り価格と，輸入キウイフルーツ 1 kg 当たりのおろし売り価格との差が最も小さい月は，11 月である。

⑶ 文中の い に当てはまる言葉を，「キウイフルーツ」「一年中」という<u>二つ</u>の言葉を使って書いてください。

ヒント

⑴ 【資料2】でおろし売り数量が多い月を読み取り，それらの月がどの季節に当てはまるかを【資料1】で確認しよう。

⑵ イ 輸入キウイフルーツ1kg当たりのおろし売り価格が 500 円以下の月をまず確認しよう。

⑶ 片方の数量が少ない時期に，もう一方の数量が多くなると全体の数量はほとんど変わらないことに着目しよう。

学習日　　月　　日

❶資料の読み取り・活用問題

実戦問題 ②

時間の目安 **10分**　難しさ ★★☆　3問中　　問正解　関連教科 算 国 理 社 他　目標 2問以上正解

◆ 2013年6月に，富士山《ふじさん》が世界文化遺産《いさん》に登録されました。夏休みに，**りょうくん**は家族と富士山に登りました。**りょうくんとみさきさん**は教室で富士山について話しています。

＜都立両国高等学校附属中学校＞

りょう：去年の夏休みに，家族で富士山に登ったことを話したよね。

みさき：ええ聞いたわよ。富士山の高さは3776mだったわね。

りょう：途中《とちゅう》までバスで行って，そこから歩いて登っていくのだけど，高く登っていくほど気温が下がるんだよ。だから，３年生の妹が「高く登ると，太陽に近づくのにどうしてすずしくなるの」と聞いてきたんだよ。

みさき：暖《だん》ぼうしている部屋の中では，暖《あたた》かい空気が部屋の上の方に，冷たい空気が下の方にあるのに，外では反対のことが起こっているのね。

りょう：空気の暖まり方と関係しているのかな。

みさき：調べてみたいわね。おたがいに何か資料を探《さが》してくるというのはどうかしら。

りょう：そうしよう。

次の日，**みさきさんとりょうくん**はそれぞれ，「時間による地面の温度と気温の変化」（**資料１**）と「高さと気温・気圧の変化」（**資料２**）を持ってきました。

資料１「時間による地面の温度と気温の変化」

時間	地面の温度（℃）	気温（℃）
8時	22	16
9時	26	20
10時	27	21
11時	30	23
12時	32	24
13時	29	25
14時	29	26
15時	28	24
16時	22	21
17時	22	20

資料２「高さと気温・気圧の変化」

高さ	気温（℃）	気圧（hPa）
0m	15.0	1013.3
800m	9.8	920.8
1600m	4.6	835.2
2400m	−0.6	756.3
3200m	−5.8	683.4
4000m	−11.0	616.4

（理科年表などより作成）

みさき：わたしは時間による地面の温度と気温の変化の資料（**資料１**）を探してきたわ。気温は百葉箱で測定したものと書いてあるわ。

りょう：資料１を見ると，地面の近くの空気が暖まるしくみを考えられそうだね。

(1) 資料１を見ると，地面の近くの空気が暖まるしくみを考えられそうだね。とありますが，空気はどのようなしくみで暖まるのでしょうか。**資料１**をもとにしてあなたが考えたことを書きなさい。

りょう：ぼくは，高さと気温・気圧の変化の資料（**資料２**）を探してきたよ。資料の中の気圧という言葉の意味は，よくわからなかったけど天気予報で聞いたことがある言葉だね。hPa は気圧の単位でヘクトパスカルと読むそうだよ。

みさき：資料２を見ると，やっぱり高さが高くなるにつれて気温が下がっているね。

りょう：2400mの高さでは零《れい》下0.6℃になっているよ。それに気温の下がり方にきまりがありそうだよ。

みさき：そうだね。資料２では，富士山の高さくらいまでの気温しかわからないけれど，このきまりがあるとしたら，もっと高いところの気温が考えられそうよ。

りょう：そういえば，この前にぼくが乗った飛行機では，機内放送で11000mの高さのところを飛んでいるって言っていたよ。

みさき：アフリカ大陸で一番高いキリマンジャロという山は，山頂《ちょう》の高さが約5900mとこの前読んだ本に書いてあったわ。

(2)　このきまりがあるとしたら，もっと高いところの気温が考えられそうよ。とありますが，①11000mの高さ，または②5900mの高さのどちらかの番号を選び，選んだ高さでの気温を求めなさい。ただし，気温の変化はきまりに従《したが》うこととし，結果は小数で表し四捨《しゃ》五入しないこととします。

選んだ番号	気温

次の日，みさきさんはりょうくんの持ってきた資料２の内容をグラフ（図１）で表してきました。

みさき：資料２の高さと気温・気圧の変化をわかりやすくするために，グラフで表してみたわ。でも，急いで作ったからまだ完成していないの。

図１

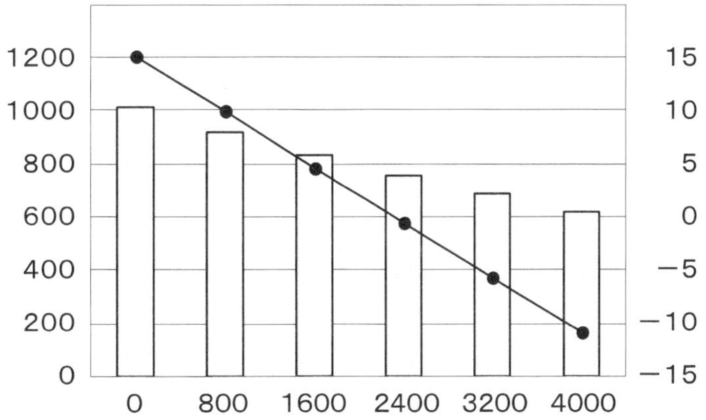

りょう：このままだと，ぼくたち以外の人には何を表しているグラフかわからないよね。

(3)　まだ完成していないの。とありますが，図１を完成させるために付け足すべきことを，図１にかき加えなさい。ただし，かき加えるべきことは一つとは限りません。

ヒント

(1)　資料１から地面の温度と気温の関係を時間を追って比かくしてみましょう。

(2)　りょうさんの発言や資料２から，高さと気温にあるきまりを見つけましょう。

(3)　何のグラフか読み取るために必要な条件を考えましょう。

学習日　　月　　日

例題を解いてみて，ようすをつかもう！

❷ 実験・観察方法についての問題

出題の割合	★☆☆	関連教科
難しさ	★★☆	算 国 理 社 他

▼このテーマの目標

実験・観察の目的や方法が論理的に考えられる。手順をふまえて実験器具の扱い方がわかる。

◆ こうへいさんが，みほさんの家に遊びに行ったときのことです。

こうへいさんとみほさんは，夏休みの思い出について話をしています。次の［　　］は，そのときの会話の一部です。　＜福岡県立中学校・中等教育学校＞

みほ：「この３枚《まい》の写真（図１）は，夏休みに美術館に行ったとき，美術館の庭に展示《てんじ》してあった球体の作品を同じ位置から撮《と》ったものだよ。朝10時ごろに１枚，正午ごろに１枚，15時半ごろに１枚撮ったんだ。その日はよく晴れていて，かげのでき方にちがいがあったので，同じ作品でも，時刻によって見え方がちがって，おもしろかったよ。こうへいさんは，この３枚の写真を撮った順序が分かるかな。」

こうへい：「えっ，どうすれば写真を撮った順序が分かるのかな。」

みほ：「作品から見て，東西南北のどの方位からこの写真を撮ったかを手がかりにすると，撮った順序が分かるよ。」

こうへい：「そうか，［　　］」

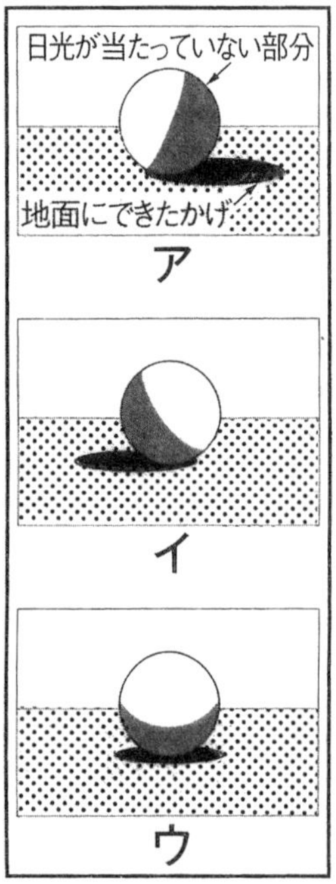

図１

こうへいさんは，会話の中のそうか，に続けて［　　］で，ア～ウの写真を，「作品から見てどの方位から撮ったか」「撮った順序」「その方位と順序だと考えた理由」について説明しています。あなたがこうへいさんだったら，どのように説明しますか。**【方位】**には東・西・南・北のいずれかの方位，**【順序】**にはア～ウの記号，**【理由】**には「その方位と順序だと考えた理由」を，次のそれぞれの［　　］にかきましょう。

【方位】		【順序】	→　→
【理由】			

【考え方・解き方】

＊文中の空らんに合う言葉や記号を入れよう。

ここに着目 太陽の位置とかげの関係と，太陽が一日の中でどのように動くかがわかれば，写真を撮った方位と順序を考えることができます。まずは太陽の動きとかげのできかたを整理してみましょう。また，実験・観察方法についての問題では，なぜそのような答えになったのか，自身の考えの理由を文章で解答させる問題が多いので，必要なことを分かりやすく文章にできるようにしましょう。

解き方

1．まず，太陽の動きとかげのできかたを整理しましょう。

・太陽は①（　　　）からのぼり，南の空を通って②（　　　）へ沈んでいく。

・太陽は③（　　　）に南中し，一日の中で一番高い位置になる。

・南中時にできるかげの長さは一日の中で一番④（　　　）なる。

・③（　　　）より前の時間であればあるほど，できるかげの長さは長くなる。同様に，③（　　　）よりあとの時間であればあるほど，かげの長さは長くなる。

・太陽の位置とかげがのびる方向は⑤（　　　）になる。

2．これらより，作品を撮った順序と，作品からみてどの方位から撮ったのかを考えましょう。

・作品のかげの長さは，⑥（　　　）が一番長く，⑦（　　　）が一番短くなることから，撮った順序を考える。

・作品を撮った順序から，太陽がどのように移動しているかが分かる。一日の太陽の動きと合わせて，撮影した方位を考える。

答え 【方位】南　【順序】イ → ウ → ア

【理由】地面にできたかげの長さは，ア，イ，ウの順に大きいです。太陽が南中する正午ごろのかげの長さは一番短くなります。よって，正午ごろの写真はウです。次に，15 時半ごろと 10 時ごろでは，正午に近い 10 時ごろのかげの長さのほうが短くなるので，10 時ごろの写真はイです。したがって，イ，ウ，アの順に撮ったと考えられます。太陽は東から西に動くので，この写真は南から撮ったと考えられます。

ヒント

みほさんは，「作品から見て，どの方位からこの写真を撮ったかを手がかりにすると，撮った順序が分かる」と述べているね。しかし，実際に検討する順番は，写真を撮った順序（かげの長さに注目）が先で，写真を撮った順序から太陽の動き，つまり作品から見てどの方位から撮ったかが分かることに注意しよう。

また，太陽の位置とかげのでき方の関係だけではなく，みほさんが写真を撮った時間も大切な手がかりだよ。

サポートのポイント

太陽の動き方とかげのでき方は身近なテーマのため，確実に解答したい問題です。問題から分かる必要なことをすべておさえるようにしましょう。

（空らんの記入例）① 東　② 西　③ 正午　④ 短く　⑤ 反対 ⑥ ア ⑦ ウ

学習日　　月　　日

❷実験・観察方法についての問題
実戦問題 ①

時間の目安 **15** 分　難しさ ★☆☆　7問中　　問正解　関連教科 算 国 理 社 他　目標 5問以上正解

◆ たろうさんは，魚などが食べる小さな生き物について調べることにしました。次の(1)～(3)について考えましょう。
<佐賀県立中学校>

(1) たろうさんが図鑑《ずかん》で調べてみると，池や川の中には，次の【写真】のような小さな生き物がいることがわかりました。【写真】では，同じくらいの大きさに見えますが，実際の大きさが一番大きいと考えられる生き物と，一番小さいと考えられる生き物はどれでしょうか。次の**ア**～**カ**の中からそれぞれ選び，記号を書きましょう。また，そう考えた理由を書きましょう。

【写真】

ア
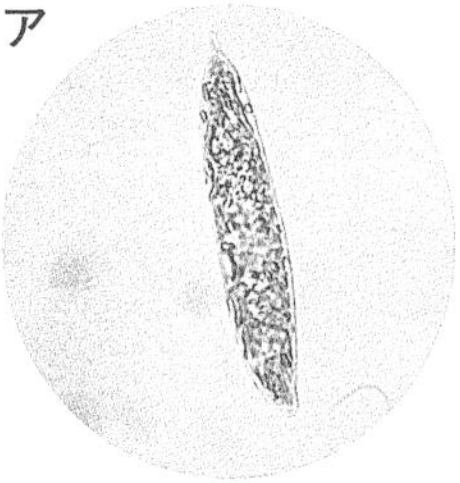
ミドリムシ(900倍)

イ
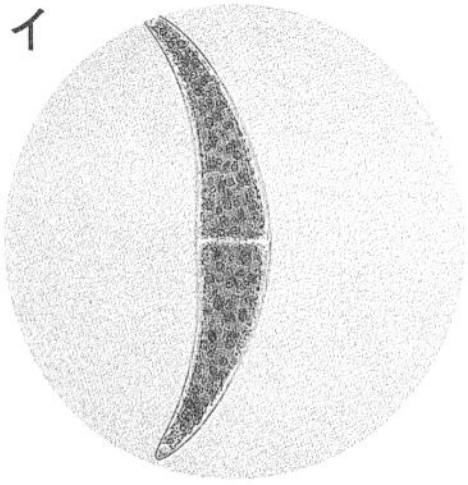
ミカヅキモ(150倍)

ウ
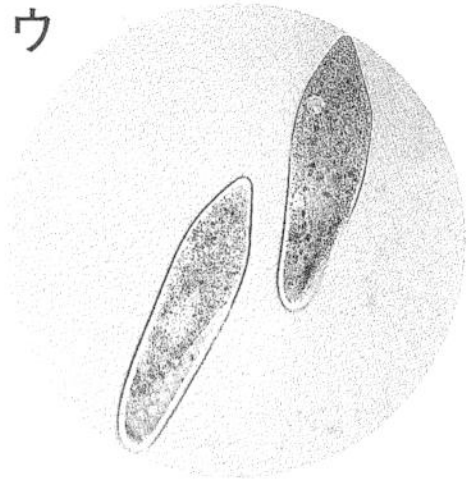
ゾウリムシ(120倍)

エ
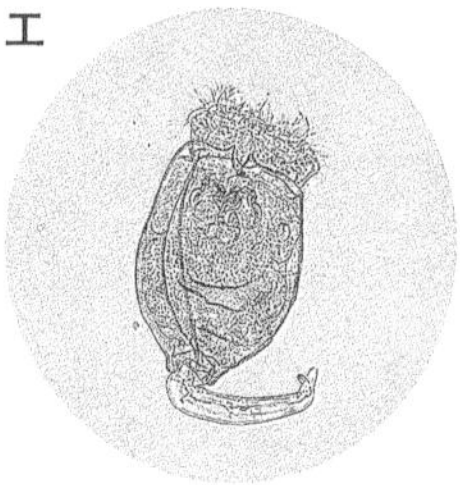
ワムシ(120倍)

オ
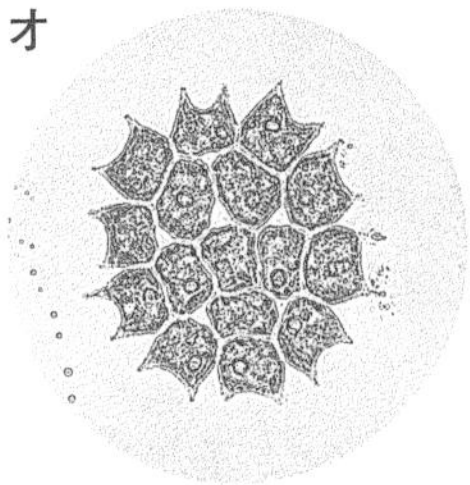
クンショウモ(300倍)

カ
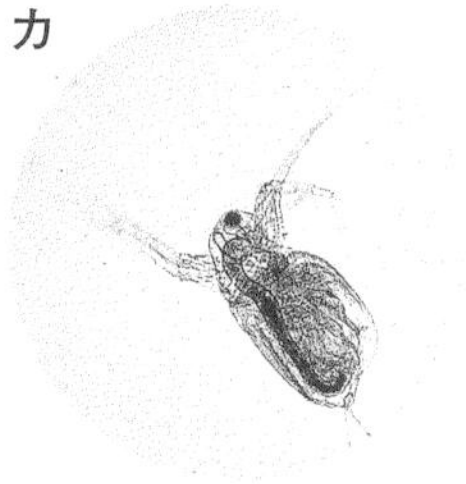
ミジンコ(25倍)

一番大きな生き物		一番小さな生き物	
理由			

(2) たろうさんは，【写真】のような小さな生き物を採集するために，学校の観察池に行く準備をしています。まず，小さな生き物を持ち帰るために，空のペットボトルを持っていくことにしました。それ以外に，どのような道具を準備したらよいと思いますか。水の中の小さな生き物の採集に必要と思う道具を，次の【図】の中から３つ選び，それぞれどのような使い方をするか，あなたの考えを書きましょう。

【図】

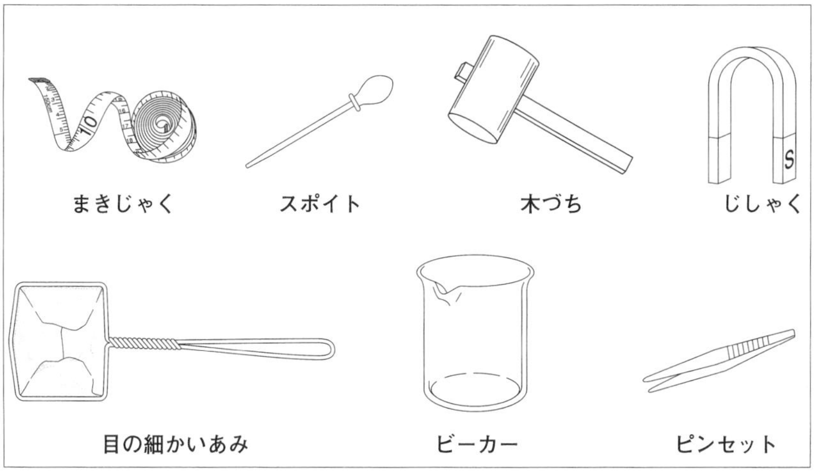

選んだ道具の名前	使　い　方

(3)　たろうさんは，観察池の水面の近くと水底の近くで小さな生き物を採集しました。それらをけんび鏡で観察すると，水面の近くより水底の近くの方に小さな生き物が多いことに気づきました。たろうさんは，以前聞いた【おじいさんの言葉】と観察の気づきに何か関係があるのではないかと考えました。

【おじいさんの言葉】

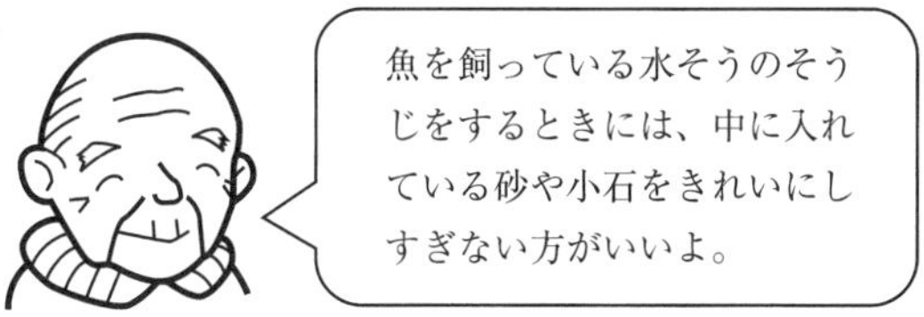

たろうさんは，【おじいさんの言葉】と観察の気づきから，水そうの中に入れている砂や小石をきれいにしすぎない方がよいという理由を，どのように考えたと思いますか。あなたの考えを書きましょう。

ヒント

(2)　「小さな生き物を持ち帰るために，空のペットボトルを持って」いくとあるから，小さな生き物を採集してペットボトルに入れるまでのことを想像してみよう。

(3)　えさがいなくなると，魚は死んでしまうんだ。

学習日　　月　　日

❷実験・観察方法についての問題
実戦問題 ②

時間の目安15分	3問中　　問正解	関連教科　算 国 理 社 他
難しさ ★★☆		目標　2問以上正解

◆　図書委員のひとしさんたちは，図書室で委員会活動をしています。　<長崎県立中学校>

図書委員会では，昼休みに本の貸し出しを行い，その日の委員が貸し出し冊数《さっすう》の合計をカレンダーに書きこむようにしています。

１０月のカレンダー

10月

日	月	火	水	木	金	土
					1 休み	2
3	4 53	5 68	6 48	7 45	8 休み	9
10	11 体育の日	12 56	13 32	14 30	15 47	16
17	18 44	19	20	21 41	22 67	23
24/31	25 48	26 72	27 89	28 78	29 97	30

１０月の行事予定

1日(金)	図書室の整理日 ※貸し出しは休み
8日(金)	秋の全校遠足 ※9:00～15:00
13日(水)～14日(木)	宿泊《しゅくはく》学習（5年生） ※9:00出発
15日(金)	校外学習（1・2年生） ※9:00～14:30
19日(火)～20日(水)	修学旅行（6年生） ※8:30出発
27日(水)～	読書週間 ※11月9日(火)まで

ひとし　「10月は，14日の木曜日が一番貸し出し冊数が少ないみたいだね。」
なおみ　「その日は5年生が宿泊学習で，学校にいなかったからね。」
ともや　「貸し出し冊数が一番多いのは何曜日かな。」
ひとし　「カレンダーのままでは分かりにくいね。曜日別にグラフにしてみようよ。」
なおみ　「6年生が修学旅行でいないときの貸し出し冊数は，カレンダーに書かれていないけど，5年生の委員が記録している貸し出し帳を見ると分かるね。」

ひとしさんたちは，貸し出し帳とカレンダーをもとに，曜日別貸し出し冊数の合計のグラフを作りました。

ひとし　「このグラフを見ると，本を一番多く借りている曜日は，火曜日だね。」
なおみ　「でも，曜日別に見たとき，1日あたりの1人平均の貸し出し冊数が一番多いのは，火曜日ではないかもしれないよ。」

グラフ

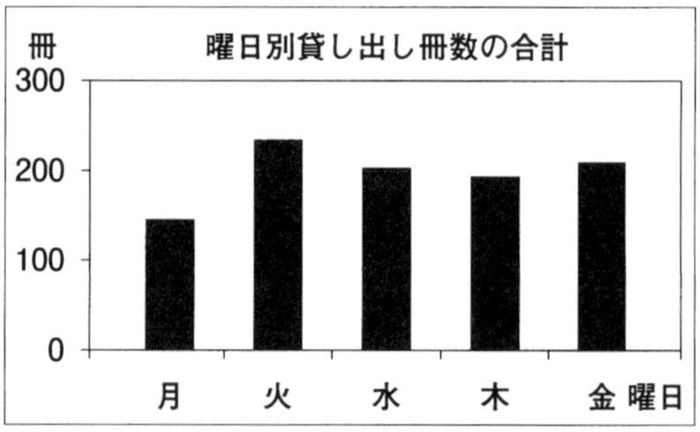

(1)　なおみさんが下線の部分＿＿のように考えた理由を，10月のカレンダーと10月の行事予定表などを参考にして説明しなさい。

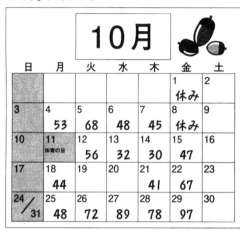

(2)　10月の火曜日１日あたりの１人平均の貸し出し冊数は，0.47冊です。10月19日の貸し出し冊数を下の表を参考にして求めなさい。

ただし，欠席者はいないものとします。

表　学年別児童数

学年	１年生	２年生	３年生	４年生	５年生	６年生	合計
人数	２２	１９	２３	２０	２３	２４	１３１

冊

ひとしさんたちは，図書室にかざる「やじろべえ」をドングリを使って作ることにしました。そこで，理科室から右の**写真**のような上皿てんびんと分銅を借りて，ドングリの重さをはかることにしました。

写真

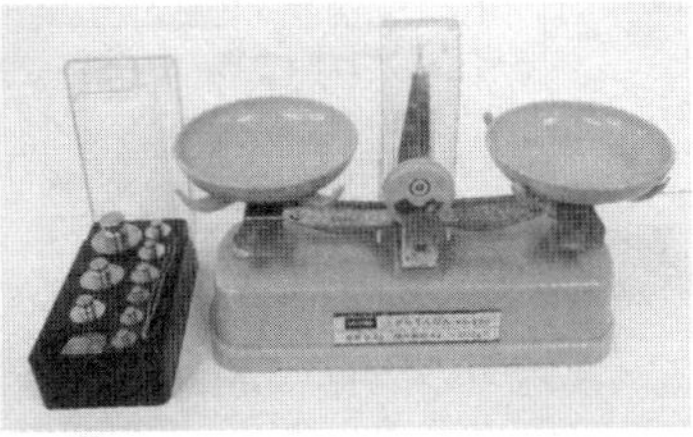

(3)　上皿てんびんを使って，ドングリの重さをはかるときの正しい使い方を，次の**ア**～**カ**の中から**五つ**選び，それらを適切な順番に並《なら》べかえて，**記号**で答えなさい。

ただし，はかる人は右ききとします。

ア　分銅を加えたり入れかえたりして，針《はり》が真ん中の目もりにくるようにつり合わせる。

イ　てんびんが右にかたむいているとき，分銅を加えてつり合わせる。

ウ　皿に何ものせていないときに，針が真ん中の目もりにくるように調節ねじでつり合わせる。

エ　右の皿に分銅をのせる。

オ　上皿てんびんを水平な台の上に置く。

カ　左の皿にドングリをのせる。

　→　→　→　→

ヒント

(1)　**図書室の側から**「火曜日の貸し出しが一番多かった」と言う，ひとしさんの読み取りはまったく正しいね。でも１人あたりの貸し出しのようす，つまり**一人一人が**何曜日に多く借りたのかをくわしく知るには，曜日ごと調べる日数が同じで，しかも全員が毎日借りることができたという条件のもとでの比較をしなくちゃならない。

(2)　ここでいう火曜日１人あたりの１人平均の貸し出し冊数とは，火曜日の貸し出し冊数の合計と，その４日間に借りることができた児童数の合計から求められたものだよ。

(3)　分銅を加えたり入れかえたりするのは，きき手の側の皿ですることだね。その前に，はかるものが反対側にのっているはず…。

学習日　　月　　日

例題を解いてみて，ようすをつかもう！

③ 規則性・条件処理に関する問題

出題の割合	★★★	関連教科
難しさ	★★☆	算 国 理 社 他

▼このテーマの目標

規則性を見つけて一般化したり，条件に基づいた推論や場合分けをしたりすること，また条件に合う組み合わせをもれなく書き出すことなどができる。

◆　広子さんの中学校では，体育の授業で４人を１チームとして，A，B，C，D，Eの５チームをつくり，リレーの競走を行うことになりました。そこで，優勝チームを決めるために次のようなルールをつくりました。
＜広島県立広島中学校・改題＞

○　競走は2回行い，２回とも順位によって得点があたえられる。
○　得点は１回につき，１位 50 点，２位 40 点，３位 30 点，４位 20 点，５位 10 点とする。
○　２回の競走であたえられた得点の合計が最も高いチームを優勝とし，合計得点が同じだった場合は，２回目の順位が上のチームを，上位とする。

２回競走した結果，広子さんのいるAチームは，１回目の順位が3位，２回目の順位が2位でしたが，優勝しました。また，夢子さんのいるBチームは，最下位になりました。１回目の記録をまとめた次の表をもとに，各チームの２回目の順位を考え，解答用紙の結果をまとめた表に書き入れなさい。また，そのように求めた考え方を書きなさい。ただし，同時にゴールしたチームは，２回ともなかったものとします。

（１回目の記録）

チーム	記録（秒）
A	51.2
B	51.5
C	50.2
D	49.8
E	52.0

（結果をまとめた表）

チーム	１回目		２回目		合計得点
	順位	得点	順位	得点	
A	3 位	30 点	2 位	40 点	70 点
B	位	点	位	点	点
C	位	点	位	点	点
D	位	点	位	点	点
E	位	点	位	点	点

（そのように求めた考え方）

【考え方・解き方】

＊文中の空らんに合う言葉や数字を入れよう。

ここに着目 優勝チームの合計得点が 70 点であることから，ほかのチームの合計得点は 70 点より大きくなりません。

解き方 1 回目の競走の記録を，次のように表に記入してから，2 回目以降の得点と順位を考えていく。問題文からほかにわかることは，A チームが①(　　　)で，B チームが②(　　　)であること。まず，2 回目で 1 位になったチームを考えるとよい。B ～ D チームが 1 位だった場合，1 位になったチームが優勝チームになってしまうので，E チームが 1 位である。また，D チームは 3 位になると優勝するので，4 位か 5 位である。

チーム	1 回目		2 回目		合計得点	
	順 位	得 点	順 位	得 点		
A	3 位	30 点	2 位	40 点	70 点	…①(　　　)(1 位)
B	③(　　)位	20 点	位	点	点	…②(　　　)(5 位)
C	2 位	40 点	位	点	点	…？位
D	1 位	④(　　)点	位	点	点	…？位
E	5 位	10 点	⑤(　　)位	⑥(　　)点	点	…？位

答 え

(結果をまとめた表)

チーム	1 回目		2 回目		合計得点
	順 位	得 点	順 位	得 点	
A	3 位	30 点	2 位	40 点	70 点
B	4 位	20 点	3 位	30 点	50 点
C	2 位	40 点	4 位	20 点	60 点
D	1 位	50 点	5 位	10 点	60 点
E	5 位	10 点	1 位	50 点	60 点

(そのように求めた考え方)

B ～ D チームが 2 回目で 1 位をとると，1 位をとったチームが優勝することから，E チームが 1 位となる。また，D チームが 3 位でも優勝となることから D チームは 4 位か 5 位。B チームと C チームのどちらかは 3 位である。仮に，B チームの 2 回目が 3 位だと合計 50 点。このとき，残りのチームの合計得点が 50 ～ 70 点の範囲におさまり，なおかつ A チームの優勝と B チームの最下位が決まるような 2 回目の順位は，C チームが 4 位(合計 60 点)，D チームが 5 位(合計 60 点)の組み合わせが考えられる。

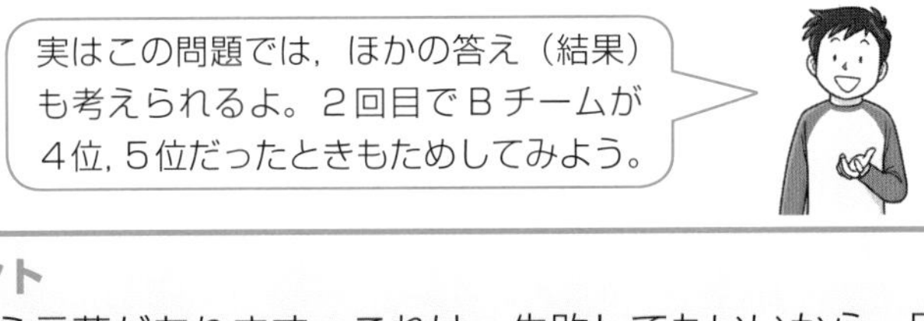
実はこの問題では，ほかの答え（結果）
も考えられるよ。2 回目で B チームが
4 位，5 位だったときもためしてみよう。

サポートのポイント

「試行錯誤《しこうさくご》」という言葉があります。これは，失敗してもいいから，目標に向かって作業を進めることですね。条件の範囲《はんい》で数字をあてはめていってみて，だめなら，ちがう数字でちょうせんする…そういう姿勢も必要だということを教えてあげましょう。

(空らんの記入例) ①優勝　②最下位　③4　④50　⑤1　⑥50

学習日　　月　　日

③規則性・条件処理に関する問題

実戦問題①

時間の目安15分　難しさ★★☆　6問中　　問正解　関連教科　算　国　理　社　他　目標　4問以上正解

1　たかしさんの学校では，卒業する前に，6年生全員が分担《たん》して校内美化活動を行うことになりました。6年生は1組から3組までの3クラスで，1クラスの人数はどのクラスも37人です。

美化活動の計画と分担のしかたは，下の**資料1**と**資料2**のように決まりました。

＜茨城県立中学校・中等教育学校・改題＞

資料1　美化活動の計画

曜日	内　容	人数(人)
月	図書室の本の整理	2
火	パソコン室のそうじ	4
水	体育用具の整理	6
木	校庭の石拾い	8
金	校舎内の窓ふき	10
※　土曜日と日曜日，祝日は行いません。		

資料2　分担のしかた

・分担は，1組の1番から出席番号順に入れていきます。1組37番の次は2組1番から，2組37番の次は3組1番から，というように続けて活動に入ります。

・美化活動は，カレンダー（**資料3**）の2月16日（水）から始まり，全員が1回ずつ行ったら終わりです。

資料3　カレンダー

2月

日	月	火	水	木	金	土
		1	2	3	4	5
6	7	8	9	10	11	12
13	14	15	16	17	18	19
20	21	22	23	24	25	26
27	28					

3月

日	月	火	水	木	金	土
		1	2	3	4	5
6	7	8	9	10	11	12
13	14	15	16	17	18	19
20	21	22	23	24	25	26
27	28	29	30	31		

(1)　2組1番の人は，何月何日に，何の美化活動をするでしょう。

月　　日	

(2)　美化活動の期間中，図書室の本の整理をする人は合計何人になるでしょう。

　　　　人

(3) **たかしさん**は，６年３組で出席番号は９番です。たかしさんの当番の日は，何月何日になるでしょう。また，そのわけを図や数，式，言葉などを使って説明しなさい。

当　番　の　日　：	月　　　　　日
わ　け	

[2]　[1]から[9]までの数字がそれぞれ書いてある９枚《まい》のカードがあります。**みかさん**は，このカードを４枚使って４けたの数をつくりました。**ゆうさん**が，その数を見ないで当てようとして，**みかさん**と次のような会話をしています。　＜茨城県立中学校・中等教育学校＞

ゆう：みかさんのつくった数を，カードを見ないで当ててみるね。その数は，[1] [2] [3] [4] ですか。

みか：ちがいます。４つの数字のうち，１つの数字だけ当たっているわ。でも，その数字の位はちがっています。

ゆう：その数は，[5] [6] [7] [8] ですか。

みか：ちがいます。４つの数字のうち，３つの数字が当たっているわ。でも，位まで合っている数字は１つだけよ。

ゆう：じゃあ，その数は，[6] [7] [1] [8] ですか。

みか：残念。４つの数字のうち，２つの数字は当たっているわ。でも，その数字の位はちがっています。

ゆう：よし，次は当てるぞ。その数は，[5] [4] [6] [7] ですか。

みか：おしいわ，ゆうさん。４つの数字は全部当たっているわ。でも，位まで合っている数字は１つだけよ。

ゆう：ようやく，わかったぞ。その数は，□ ですか。

みか：ゆうさん，すごい。正解です。

【問題】　２人の会話から，□にあてはまる４けたの数を答えなさい。

□

ヒント

[1]　まず，資料２の分担のしかたを読んで頭に入れよう。問題を解くカギはここにあるけれど，１クラスの人数，曜日ごとの内容，活動日など，大事な情報は，すべての問題文と資料に散らばっているよ。

[2]　みかさんの４番目の言葉から，４つの数字はわかる。それらを並べかえればいいんだね。

学習日　　月　　日

❸規則性・条件処理に関する問題

実戦問題 ②

時間の目安 15分　難しさ ★★☆　6問中　　問正解　関連教科 算 国 理 社 他　目標 4問以上正解

◆ 次の文章を読んで，あとの(1)～(4)の問いに答えなさい。　＜千葉県立千葉中学校＞

それぞれに点数がついている６本の缶《かん》を，下の図１のように３列（ラインに近い方を１列目）に並《なら》べ，ラインの手前からボールを１回だけ転がして缶を倒《たお》すゲームをします。図２はこのゲームをするときの得点表です。得点表には，缶の並びとともに，倒れた缶を●で，倒れなかった缶を○で表し，さらに，倒れた缶についている点数の合計点を記入します。

図１

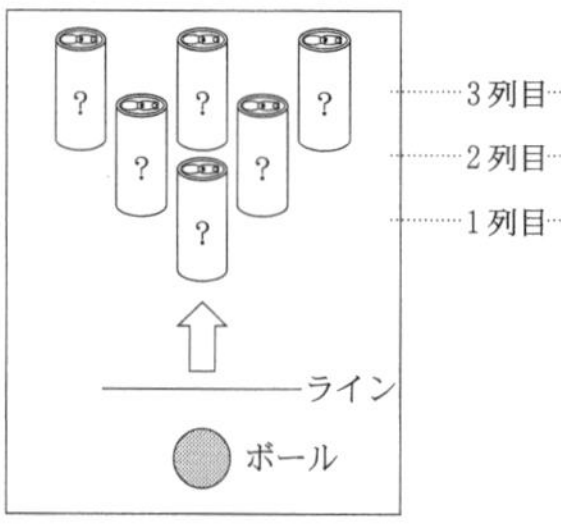

図２　得点表

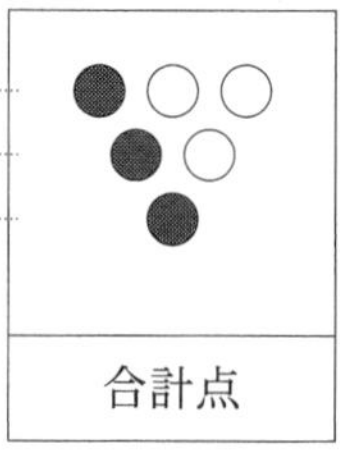

(1) 図３は，ゲームを１度行った得点表です。２列目の缶には，それぞれ１列目の缶の２倍の点数が，３列目の缶には，それぞれ１列目の缶の３倍の点数がついています。

１列目の缶の点数を書きなさい。

図３　得点表

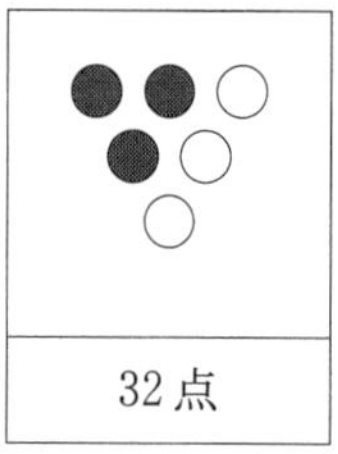

点

(2) 図４のような，１点，３点，５点，７点，９点，11点の点数がついている６本の缶を並べてゲームをしました。このゲームを３度行った得点表が，図５のように表されたとき，何点の缶がどこに置かれていたのか書きなさい。ただし，缶の並びは３度とも同じとします。解答は，解答らんの６個の○の中に，缶の点数を書き入れて表しなさい。

図４　用意した缶

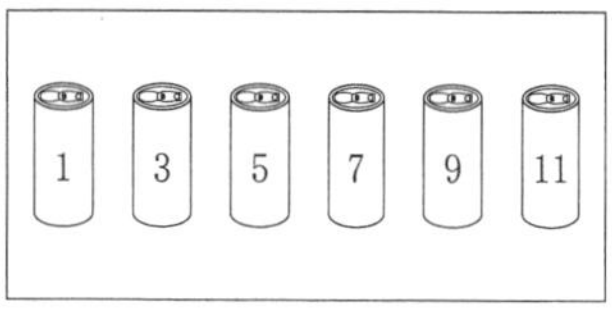

図５　得点表

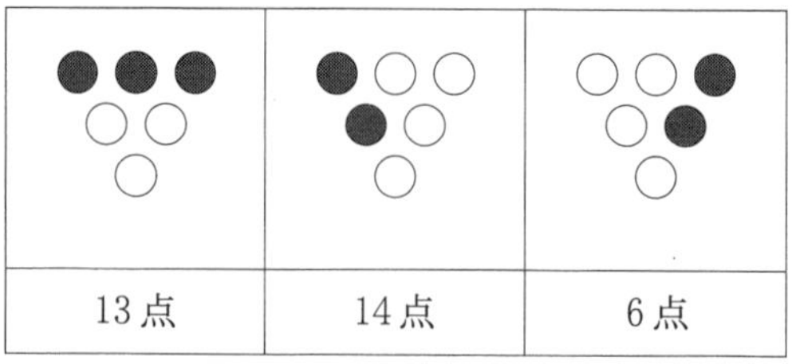

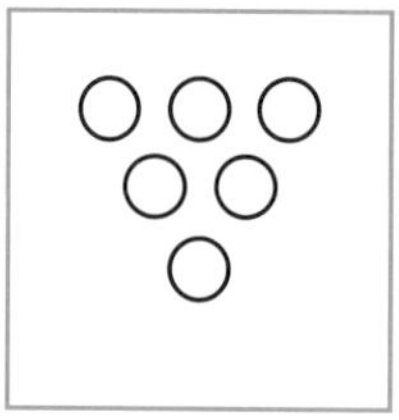

(3) 図４の６本の缶を，新たに並べかえてゲームをしました。このゲームを３度行った得点表が，図６のように表されたとき，何点の缶がどこに置かれていたのか書きなさい。ただし，缶の並びは３度とも同じとします。

解答は**２通り**あります。解答らんのそれぞれの６個の○の中に，缶の点数を書き入れて表しなさい。

図6　得点表

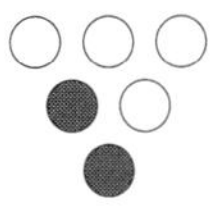		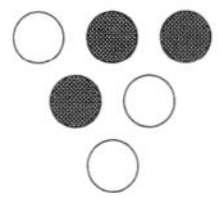
10点	21点	19点

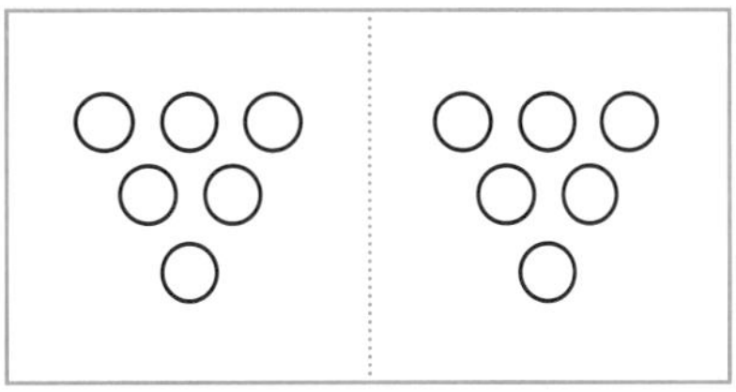

(4)　**図4**の6本の缶に，13点，15点，17点，19点の点数がついている4本の缶を加え，合わせて10本の缶を新たに並べてゲームをしました。このゲームを6度行った得点表が，**図7のア～カ**のように表されました。ただし，缶の並びは6度とも同じとします。

図7　得点表

ア	イ	ウ	エ	オ	カ
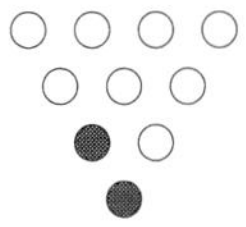	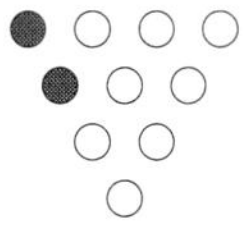	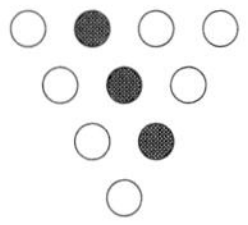	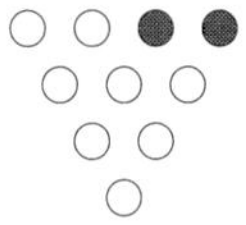	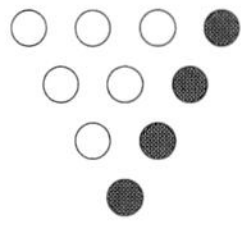	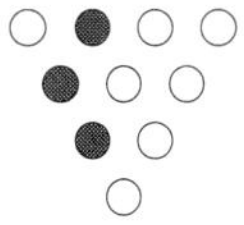
10点	30点	39点	14点	26点	27点

①　**図7のア～エ**から考えて，3列目の右はしにあるAの場所（**図8**参照）には，何点の缶が置かれていたのか書きなさい。

また，どのように求めたのか，わかりやすく説明しなさい。

点

図8

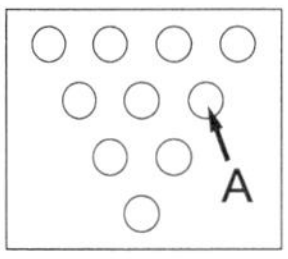

説明

②　**図7のア～カ**から考えて，何点の缶がどこに置かれていたのか書きなさい。解答は，解答らんの10個の○の中に，缶の点数を書き入れて表しなさい。

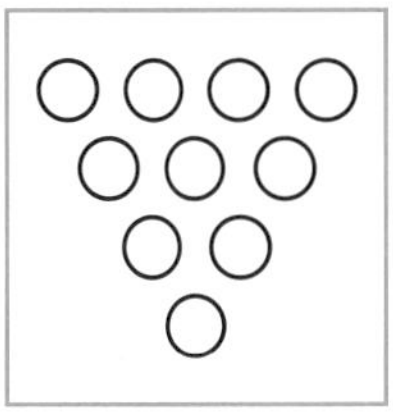

ヒント

(1)　倒した缶は，得点で考えると1列目の缶の何本分にあたるか，というふうに考えよう。

(2)　2缶で6点になる組み合わせは1種類しかないね。

(3)　得点表で同じ位置の缶が倒れている場合に着目しよう。

(4)　①**ア～エ**を見ると，**A**の缶だけ倒れていない！　**A**だけ残して，ほかの9本を倒したら何点になるかな…。②「ありえる置き方」，「ありえない置き方」を考えながら場所を決めていくパズルだね。答えはちゃんと1通りに決まるよ。

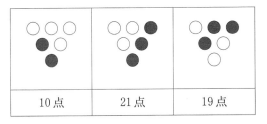

学習日　月　日

例題を解いてみて，ようすをつかもう！

④ 図形に関する問題

出題の割合	★★★
難しさ	★★☆

関連教科：算　国　理　社　他

▼このテーマの目標

面積・体積・角度など，図形についての知識の応用ができる。立体の位置・方向や重なりなどの関係がわかり，展開図や折り目の問題が解ける。

◆ 太郎くんは新聞を読み，食事のマナーについての記事に興味をもちました。それは，袋《ふくろ》に入った割《わ》りばしを出されたとき，**図1**のように，袋をしばるように折ってはし置きをつくるという内容です。

太郎くんはさっそく自分でつくってみました。

次の「**図1**」をもとにして，⑴と⑵に答えなさい。　＜さいたま市立浦和中学校＞

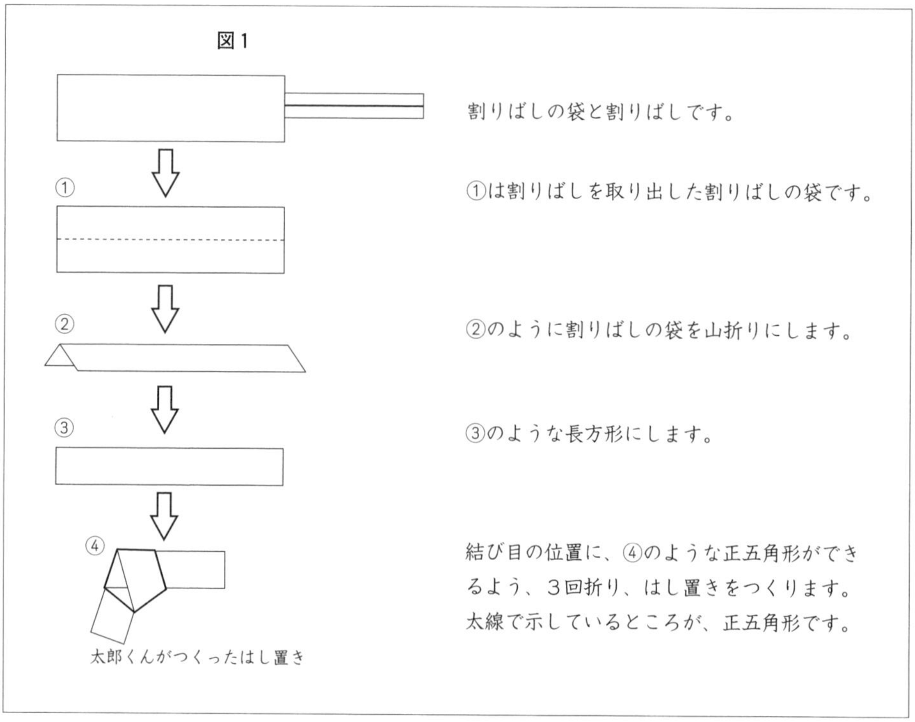

図1
割りばしの袋と割りばしです。
①
①は割りばしを取り出した割りばしの袋です。
②
②のように割りばしの袋を山折りにします。
③
③のような長方形にします。
④
結び目の位置に、④のような正五角形ができるよう、3回折り、はし置きをつくります。太線で示しているところが、正五角形です。
太郎くんがつくったはし置き

⑴　太郎くんがつくったはし置きを，図１の①の状態まで開きます。そのときの折り目の線を，全て下の図に実線で書き入れなさい。

ただし，図には，折り目の線の一部が実線で示されています。

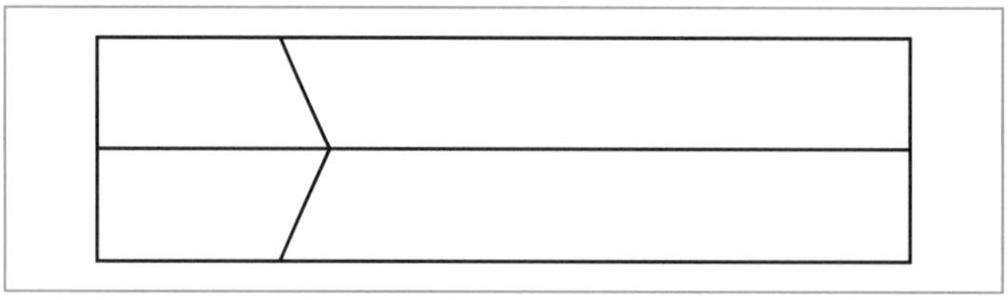

⑵　折り目の線によってつくられた台形の角の中で，一番大きい角は何度ですか。数字で答えなさい。

（　　　）度

【考え方・解き方】 動画解説

＊文中の空らんに合う言葉や数字を入れよう。

(1) **ここに着目** 問題文「袋をしばるように折って」の部分にまず着目。図1の③から④は，右図Ⓐのように折っていて，右図Ⓑのように折り目のついた状態にほどいた（もとにもどした）ものが答えになります。

解き方 右図ⒶとⒷで，同じ番号のところが同じ折り目になる。番号1のところの折り目は解答らんにすでに示されているので，残りの折り目をかく。真ん中の折り目を①（　　　　）として，上下が②（　　　　）になるようにする。

答え

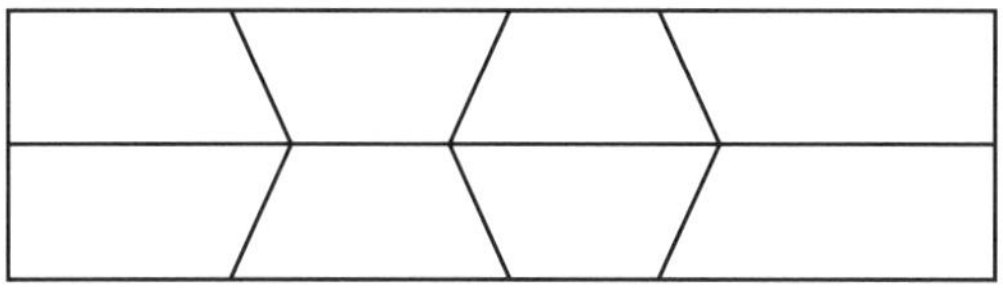

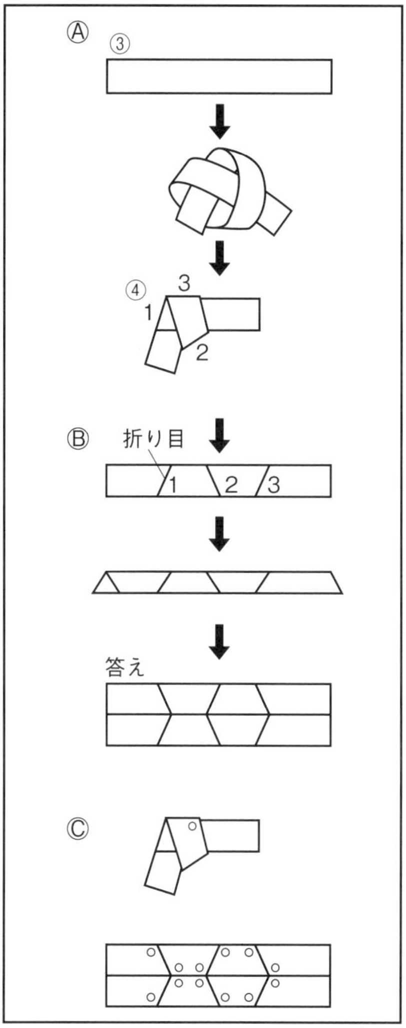

(2) **ここに着目** 折り目の線によってつくられた台形の角の中で一番大きい角は右図Ⓒの○印の部分で，どれも正五角形の１つの角の大きさと同じです。

解き方 五角形の③（　　　）の和は，

$180 \times 3 = 540$（度）

正五角形はどの角の大きさも同じなので，1つの角の大きさは，

$540 \div$ ④（　　）$= 108$（度）

答え 108度

見直そう

多角形の内角の和

多角形の内角の和を求める方法はいくつかあるが，三角形の内角の和＝180度を利用して求める方法を思い出してみよう。五角形は右の図のように3つの三角形に分けることができるね。つまり，五角形の内角の和は，三角形の内角の和の3つ分，つまり，上記のように $180 \times 3 = 540$（度）と求めることができるわけだ。同じ方法でほかの多角形の内角の和もかんたんに求められるね。

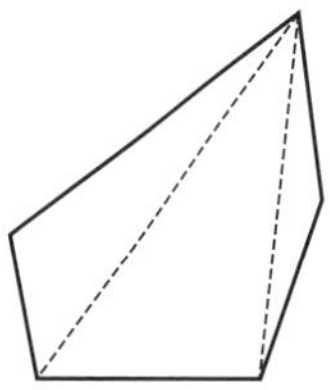

サポートのポイント

この種の問題を解くためには，工作のイメージが必要となるでしょう。この例題の場合，(1)の **解き方** のように，図形の辺がどの折り目に対応するかをすばやく気づかせるようなアドバイスが求められます。

（空らんの記入例）①対称の軸　②（線）対称　③内角　④5

学習日　　月　　日

④図形に関する問題

実戦問題 ①

時間の目安15分　難しさ ★★☆　4問中　　問正解　関連教科 算 国 理 社 他　目標 3問以上正解

◆ 正方形のこまを回すと，どのような模様が見えるかを考えることにしました。

＜千代田区立九段中等教育学校＞

こまは中心となる位置に軸《じく》をつけると，バランスよく回ります。正方形のこまでは，対角線の交わった点が正方形の中心になります。［写真１］の白い正方形のこまを，黒い紙の上で回すと［写真２］のようになります。真ん中に白い円が見え，その外側にぼんやりとうすい円が重なって，二重の円に見えます。

［写真１］正方形のこま

［写真２］回転しているこま

次の［図１］で正方形ABCDの対角線が交わる点をＯとし，点Ｏから辺ABと90度で交わるような線を引いて，辺ABと交わった点をＰとします。［図２］の内側の円の半径は，［図１］の直線OPの長さと等しくなり，［図２］の外側の円の半径は，［図１］の直線OAの長さと等しくなります。

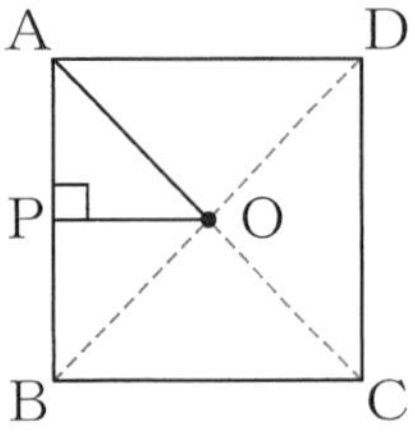

［図１］正方形ＡＢＣＤ

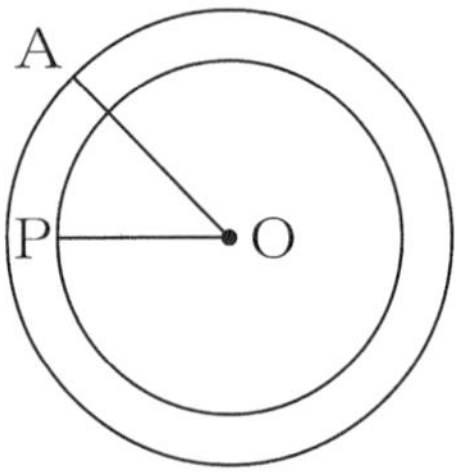

［図２］［図１］を回す

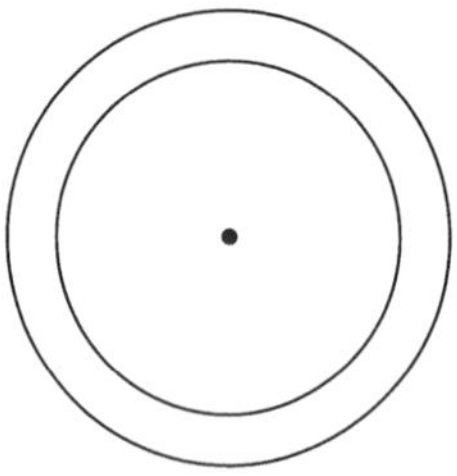

［図３］こまの模様を作図

［図１］の正方形ABCDから，半径の長さとなる直線OP，直線OAの長さをコンパスでうつしとると，［図３］のように円の中心が共通の二重の円を作図することができます。

次に，１辺が４cmの正方形に，次の手順で円と正方形を描《か》いたこまをつくります。

《手順》

① １辺４cmの**正方形ア**を描く。
② ［図４］のように，**正方形ア**の内側に接する**円イ**を描く。
③ ［図４］のように，**円イ**の内側に４点で接する**正方形ウ**を描く。
④ ［図４］のように，**正方形ウ**の内側に接する**円エ**を描く。
⑤ **正方形ア**と**円イ**の間，**正方形ウ**と**円エ**の間を黒くぬる。
⑥ ［写真３］のように，正方形の対角線の交わった点にようじをさす。

⑴　[図4]のように設計すると，**正方形ア**の面積と**円イ**の面積の比は，**正方形ウ**の面積と**円エ**の面積の比と等しくなります。

①　**円イ**の面積は何cm^2ですか。ただし，円周率は3.14として計算しなさい。

②　**正方形ウ**の面積は，**正方形ア**の面積の何倍ですか。

③　**円エ**の面積は何cm^2ですか。次の答え方に続くように，式を順序よく書いて計算しなさい。

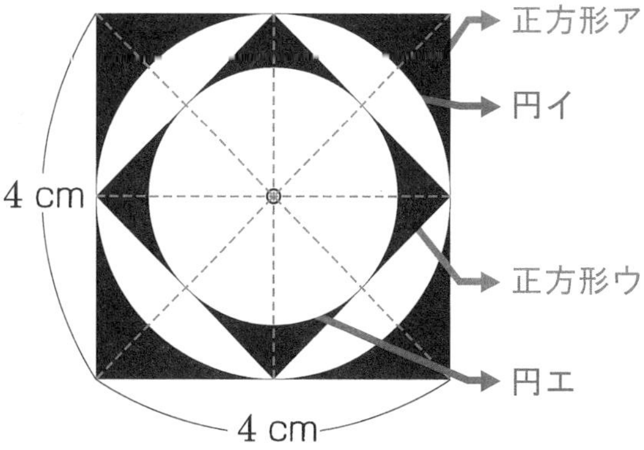

[図4]　正方形のこまの設計図

《答え方》
正方形アの面積：円イの面積＝正方形ウの面積：円エの面積なので，…

[写真3]　こま

①	円イ　　　　cm^2	②	倍
③	式）正方形アの面積：円イの面積＝正方形ウの面積：円エの面積なので， 答え　円エ　　　　cm^2		

[図4]のこまを回すと，中心が同じである三重の円の模様が見られます。この三重の円それぞれの半径を考え，こまを回したときに見える模様を描きます。

⑵　[図4]のこまをまわして見える三重の円について，それぞれの半径をコンパスで[図4]からうつしとり，等倍で作図しなさい。ただし，[図3]のように円の中心を示し，模様の濃淡《のうたん》は描かないことにします。

ヒント

⑴　正方形がひし形でもあることは知っているね。だから，正方形ウの面積は，対角線を使って計算できるはずだよ。

⑵　黒くぬった部分を頭の中で動かしてみよう。黒い部分で中心からこれ以上はなれられないというところと，中心にこれ以上近づけないというところがあるね！

解答・解説集➡p. 14, 15

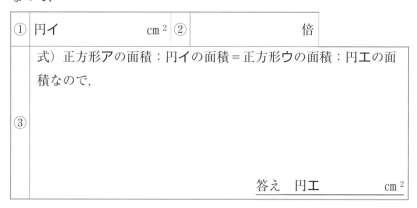

学習日　　月　　日

④図形に関する問題

実戦問題 ②

時間の目安10分　難しさ★★☆　3問中　　問正解　関連教科　算 国 理 社 他　目標 2問以上正解

◆　あつしさんの学級では，学級のマークをつくることになりました。そこで，すべての頂《ちょう》点が円周の上にあるような多角形を最初にかき，それをもとにマークをつくりました。次の会話文は，あつしさんたち４人がそれぞれ自分がつくったマークについて説明しているものです。この会話文を読んで，あとの⑴～⑶について考えましょう。　　<佐賀県立中学校改題>

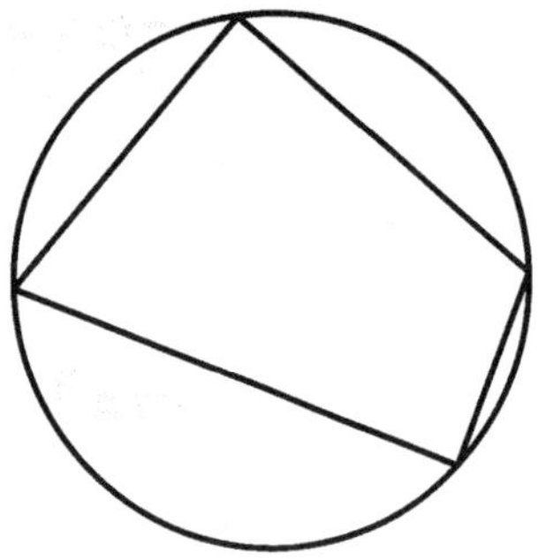

あつしさん：ぼくが最初にかいた多角形の辺の長さは，みんな等しいよ。円の中心からこの多角形のすべての頂点へ半径をひいてマークにしたよ。その半径の数は５本以下だったよ。

ひろみさん：わたしは，線対称《せんたいしょう》な六角形を最初にかいたわ。それに円の中心から六角形の頂点まで何本か半径をひいて，線対称な図形のマークにしたわ。このマークをよく見たら，六角形の中に三角形と四角形があるから，六角形の６つの角の大きさの和は，

$180\times 2+360\times 2-360$

の式で求められることがわかったわ。

ゆかりさん：わたしは，正八角形を最初にかいたわ。それに直径や大小２つの正方形をかいたあと，色をぬって【図１】のマークにしたわ。そのマークは，点対称《てんたいしょう》の模《も》様《よう》になっているわ。

ひできさん：ぼくは，ゆかりさんと同じ大きさの円に，正方形を最初にかいたよ。それに直径を４本ひいて，【図２】になったよ。それから，ぼくも，ゆかりさんが色をぬった部分と同じ面積になるように【図２】に色をぬって，点対称の模様のマークにしたよ。

⑴　あつしさんがかいた「多角形」で，考えられるものの名前をすべて書きましょう。

(2)　ひろみさんがかいたマークとして，考えられるもののうち2つかきましょう。

【ひろみさんが最初にかいた六角形】

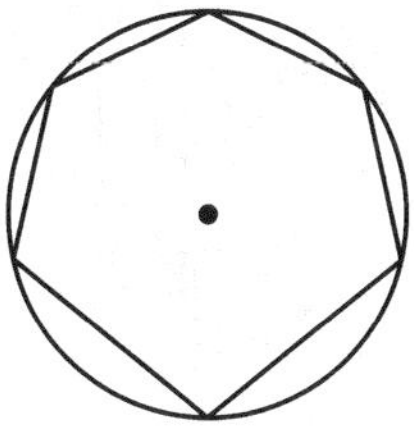

※円の中の点は、
　円の中心を示しています。

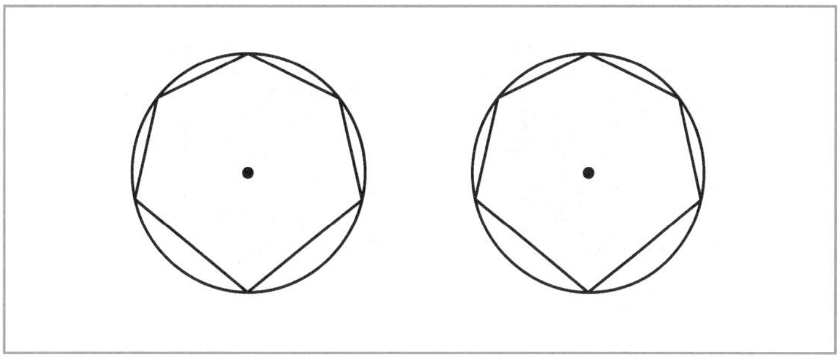

(3)　ひできさんは，どの部分に色をぬったでしょうか。**【ぬり方の例】**を参考にして，例に続けて図に色をぬりましょう。

【図１】

【図２】

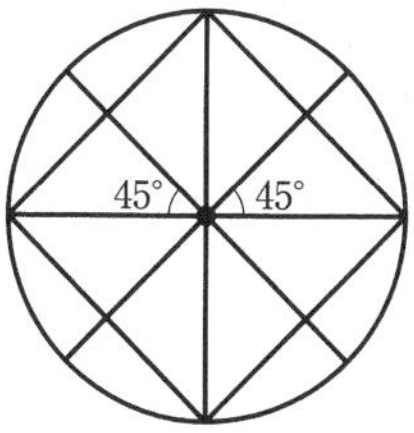

【ぬり方の例】

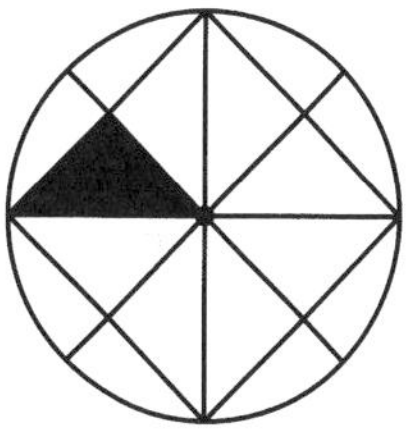

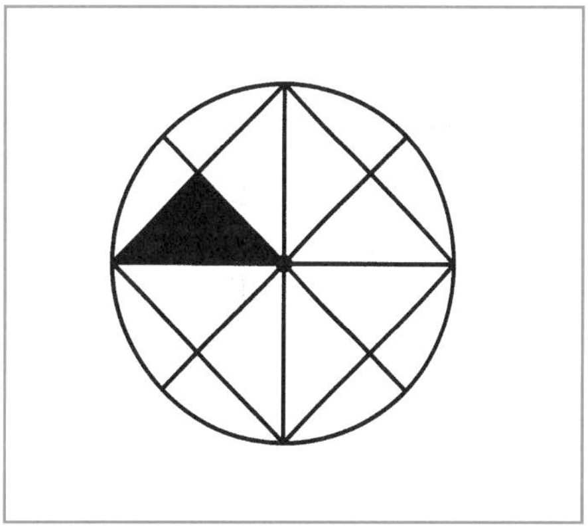

ヒント
【図 1】を 45 度傾けると，【図 2】と同じ角度になります。

解答・解説集➡p. 15, 16

学習日　　月　　日

例題を解いてみて，ようすをつかもう！

5 数量に関する問題

出題の割合 ★★★
難しさ ★☆☆
関連教科 算 国 理 社 他

▼このテーマの目標

速さや割合を中心とした数量関係がわかる。できごとを算数の手法で処理できる。

◆ **みなみさん**は電車とバスを利用して通学しています。**みなみさん**の歩く速さを時速３km，電車やバスに乗るときの待ち時間を５分，電車の速さを時速 60km，バスの速さを時速 15kmとします。また，次の【図１】【図２】の縦《たて》の軸《じく》は**みなみさん**の位置，横《よこ》の軸《じく》は時刻《じこく》を表しています。

<横浜市立南高等学校附属中学校>

(1) 【図１】は**みなみさん**が７時30分に自宅を出発して学校に着くまでの**みなみさん**の位置と時刻《じこく》の関係をグラフで表したものです。自宅からＡ駅まで歩いて向かい，Ａ駅からＢ駅まで電車に乗り，Ｂ駅から学校まではバスに乗りました。**みなみさん**の自宅から学校までの道のりは何kmですか。

【図１】

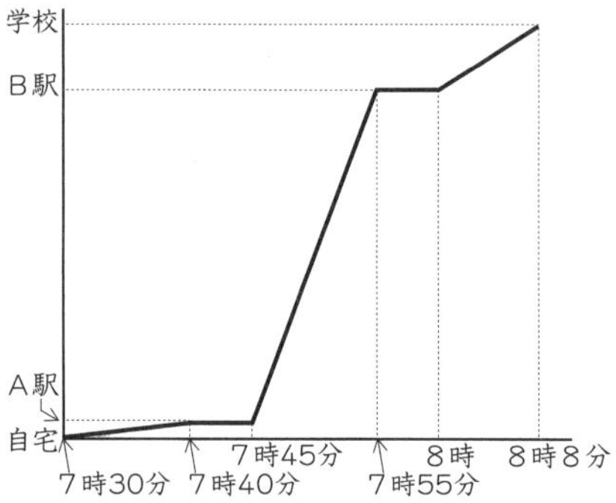

km

(2) 【図２】は**みなみさん**が 17 時に学校を出発して自宅に着くまでの，**みなみさん**の位置と時刻《じこく》の関係をグラフで表したものです。帰りは学校からＢ駅までバスに乗らずに歩いたのですが，下り坂のため，**みなみさん**の歩く速さは時速４kmでした。**みなみさん**が自宅に到着《とうちゃく》する時刻《じこく》は何時何分ですか。

【図２】

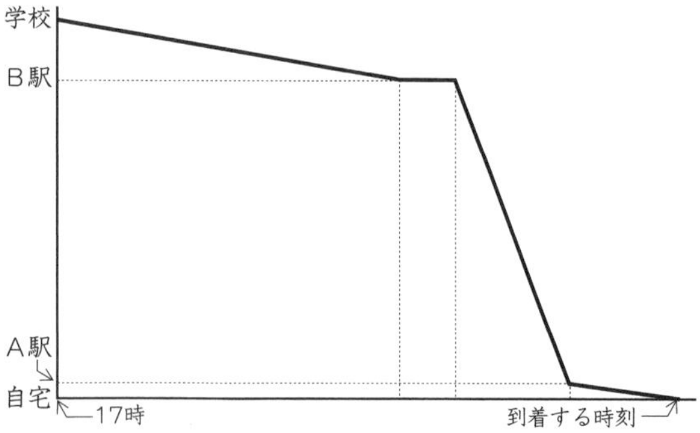

時　　分

【考え方・解き方】

＊文中の空らんに合う言葉や数字を入れよう。

(1) **ここに着目** まず，きちんとグラフを読み取ること。順を追って各区間ごとの道のりを計算し，最後に全体を計算すればよいでしょう。

解き方 ①自宅～Ａ駅（７時30分→７時40分：かかった時間10分）

…みなみさんの歩く速さは，①(　　　) ３kmだから，分速に直すと，3000(m) ÷60(分) =50で分速50m。

この区間の道のりは，②（　　　）×10（分）＝500（m）＝0.5（km）

②A駅～B駅（7時45分→7時55分：かかった時間10分）

…電車の速さは，時速は，60kmだから，分速に直すと，60000（m）÷60（分）＝1000で，分速1000m。

この区間の道のりは，1000×10（分）＝10000（m）＝10（km）

③B駅～学校（8時→8時8分：かかった時間8分）

…バスの速さは時速15kmだから，分速に直すと，15000÷60（分）＝250（m）で分速250（m）。

この区間の道のりは250×8＝2000（m）＝2（km）

①～③の区間の道のりをたすと，0.5＋10＋2＝12.5（km）

答え 12.5km

見直そう

速さ

・速さ＝道のり÷時間

※秒速は1秒間，分速は1分間，時速は1時間で，それぞれ進んだ道のりで表した速さのこと。

・道のり＝速さ×時間

・時間＝道のり÷速さ

(2) **ここに着目** (1)から，各区間の道のりやかかる時間がわかるので，そのことを利用して帰宅するまでの時間を計算します。

解き方 ①学校～B駅（道のりは2km）

…みなみさんの歩く速さは時速4kmなので，かかる時間は，

2（km）÷4＝0.5（時間）＝30（分）

注 意 1時間は60分なので，0.5時間は，60（分）×0.5＝30（分）となる。

②B駅～A駅

…時間は行きも帰りも変わらないので，図1より③（　　　）分

③A駅～自宅

…時間は行きも帰りも変わらないので，図1より④（　　　）分

①～③でかかる時間は，電車の待ち時間5分を含め，30＋5＋③（　　　）＋④（　　　）＝55（分）

答えは，17時＋55分＝17時55分となる。

答え 17時55分

プラス1

縦軸が道のりで，横軸が時刻（時間）のグラフの直線のかたむきは，速さを表している。速さが速いと直線のかたむきは急になり，おそいとゆるやかになる。例題のグラフで確かめてみよう。

【図1】

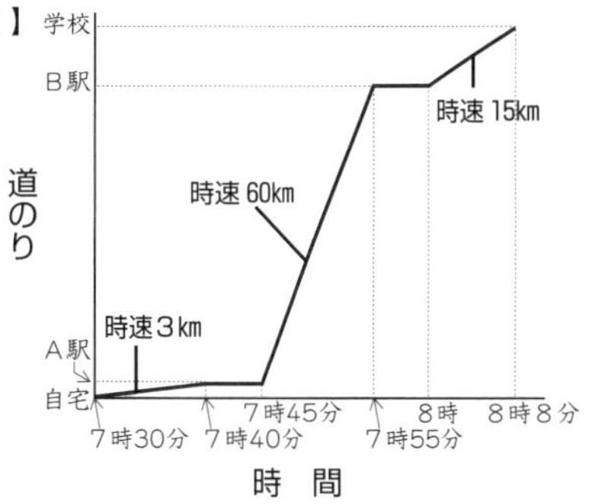

サポートのポイント

数量の問題ですが，算数の速さに関する基本知識があれば解ける問題です。上記のように順を追って解いていけば，比較的容易に正答にたどりつけることを教えてあげましょう。(2)では，電車の待ち時間5分を加えることをわすれないようにアドバイスをしましょう。

（空らんの記入例）①時速　②50　③10　④10

学習日　　月　　日

⑤数量に関する問題

実戦問題 ①

時間の目安15分　難しさ ★☆☆　5問中　　問正解　関連教科 算 国 理 社 他　目標 4問以上正解

◆　次の文章を読んで，あとの(1)，(2)の問いに答えなさい。　＜千葉県立千葉中学校＞

あるテーマパークの中には，右の図1のように，6つの駅があります。そして，電車とモノレールがそれぞれ1台ずつ，次の**乗り物の動き方**にしたがって，走っています。

【図1】　6つの駅

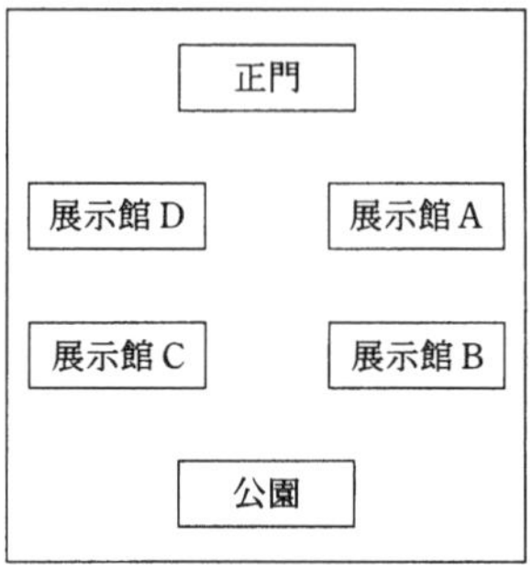

乗り物の動き方

［電車］

①　正門を午前8時30分に発車する。

②　正門→展示館《てんじかん》A→展示館B→公園→展示館C→展示館D→正門，のように，駅を1つずつ右まわりに，まわり続ける。（図2）

③　発車してから次の駅に到着《とうちゃく》するまで3分かかり，到着したら2分間停車し，再び発車する。

【図2】　電車

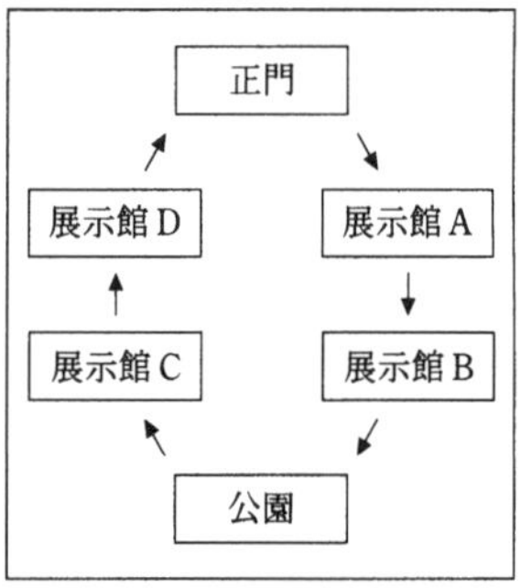

［モノレール］

①　展示館Aを午前8時30分に発車する。

②　展示館A→展示館D→展示館C→展示館B→展示館A，のように，展示館のある駅だけを1つずつ左まわりに，まわり続ける。（図3）

③　発車してから次の駅に到着するまで5分かかり，到着したら2分間停車し，再び発車する。

【図3】　モノレール

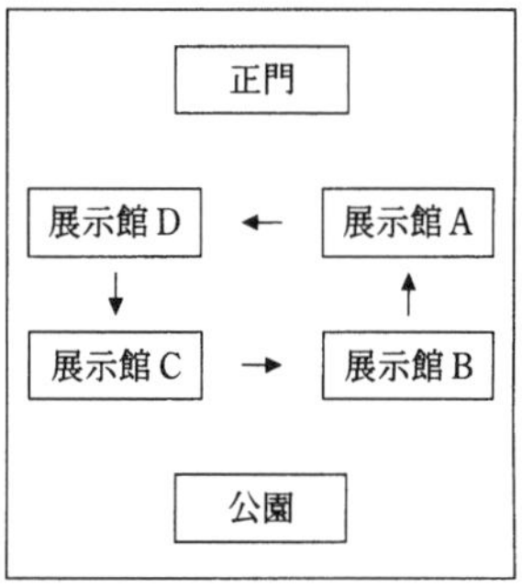

下の**表**は，午前８時30分に発車したあとの，電車とモノレールの到着時刻《じこく》と到着する駅を，それぞれ，途中《とちゅう》までまとめたものです。

表

電　車	到 着 時 刻	午前８時 33 分	午前８時 38 分	午前８時 43 分
	到着する駅	展示館Ａ	展示館Ｂ	公　園
モノレール	到 着 時 刻	午前８時 35 分	午前８時 42 分	午前８時 49 分
	到着する駅	展示館Ｄ	展示館Ｃ	展示館Ｂ

(1)　**表**の続きを作成していたところ，電車とモノレールの到着時刻が，同じになる時刻を見つけました。次の**ア**，**イ**の問いに答えなさい。

ア　午前８時30分に発車してから，到着時刻が，最初に同じになるのは，いつですか。その時刻を書きなさい。

イ　**ア**のとき，電車とモノレールが，それぞれ到着する駅を書きなさい。

電車

モノレール

(2)　午前８時30分に発車してから，午後４時30分までの間に，電車とモノレールが同じ時刻に同じ駅に到着することがあります。その時刻と駅の組み合わせを，下の［**表し方の例**］にならって，すべて書きなさい。また，そのように考えた理由を書きなさい。

［**表し方の例**］（午前８時30分，展示館Ａ）

理由

ヒント

(1)　続く問題文に目を通しておけば，**ア**で問われているのは「同じ駅に」同時に到着する場合ではなく，「それぞれがどこかの駅」に同時に到着する場合のことだとわかるね。

(2)　到着時刻が同じになるのは，何分おきかな。その場合についてだけ表にしてみよう。

解答・解説集➡p.17～19

学習日　　月　　日

⑤数量に関する問題

実戦問題 ②

時間の目安20分　難しさ ★★☆　7問中　　問正解　関連教科 算 国 理 社 他　目標 5問以上正解

◆ 次の問いに答えなさい。

1．たかしさんの自転車には，〔図1〕のように，前の歯車にペダルが，後ろのギアに後輪が，それぞれ取り付けられていて，前の歯車と後ろのギアとの間にはチェーンがかかっています。そのチェーンによって，前の歯車が回ると後ろのギアが回ります。また，後ろのギアは1段から6段までの6つの歯車からなり，チェーンがかかる歯車を切りかえることができます。さらに，後ろの6つの歯車と前の歯車の歯数は，それぞれ〔表〕のようになっています。**たかしさんの自転車**について，あとの⑴，⑵の各問いに答えましょう。ただし，**たかしさんの自転車**は，後ろのギアとともに後輪が回り，動くものとします。　<神奈川県立中等教育学校>

注）歯数：歯車のつき出ている部分の数。

〔図1〕たかしさんの自転車

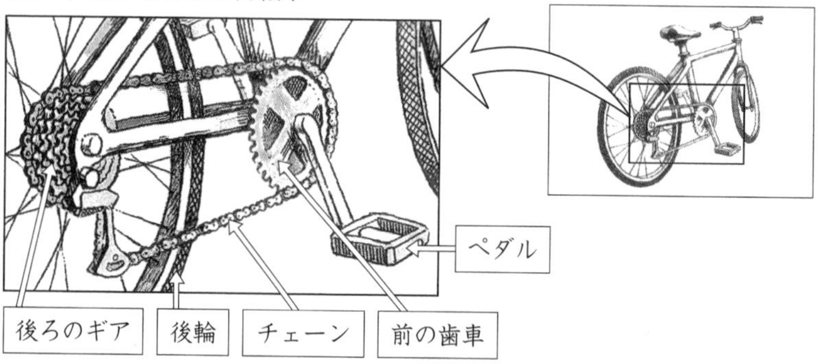

〔表〕歯車の歯数

後ろの歯車の歯数						前の歯車の歯数
1段	2段	3段	4段	5段	6段	
32	28	24	20	16	12	48

⑴　ペダルをこいで前の歯車を1回転させるとき，**たかしさんの自転車**の動くきょりが最も短いのは，後ろのギアの何段の歯車にチェーンがかかっている状態のときかを書きましょう。また，そのとき，後輪は何回転するかを書きましょう。

段　　回転

⑵　後ろのギアの3段の歯車にチェーンがかかっている状態で，前の歯車が1分間あたり50回の割合《わりあい》で回転するようにペダルを10分間こぎます。後輪の直径を60cmとすると，**たかしさんの自転車**の動くきょりは何mになるかを書きましょう。ただし，円周率は3.14として計算しましょう。

m

2．みなみさんは分数について勉強しています。 ＜横浜市立南高等学校附属中学校・改題＞

3つの数字2，3，4を分母，分子にそれぞれ使ってできる分数の種類は（ア）のように9通りあります。

（ア）$\frac{2}{2}$，$\frac{3}{2}$，$\frac{4}{2}$，$\frac{2}{3}$，$\frac{3}{3}$，$\frac{4}{3}$，$\frac{2}{4}$，$\frac{3}{4}$，$\frac{4}{4}$

（ア）の中で約分できる分数を約分すると

$\frac{2}{2}=1$，$\frac{3}{2}$，$\frac{4}{2}=2$，$\frac{2}{3}$，$\frac{3}{3}=1$，$\frac{4}{3}$，$\frac{2}{4}=\frac{1}{2}$，$\frac{3}{4}$，$\frac{4}{4}=1$

となり，同じ数になるものを1つにまとめると次のようになります。

（イ）$\frac{1}{2}$，$\frac{2}{3}$，$\frac{3}{4}$，1，$\frac{4}{3}$，$\frac{3}{2}$，2

したがって，3つの数字2，3，4を分母，分子にそれぞれ使って分数を作り，それを約分して同じ数になるものを1つにまとめると，（イ）のように全部で7通りの数ができます。

みなみさんは上のような考え方を使って，7つの数字2，3，4，5，6，7，8を分母，分子にそれぞれ使ってできる数の種類を考えました。

(1) 約分すると分母が6になる分数を**すべて**書きなさい。

(2) 約分できる分数を約分し，同じ数になるものを1つにまとめると全部で何通りの数ができますか。

通り

(3) (2)でまとめた数のうち，最も大きい数と最も小さい数を書きなさい。

最も大きい数

最も小さい数

ヒント

1． 自転車のペダルについている前の歯車と，後輪のところの後ろの歯車は，いっしょに動くよ。

2． それぞれの分母について，約分できる分数と約分できない分数に分け，上手《じょうず》に整理してみよう。

解答・解説集➡p.19，20

学習日　　月　　日

例題を解いてみて，ようすをつかもう！

6 身のまわりの自然・理科に関する問題

出題の割合	★★☆	関連教科
難しさ	★☆☆	算 国 理 社 他

▼このテーマの目標

身のまわりの自然について観察し，考察することができる。
理科的な知識を使って，ものごとのしくみなどを理解することができる。

◆ 家族といっしょにホームセンターに行った健太さんは，とても多くの種類のはさみが売られていることにおどろきました。 ＜福岡県立中学校・中等教育学校・改題＞

⑴ 健太さんは，植物の手入れに使うはさみのコーナーで，**図1**のA，Bのはさみを見つけました。A，Bのはさみのつくりがちがうことに疑問をもった健太さんは，その理由を店員さんにたずねました。

店員さんは「Bのはさみは，Aのはさみより小さな力で切ることができるようなつくりになっています。だから，Bのはさみは力を入れにくい位置や角度で枝などを切るときに使うと便利です。」と教えてくれました。

図2の枝を切るときの様子を見比べて，Bのはさみの方がAのはさみより小さな力で枝を切ることができる理由を，書きましょう。

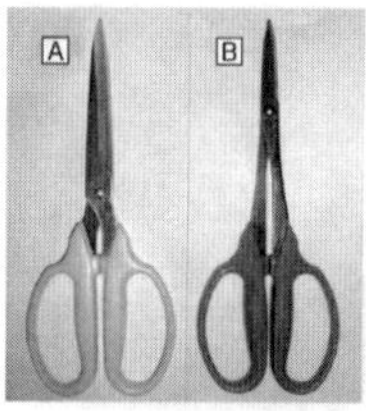

図1

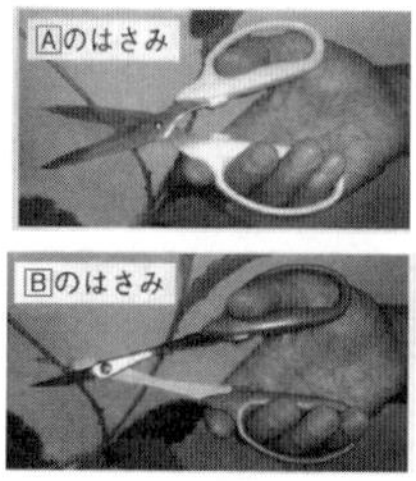

図2

⑵ 健太さんは，かみの毛を切るはさみのコーナーで，**図3**のようなめずらしいつくりのはさみを見つけました。このはさみの刃《は》のつくりに疑問をもった健太さんは，そのようなつくりになっている理由を店員さんにたずねました。

店員さんは「このはさみは『すきばさみ』といいます。はさみは，ふつうはさんだ部分のもの全部が切れますが，『すきばさみ』は，かみの毛の一部が切れずに残るようなつくりになっています。」と教えてくれました。

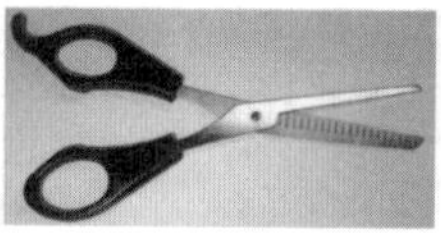
図3

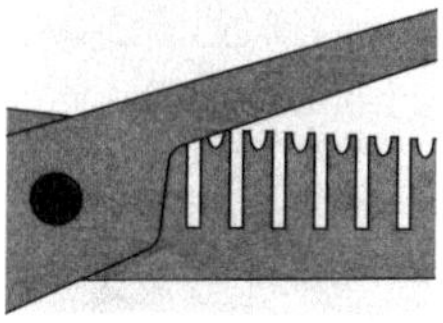
図4

図4は，刃のつくりを見やすくするために，すきばさみの一部を図に表したものです。**図4**をよく見て，どうしてこのつくりでかみの毛の一部が切れずに残るのかを，図と文で説明しましょう。

ただし，図については，すきばさみを最後まで閉《と》じたときに，かみの毛が切れずに残っている様子がわかるようにかきましょう。

【考え方・解き方】

＊文中の空らんに合う言葉を入れよう。

(1) **ここに着目** まず，2つのものの明らかなちがいに着目し，それが，それぞれのはたらきにどのような関係があるかを考えます。

解き方 2つのはさみの明らかにちがう点は，支点の①（　　　）と刃の長さである。ここで，支点の①（　　　）について，てこの原理とからめて考える。

てこでは，ある1点を支えにして，棒の一部に力を加えて物を動かすことができる。このとき，力を入れるところ＝②（　　　）が支点からはなれているほど，より小さい力で物を動かすことができる。この原理より，Bのはさみの方が，Aのはさみより，より小さい力で仕事をするところ＝③（　　　）に力を加えられる。

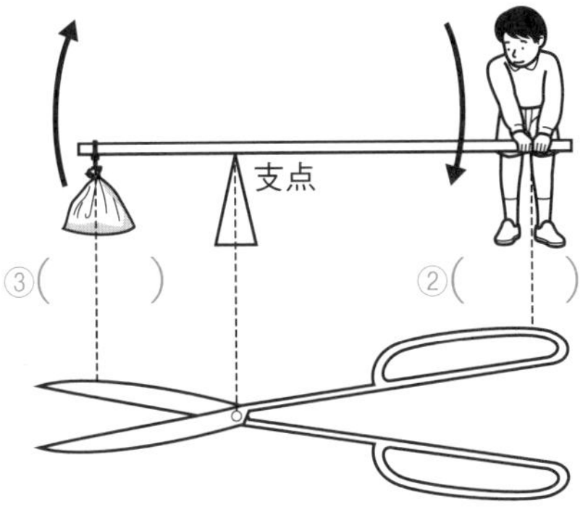

見直そう

てこを使って楽に物を動かす方法

① 支点と作用点のきょりを小さくする。

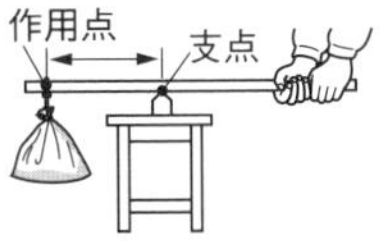

② 支点と力点のきょりを大きくする。

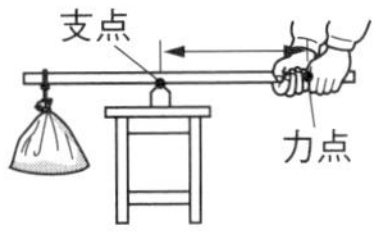

答え Bのはさみは，Aのはさみに比べて，力を入れるところがはさみの支点からはなれているので，Aのはさみより小さい力で枝を切ることができる。

(2) **ここに着目** 図をよく見て，はさみの刃が最後まで閉じたときにどうなるかを考えます。

解き方 答えは，図と文をかく。どちらが先でもよいが，図は問題文にあるとおり，「かみの毛が切れずに残っているようすがわかるように」かく必要がある。文は図のようすをそのまま言葉で表せばよい。

答え 図…

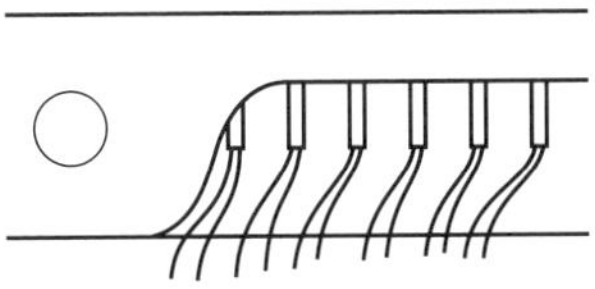

文…すきばさみのみぞが深く切られていて，刃が最後まで閉じても，すき間があくようになっている。だから，この部分に入ったかみの毛は切れずに残る。

サポートのポイント

(1)でつまずいたとき，てこの原理について思い起こさせてあげましょう。
1本のぼうを使い，ある1点を支えにしてものを持ち上げるとき，支えの位置をどのようにすればよいかを考えさせるようにします。

（空らんの記入例）①位置（場所）　②力点　③作用点

実戦問題 ①

時間の目安 15分　3問中　　問正解　関連教科 算 国 理 社 他

難しさ ★☆☆　目標 2問以上正解

1　和美さんは，総合的な学習で家の周辺に生えているタンポポについて調査を行いました。次の資料1は，在来種《ざいらいしゅ》であるカントウタンポポと外来種《がいらいしゅ》であるセイヨウタンポポのちがいについて表にまとめたものです。あとの会話文を読んで，あとの問いに答えなさい。

＜千葉市立稲毛高校附属中学校＞

［資料1］

種類	在来種（カントウタンポポ）	外来種（セイヨウタンポポ）
スケッチ		
小さい花の数	約100個	約200個
種子の綿毛	少ない	多い
種子のでき方	ハチなどの虫に 受粉してもらう	受粉しなくても 種子ができる
生えている場所	田んぼのあぜ道や畑の道沿い など，他の植物も数多く見ら れる所に生えている。	石垣《いしがき》やアスファルトの道沿《そ》い や公園の芝生《しばふ》に広い範囲《はんい》で生 えている。
その他の特徴《ちょう》	秋になると周りの植物が 枯《か》れると，葉を伸ばし ロゼッタ型と呼ばれる型で 冬の間に成長する。	夏までロゼッタ型の葉を枯ら さないが，周りの植物が伸《の》び るため目立たなくなる。

和美：どちらのタンポポも，日当たりのよい場所で見られるよ。

良夫：タンポポって，本当に身近な春の植物だけれど，日当たりがよいと黄色い花が開いて見つけやすいけれど，雨が降ると，花がしぼんで，どこにタンポポがあるかわからなくなるんだよね。

和美：良夫くん，そういう観察が大事よ。

良夫：家や学校の周りで見られたタンポポは，ほとんどセイヨウタンポポだったけれど，なぜなのかな？

和美：［　ア　］だと思う。

良夫：それじゃ，在来種のカントウタンポポが絶滅《めつ》して，外来種のセイヨウタンポポが生えるようになると思うよ。でも，カントウタンポポもちゃんと生えている場所がある。なぜなのかな？

和美：カントウタンポポは，［　イ　］だからよ。

⑴ ア には，セイヨウタンポポが家や学校の周辺の広い範囲に数多く見られる理由が入ります。資料１をよく見て，くわしく書きなさい。

⑵ イ には，カントウタンポポが，なくならない理由が入ります。資料１をよく見て，くわしく書きなさい。

2 ミョウバンが入っているコップの水をなべに移し，弱火でゆっくりあたためました。そして，10℃ごとに全部とけたかどうかを確かめました。

150mL の水に，30ｇのミョウバンが最初に全部とけたのは，10℃ごとに確かめていた水の温度が何℃になったときか。表を参考にして，次の**ア**～**カ**の中から１つ選び，記号で答えなさい。また，そのわけを書きなさい。 <茨城県立中学校・中等教育学校>

ア 30℃ **イ** 40℃ **ウ** 50℃ **エ** 60℃ **オ** 70℃ **カ** 80℃

表 100mLの水にとけるミョウバンの量

水の温度	20℃	30℃	40℃	50℃	60℃	70℃	80℃
ミョウバン	5.9g	8.5g	11.9g	17.9g	26.9g	41.6g	75.4g

記号	わけ

ヒント

1 ⑴ 綿毛を遠くまでたくさん飛ばすことができるのは，カントウタンポポとセイヨウタンポポのどちらかな？

⑵ カントウタンポポには，たくましい特徴があるね。

2 ちょうど 30 ｇのミョウバンがとけるのは，何℃と何℃の間かな？

学習日　月　日

⑥身のまわりの自然・理科に関する問題

実戦問題 ②

時間の目安15分　難しさ ★☆☆　3問中　問正解　関連教科 算 国 理 社 他　目標 2問以上正解

◆ 夏のある日，たろうさんは，午前中の休み時間と昼休みに友だちとかげふみ遊びをしました。午前中の休み時間と昼休みでは，かげの長さやできる方位がちがっていることに気づきました。

そこで，たろうさんはかげの長さとできる方位について，次のような【観察方法】で調べ，【観察結果】の《表》のようにまとめました。あとの(1)〜(3)について考えましょう。

＜佐賀県立中学校＞

【観察方法】

《図１》のように２枚の画用紙にそれぞれ10cmと６cmの棒《ぼう》を立て，かげの長さとできる方位を30分ごとに調べる。方位は８方位で表し，最も近いところを記入する。ただし，画用紙にかいた方位は正確に合わせておく。

《図１》

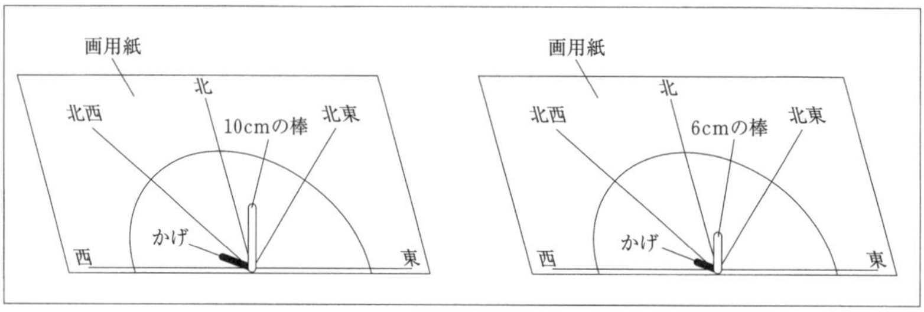

【観察結果】

《表》

時刻	10cmの棒のかげの長さ(cm)	6cmの棒のかげの長さ(cm)	かげのできる方位
午前５時30分	日の出		
午前７時00分	28.2	16.9	かげが画用紙の外にはみ出した
午前７時30分	20.8	12.5	
午前８時00分	16.1	9.7	
午前８時30分	12.8	7.7	
午前９時00分	10.2	6.1	西
午前９時30分	8.2	4.9	西
午前10時00分	6.5	3.9	西
午前10時30分	5.1	3.1	西
午前11時00分	3.9	2.3	北西
午前11時30分	2.8	1.7	北西
０時(正午)	2.0	1.2	北西
午後０時30分	1.8	1.1	北
午後１時00分	2.3	1.4	北東
午後１時30分	3.2	1.9	北東
午後２時00分	4.4	2.6	東

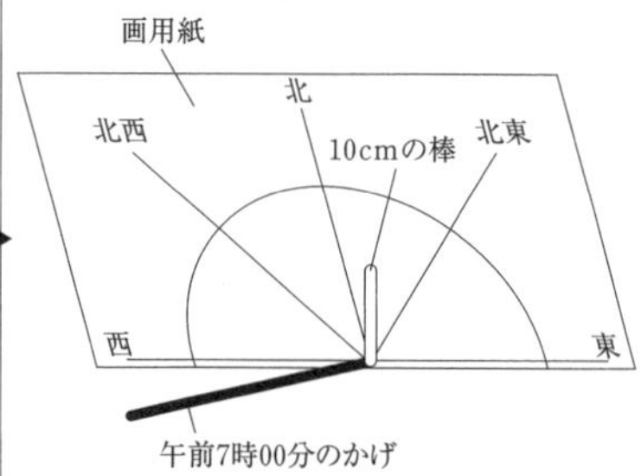

午前８時30分までは，かげが画用紙をはみ出したため，かげの長さだけを記録した。

(1) 午前９時のかげは，【図２】のように東西の方位を示す線の上にできました。午前８時30分までのかげが画用紙の外にはみ出したのはなぜですか。その理由を書きましょう。

【図２】

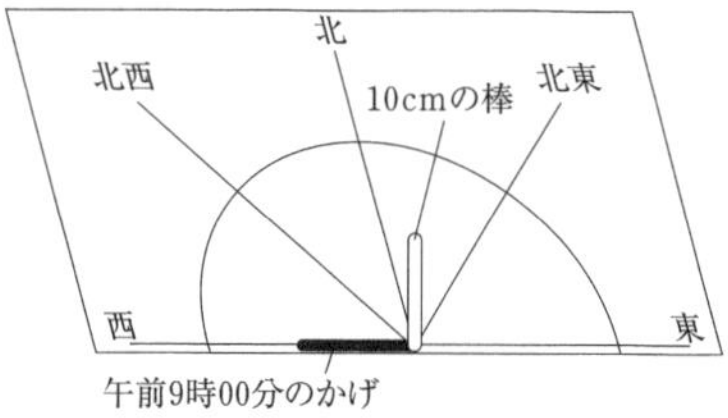

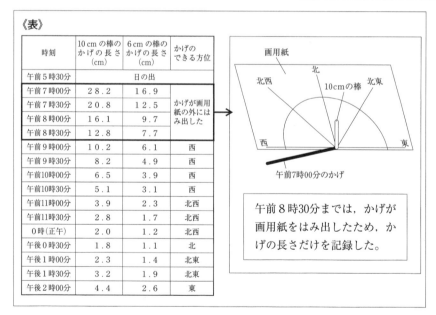

(2) 運動場の南には高い電柱があります。たろうさんは，この電柱の高さをはかろうと思いました。**【観察結果】**の《表》をもとにして，電柱の高さを求める方法を書きましょう。

(3) たろうさんは，次の日，学校の図書室に行きました。正午ごろ，南側のまどにあるブラインドから**【写真１】**のように日光が差しこんでいました。

同じ場所で，冬の晴れた日の正午ごろには，ブラインドから日光がどのように差しこみますか。そのようすを**【図３】**の**ア**～**エ**の中から１つ選び，その理由を書きましょう。

※ブラインドとは，金属などの板を平行に並《なら》べ，**【写真２】**のように日光をさえぎるために，まどのわくに取りつけるものです。

【写真１】

【写真２】

【図３】

ア

【写真１】と同じ

イ

ウ

エ

記号

理由

ヒント

(3) 冬の太陽は，夏より高いかな？　それとも低いかな？
ブラインドから差しこむ日光の角度に着目しよう。

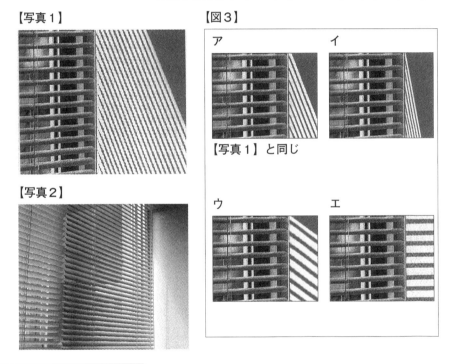

学習日　　月　　日

例題を解いてみて，ようすをつかもう！

⑦ 環境・身近な社会に関する問題

出題の割合	★★☆	関連教科
難　し　さ	★☆☆	算　国　理　社　他

▼このテーマの目標

環境《かんきょう》や身近な社会について正しく理解した上で問題点をとらえ，自分自身の意見や考えをもつことができる。

◆　みどりさんは，神奈川《かながわ》県にあるダムについて調べました。次のページの〔図〕,〔表〕を見て,〔会話文〕を読み，あとの(1)，(2)の各問いに答えましょう。　＜神奈川県立中等教育学校＞

〔会話文〕

みどり　「神奈川県内にはたくさんのダムがあります。ダムは水をたくわえることにより，わたしたちの飲み水や農業などに使われる水を確保するほか，その水は発電などに利用されています。」

あきら　「水は重要な資源なのですね。」

よしお　「宮ヶ瀬《みやがせ》ダムの近くに２つの導水路がありますね。」

みどり　「この２つの導水路は，宮ヶ瀬《みやがせ》ダムの建設にあわせて造られたもので，城山ダムの上流の道志川の水を宮ヶ瀬《みやがせ》ダムへ送るための水路と，宮ヶ瀬《みやがせ》ダムの水を城山ダムに送るための水路です。」

よしお　「なぜ，そのような導水路を造ったのですか。」

みどり　「相模《さがみ》ダム・城山ダムと宮ヶ瀬《みやがせ》ダムの有効貯水量と集水面積との関係を比べてみてください。」

あきら　「相模《さがみ》ダム・城山ダムの集水面積は宮ヶ瀬《みやがせ》ダムに比べてかなり広いので，流れこんでくる水の量が多いのですが，有効貯水量は少ないです。」

みどり　「そうですね。ダムの有効貯水量が少ないと海に流れ出る量が多くなり，水はダムで有効に活用されなくなりますね。」

よしお　「宮ヶ瀬《みやがせ》ダムは，相模《さがみ》ダム・城山ダムに比べるとかなり多くの水をためることができますね。」

あきら　「道志導水路は，城山ダム上流の道志川の水を有効貯水量の多い宮ヶ瀬《みやがせ》ダムに送るためにあるのですね。」

よしお　「城山ダムの水が少ないときは，宮ヶ瀬《みやがせ》ダムにためてある水を津久井導水路を通して城山ダムへ送るのですね。」

みどり　「つまり２つの導水路は，お互いのダムが連けいし合いながら［　　　　　］ために造ったのです。」

(1)　神奈川県における１日あたりの水の使用量は301万m³です。平成26年９月８日の，宮ヶ瀬《みやがせ》ダムの水の量は，有効貯水量を100%としたときの91%でした。このとき，宮ヶ瀬《みやがせ》ダムに確保されている水は，神奈川県における水の使用量の何日分か，書きましょう。答えが小数になるときは，小数第１位を切り捨てて，整数で書きましょう。

［　　　　　日分］

(2)　２つの導水路が造られた目的は何か，〔会話文〕の中の［　　］にあてはまる内容を，文中の語句を使って８字以上13字以内で書きましょう。

							8					13

〔図〕 神奈川県にある主なダム

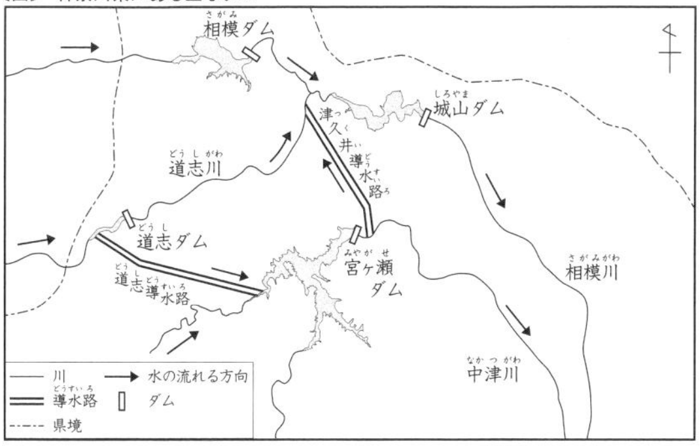

（国土交通省相模川《さがみがわ》水系広域ダム管理事務所
ホームページより作成）

〔表〕 ダムの注1）集水面積と注2）有効貯水量

ダム	集水面積（km^2）	有効貯水量（万m^3）
相模《さがみ》ダム	1201.3	4820
城山ダム		5470
道志ダム	112.5	61
宮ヶ瀬《みやがせ》ダム	101.4	18300

（日本ダム協会ホームページ 「ダム便覧《びんらん》2014」より作成）

注１）集水面積：ダムの上流で降った雨が最終的にダムに流れてくると考えられる範囲《はんい》の面積。
注２）有効貯水量：ダム利用のために，ためることができる水の量のこと。

【考え方・解き方】

＊文中の空らんに合う言葉や数字を入れよう。

⑴ **ここに着目** 答えは，（宮ヶ瀬ダムの水の量）÷（神奈川県における１日あたりの水の使用量）で求めることができます。

解き方 〔表〕より，宮ヶ瀬ダムの有効貯水量は18300万㎥なので，これを100%として①（　　）%分の有効貯水量を求める。

18300 × 91 ÷ 100=16653（万㎥）

この有効貯水量を神奈川県における水の使用量で割《わ》ると，

16653万÷301万=55.3… 小数第１位を切り捨《す》てて，55日分。

答え 55日分

⑵ **ここに着目** みどりさんの「相模ダム・城山ダムと宮ヶ瀬ダムの有効貯水量と集水面積との関係を比べてみてください。」というセリフがヒントになります。

解き方 導水路を造った理由について，みどりさん，あきらさん，よしおさんの３人の会話を整理すると，次の３点になる。

Ⅰ 相模ダム・城山ダムの集水面積は宮ヶ瀬ダムより②（　　　）が，有効貯水量が少ない。

Ⅱ 宮ヶ瀬ダムは相模ダム・城山ダムよりも非常に③（　　　）の水を貯めることができる。

Ⅲ 有効貯水量が少ないと，海に流れ出る水の量が④（　　　）なり，有効活用できない。

Ⅰ～Ⅲの内容と最後のあきらさん，よしおさんのセリフの内容から考える。**文中の語句を使う**ことと**字数制限**に注意する。

答え 道志川の水を有効に活用する

サポートのポイント

⑴はダムの知識がなくても，表から割り算の式を立てられれば解けることを教えてあげましょう。⑵は最後のあきらさん，よしおさんのセリフの意味を考えるようにアドバイスしてあげましょう。

（空らんの記入例）①91　②広い　③多く　④多く

学習日　　月　　日

資料の読み取り・活用問題
実戦問題 ①

時間の目安15分　難しさ ★★☆　3問中　　問正解　関連教科 算 国 理 社 他　目標 2問以上正解

◆ 健次さんは家族と買い物に行ったとき，こう貨，お札《さつ》などの現金だけでなく，カードなどを使って買い物をしている人がいることに興味をもち，お金について調べることにしました。あとの⑴，⑵の問いに答えましょう。
＜県立東桜学館中学校＞

⑴ 健次さんは，お母さんから，現金を使わずに支払《しはら》うキャッシュレス決済《けっさい》について教えてもらい，家にもどってから，キャッシュレス決済について調べ，次のような 表 を見つけました。

表 日本におけるキャッシュレス決済比率※1の変化

項《こう》目 ＼ 年	2015 年	2016 年	2017 年	2018 年	2019 年
クレジットカードでの決済※2	16.5 %	18.0 %	19.2 %	21.9 %	24.0 %
デビットカードでの決済※3	0.1 %	0.3 %	0.4 %	0.4 %	0.6 %
電子マネーでの決済※4	1.5 %	1.7 %	1.7 %	1.8 %	1.9 %
ＱＲコードでの決済※5	／	／	／	0.1 %	0.3 %
計	18.1 %	20.0 %	21.3 %	24.2 %	26.8 %

（経済《ざい》産業省の資料をもとに作成）

※1 「年間支払い金額」のうち「キャッシュレス決済による年間支払い金額」の割《わり》合。
※2 商品を先に手に入れ，後日，決められた日までにお金を支払うこと。
※3 商品を買うと同時に，銀行の口座からお金を支払うこと。
※4 お金をデータに置きかえたもので支払うこと。（例：プリペイドカードで支払う。）
※5 QRコードは株《かぶ》式会社デンソーウェーブの登録商標である。また，「QRコードでの決済」の割合には，「QRコードを用いたクレジットカード等での決済」はふくまれていない。

この 表 から読み取ることのできることとして正しいものを，あとの**ア**～**エ**の中からすべて選び，記号で書きましょう。

ア キャッシュレス決済比率は毎年高くなっていて，キャッシュレス決済比率を項目別に見ると，毎年「クレジットカードでの決済」の割合が最も高い。
イ 「デビットカードでの決済」の割合を見ると，2015年の割合は2019年の割合の６倍である。
ウ 「QRコードでの決済」の割合を見ると，2018年の割合は2019年の割合の３分の１である。
エ 2017年のキャッシュレス決済比率を見ると，「QRコードでの決済」を除《のぞ》いたすべての項目で2016年の割合より高くなっている。

⑵　健次さんは，お札について調べ，次の メモ のようにまとめました。

メモ

・お札は，日本銀行法という法律《ほうりつ》に基づいて発行されていて，日本の法律は，①日本国憲法《けんぽう》により定められている。
・②お札にえがかれた人物は，日本国民が世界にほこれる人物であることが多く，教科書にのっているなど，よく知られている人である。

①　下線部①の日本国憲法は，「国民の権利《けんり》」と「国民の義務」を定めています。次の**ア**～**エ**の中から，「国民の義務」にあてはまるものを一つ選び，記号で書きましょう。

ア　国会議員を選ぶために投票する。
イ　大学に入学し，興味のある分野について研究する。
ウ　所得税や消費税などの税金を納《おさ》める。
エ　家を建てて，引っこしをする。

②　下線部②について，お札にえがかれた人物の中に，伊藤博文《いとうひろぶみ》がいることを知りました。次の**ア**～**エ**の中から，伊藤博文を説明する文として正しいものを一つ選び，記号で書きましょう。

ア　関税自主権《かんぜいじしゅけん》の回復に成功し，条約改正を達成した。
イ　皇帝《こうてい》の権力の強いドイツの憲法を海外で学んで帰国した。
ウ　板垣退助《いたがきたいすけ》とともに，日本で初めて政党内閣《せいとうないかく》を組織した。
エ　オランダ語の医学書をほん訳《やく》し，「解体新書《かいたいしんしょ》」として出版した。

ヒント

⑴　ア　「計」の行と年ごとの列に着目しよう。
イ，ウ　2つの年の割合を読み取って，どれだけの差があるか計算しよう。
エ　2016年と2017年のデータを項目ごとにそれぞれ見比べよう。
⑵　①　義務とは，絶対に行わなくてはいけないことという意味だよ。
②　伊藤博文は，明治時代の日本の政治家だよ。岩倉使節団のメンバーとして，日本の近代化に大きく貢献したよ。

解答・解説集➡p.24～26

⑦環境・身近な社会に関する問題

実戦問題 ②

時間の目安20分	4問中　　問正解	関連教科　算 国 理 社 他
難しさ ★★☆		目標　3問以上正解

1　宮城小学校に通う華子《はなこ》さんは，夏休みに，ある高校で行われた小学生対象の「環境《かんきょう》とエネルギー」という公開講座《こうざ》に参加しました。

次は，華子さんと先生役の高校生の会話です。会話文を読んで，あとの(1)〜(3)の問題に答えなさい。

＜宮城県仙台二華中学校・改題＞

高校生　環境にやさしいエネルギーとして，バイオエタノールに注目している人がいます。

華子さん　バイオエタノールとはどういうものですか。

高校生　植物から作ったアルコールの燃料のことで，ガソリンに混ぜ合わせて自動車の燃料などに使われるようになってきました。

華子さん　どのくらい混ざっているのですか。

高校生　１リットルの燃料のうち，0.03リットルがバイオエタノールであると聞きました。これを「３％燃料」と呼んでいます。

華子さん　バイオエタノールはどんな植物から作るのですか。

高校生　トウモロコシ，小麦，サトウキビなどから作ります。例えば，ある資料によると，10000m^2の畑からとれるサトウキビから5400リットルのバイオエタノールを作ることができるそうです。

華子さん　なんか，よくわかりません。

高校生　では，実際に考えてみましょう。１リットルの「３％燃料」で15km走行できる自動車があったとします。この自動車に，１辺が３ｍの正方形の畑からとれるサトウキビから作ったバイオエタノールをすべて混ぜ合わせて作った「３％燃料」を入れて，全部使い終わるまで走行するとしたら，何km走れるでしょうか。

華子さん　㋐では計算してみます。ところで，先ほどから気になっていたのですが，トウモロコシや小麦などは人の［　①　］になるものですよね。

高校生　そのとおりですね。華子さんが気になった点を，バイオエタノールの問題点として指摘《してき》する人もいて，今は，トウモロコシや小麦など，人の［　①　］になる植物以外のさまざまな植物から燃料を作る研究が進められているようです。

華子さん　もう１つ気になる点があります。バイオエタノールはどうして環境にやさしいエネルギーと言われるのですか。

高校生　バイオエタノールも燃料として燃やすと，おもに，［　②　］を排出《はいしゅつ》することはガソリンと同じです。

華子さん　［　②　］は地球温暖化《おんだんか》の原因と考えられていると聞いたことがあります。

高校生　そうですね。私たちの生活で［　②　］の排出をなるべくおさえることが環境を守るために必要なことなのですが，バイオエタノールの原料が植物だということが環境にやさしいと言われる㋑大きな理由なのです。環境にやさしいエネルギーの研究は今後も進むと思いますから，将来《しょうらい》，くわしく学んでみてくださいね。

⑴　会話中の①にあてはまる言葉を答えなさい。

⑵　「㋐では計算してみます。」とありますが，高校生の説明をもとにして，自動車は何km走行できるか答えなさい。

⑶　「㋑大きな理由」とありますが，原料が植物であると環境にやさしいと言われるのはなぜか，会話中の②にあてはまる言葉を使ってその理由を説明しなさい。そのとき，②にあてはまる言葉には**下線**をつけなさい。

2　まりこさんのクラスでは，下の**資料**の市役所の人が話していた２つの課題について自分たちのクラスで協力できることを話し合うことにしました。あなたならクラスのみんなにどんなことを提案しますか。２つの課題について，それぞれ提案する内容を75字以上100字以内で書きなさい。（段落分けはしない。「，」や「。」も１字に数えること。）　＜茨城県立中学校・中等教育学校＞

資料　市役所の人の話

「ペットボトルの回収のきまり」を守らずに出したり，大切な資源につながるペットボトルを道ばたに投げすてたりする人が増えています。
わたしたちは，市民のみなさんにペットボトル回収のきまりを守ってもらうことと，多くのペットボトルを回収することを２つの課題と考えています。

ペットボトルの回収のきまり

毎　週
土曜日

※　キャップとラベルは取ってください。
※　よく洗《あら》って出してください。
※　回収ボックスに入れてください。

ヒント

1　⑴　①の前後をよく見て，最もよくあてはまる言葉を探そう。
⑵　式を作るのに迷ったら，簡単な図にして考えるのもいいよ。
⑶　理科の知識が必要な問題だよ。植物と②の関係が思い出せたかな。

解答・解説集➡p．26～28

学習日　　月　　日

例題を解いてみて，ようすをつかもう！

8 文化・歴史・国土に関する問題

出題の割合	★★☆	関連教科
難しさ	★★☆	算 国 理 社 他

▼このテーマの目標

文化・歴史・国土についての知識を身につけ，それぞれの意味を理解して，体系的にとらえることができる。

◆ **花子さん**が病院を見学しています。次の文は，**院長さん**と**花子さん**の会話です。**院長さん**は，日本の医学の歴史について，次のように話してくれました。あとの(1)～(4)の問題に答えなさい。

＜宮城県立中学校・仙台市立中等教育学校・改題＞

院長さん　花子さんは，学校で杉田玄白《すぎたげんぱく》という人物について勉強しましたか。

花子さん　はい。江戸《えど》時代に，㋐オランダ語の医学書をほん訳《やく》した医学者です。

院長さん　そうだね。杉田玄白は，人体の解ぼうを初めて見て感動したことを『蘭学事始《らんがくことはじめ》』という本に書きました。また，解ぼうを見学したとき見比べていた㋑オランダ語の医学書の解ぼう図におどろいたことも書いています。今のわたしたちだったら，おどろかないけれど，当時は，まだそんな解ぼう図が日本にはなかったんだね。『解体新書《かいたいしんしょ》』という本は，そのときの医学書をほん訳したものなんだよ。

花子さん　そうなんですか。先生，その後は，どうなるんですか。

院長さん　やがて，明治の時代になると，日本の医学も急速に発展《てん》していったよ。西洋の制度や技術，文化が日本にたくさん入ってきたからね。

花子さん　当時は，「［　①　］」といって，もてはやされたんですよね。

院長さん　よく知っているね。そんな中で，北里柴三郎《きたさとしばさぶろう》は，破傷風《はしょうふう》の治りょうのしかたを発見し，世界にみとめられるきっかけとなりました。さらに，北里の指導を受け，細きん学の研究をした［　②　］という人もいましたね。かれは，黄熱病《おうねつびょう》の研究を続け，最後はアフリカのガーナで亡《な》くなりましたが，世界の医学の進歩にこうけんしました。

花子さん　日本の医学も発展して，現代をむかえているんですね。

(1) 「㋐オランダ語の医学書」とありますが，この時代，江戸幕府《ばくふ》は鎖国《さこく》をしていたにもかかわらず，オランダとの貿易を許していました。**その理由**を答えなさい。

［　　　　　　　　　　］

(2) 「㋑オランダ語の医学書の解ぼう図におどろいたことも書いています。」とありますが，杉田玄白は，**解ぼう図のどのようなところにおどろいたと考えられるか**答えなさい。

［　　　　　　　　　　］

(3) 会話の中の**①にあてはまる言葉を漢字４文字**で答えなさい。　［　｜　｜　｜　］

(4) 会話の中の**②にあてはまる人名を漢字**で答えなさい。　［　　　　］

【考え方・解き方】

＊文中の空らんに合う言葉を入れよう。

(1) **ここに着目** 当時鎖国が行われた理由と，そのとき例外的に貿易が許されていた国の関係を思い出します。

解き方 江戸幕府は，もともと外国との貿易をさかんにしようとしていたが，外国の①(　　　　)に乗ってやってきた②(　　　　)たちにより，国内にキリスト教の信者が増えてきた。江戸幕府は信者たちが幕府の命令に従わなくなることをおそれ，キリスト教を禁止し，②(　　　　)や①(　　　　)の出入りをきびしく制限するようになった。これが鎖国である。そのなかでキリスト教を広める心配がないオランダ（と中国）は，③(　　　　)の出島にかぎり，貿易船の出入りが許された。

答え オランダは，キリスト教を日本国内に広めるおそれがなかったから。

(2) **ここに着目** 院長さんが言った「当時は，まだそんな解ぼう図が日本にはなかったんだね。」の「そんな解ぼう図」の意味を考えます。

解き方 次のように考えるとよい。

・杉田玄白は解ぼうを初めて見た。
・解ぼうを見学したときに見比べていた解ぼう図におどろいた。
→ 人体を解ぼうした実際のようすが，解ぼう書のとおりだった（正確にかかれていた）。

答え 体の中のようすを正確にかいていたところ。

(3) **ここに着目** 院長さんの「明治の時代に……西洋の制度や技術，文化がたくさん入ってきたからね。」に着目します。

解き方 西洋の生活様式がとり入れられ，日本人の生活が西洋風に変わり始めたことを文明開化という。

答え 文明開化

(4) **ここに着目** 院長さんの「黄熱病の研究を続け，最後はアフリカのガーナで亡くなりました」の部分に着目します。

解き方 野口英世は，当時は原因がわからなかった病気の病原体の研究で世界的に活やくした。

その中で黄熱病のさらなる研究をするため海外に渡った野口英世は，1928年，アフリカのガーナで黄熱病にかかり亡くなった。

答え 野口英世

見直そう

鎖国の歴史

江戸幕府はキリスト教を禁止したあと，1641年までに外国との貿易にかかわるさまざまな制限を設けた。鎖国はその後，200年以上も続いた。

1612年	キリスト教を禁止。
1624年	スペインとの国交断絶。
1637年	島原・天草一揆が起こる。
1639年	ポルトガル船の入港を禁止。
1641年	平戸のオランダ商館を出島に移す。（鎖国の完成）

サポートのポイント

(1)(3)(4)は，歴史の知識を問う基本問題です。もしわからなかったら，教科書や参考書で確認するように言いましょう。(2)は，院長さんと花子さんのやりとりから答えをみちびき出せることを教えてあげましょう。

（空らんの記入例）①貿易船　②宣教師　③長崎

⑧文化・歴史・国土に関する問題

実戦問題 ①

時間の目安15分	7問中　　問正解	関連教科　算 国 理 社 他
難しさ ★★☆		目標 5問以上正解

◆　さやかさんは，神奈川《かながわ》県の歴史について調べています。〔資料１〕は，さやかさんが現在の神奈川県とその周辺を表した白地図に，江戸《えど》時代の東海道《とうかいどう》をかき入れてつくった地図と説明です。〔資料１〕を見て，あとの(1)，(2)の各問いに答えましょう。　＜神奈川県立中等教育学校＞

〔資料１〕さやかさんがつくった地図と説明

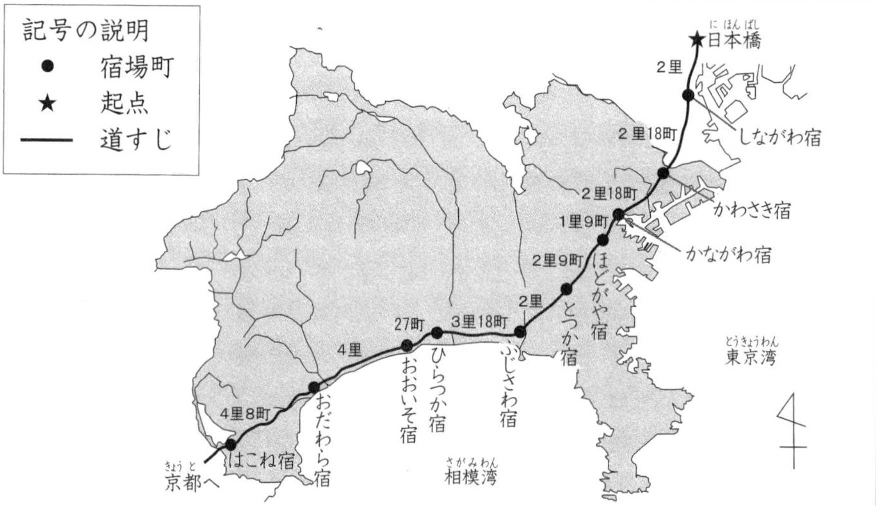

○　東海道は，起点である江戸《えど》の日本橋と，終点である京都の三条大橋《さんじょうおおはし》を結んでいました。

○　それぞれの宿場町には，「しながわ宿」のように，「地名」のあとに「宿」がつけられていました。

○　★と●，●と●の間に「里《り》」，「町《ちょう》」で示されているものは，道のりを表しています。１里は36町で，およそ4kmです。

(1)　次の〔資料２〕は，さやかさんが宿場町について調べ，まとめたものです。〔資料２〕を読み，あとのア〜ウの各問いに答えましょう。

〔資料２〕さやかさんのまとめ

○　徳川家康《とくがわいえやす》は，全国をおさめるために，東海道や中山道《なかせんどう》などのおもな道の整備を始め，その道沿《そ》いには宿場町ができました。宿場町には，幕府《ばくふ》の荷物を次の宿場町まで運ぶ役割《やくわり》があたえられ，その仕事は問屋場《といやば》によって行われました。

○　宿場町には，幕府の役人や大名が宿泊《しゅくはく》する本陣《ほんじん》，一般《いっぱん》の旅人が宿泊するはたご，食事や休けいをする茶屋などがあり，多くの人でにぎわいました。また，参勤《さんきん》交代の大名行列をむかえる準備は，問屋場が行いました。

○　東海道にあった53の宿場町は，東海道の整備が始まったときにすべてそろっていたわけではなく，あとからできた宿場町もありました。例えば，神奈川県内では，道のりが５里と長かった２つの宿場町の間にできた［　　　］や，多くの旅人が宿泊《しゅくはく》してにぎわったとつか宿があとからできた宿場町です。

ア　問屋場は宿場町にとって重要な仕事を行っていました。〔資料2〕の中から問屋場の仕事を2つ見つけ，それぞれ書きましょう。

仕事1

仕事2

イ　〔資料2〕の中の □ にあてはまる宿場町を〔資料1〕の中から選び，書きましょう。

ウ　さやかさんは，江戸《えど》時代の旅人は時速4㎞の速さで1日に最長11時間歩いた，と考えました。さやかさんの考えにしたがうと，京都に向かってとつか宿を出発した旅人が，その日にたどり着くことができる最も遠い宿場町はどこか，〔資料1〕の中から選び，書きましょう。

(2)　さやかさんは，〔資料1〕の中の宿場町についてそれぞれ調べ，〔資料3〕のようなカードをつくりました。〔資料3〕の中の(あ)～(う)に最もあてはまる宿場町を〔資料1〕の中から選び，それぞれ書きましょう。

〔資料3〕さやかさんがつくったカード

（　あ　）
南側に海，北側に山が広がり，東海道沿いには松並木《まつなみき》があった。西どなりの宿場町への道のりは，東どなりの宿場町への道のりの5倍以上だった。

（　い　）
東京湾《わん》に近いところにあり，町の大部分は海沿いにあった。この宿場町から京都に向かう東海道は，相模湾《さがみわん》沿いに出るまで海からはなれたところを通っていた。

（　う　）
高い山の中にあり，日本橋から約25里の地点にあった。となりの宿場町からこの宿場町への道は，東海道のなかでも険しいことで有名であった。

あ　　　　い　　　　う

ヒント

(1)　ア 「さやかさんのまとめ」の言葉を使って，簡潔にまとめよう。

イ　となりあった宿場の道のりをたしてみよう。

ウ 「さやかさんがつくった地図と説明」に「1里は36町で，およそ4㎞」とあるね。

(2)　あ　方角やとなりの宿場までの道のりをもとに考えよう。

い　海（湾）との位置関係から考えよう。

う　東海道の難所（進むのに苦労するところ）として有名。「日本橋から約25里の地点」は？

学習日　　月　　日

❽文化・歴史・国土に関する問題

実戦問題 ②

時間の目安15分　難しさ ★★☆　6問中　問正解　関連教科 算 国 理 社 他　目標 5問以上正解

◆　次の⑴～⑸に答えなさい。　＜さいたま市立浦和中学校＞

花子さんのクラスでは，奈良県にある東大寺の大仏について，班ごとに調べて発表会を行います。

先生は，これから行う「調べ学習」の計画を，花子さんたちに次のように説明しました。

第１時間目…「東大寺の大仏」の写真をみて，気づいたことや疑問《ぎもん》に思ったことを話し合い，調べるテーマを決めましょう。

第２時間目…第１時間目に決めたテーマについて，図書館やインターネットを利用して調べてみましょう。

第３時間目…調べたことや自分たちで考えたことをまとめて，発表の資料と原稿《げんこう》をつくりましょう。

第４時間目…班ごとに発表します。他の班からの質問に答えましょう。

東大寺の大仏

⑴　花子さんは，東大寺の大仏がつくられた理由を，当時の政治の動きや社会のようすから考えてみました。空らんＡにはア～ウの中から，空らんＢには①～③の中からそれぞれ適するものを選び，花子さんが考えた大仏がつくられた理由を完成させなさい。

［　　Ａ　　］ので，［　　Ｂ　　］ため。

ア　政権《せいけん》争いや災害，病気が何度も発生した
イ　中国との外交がうまくいっていなかった
ウ　キリスト教の信者が急速に増加してきた
①　一向宗《いっこうしゅう》などの仏教を取り入れようとした
②　仏教の力で社会の不安をしずめ，国を治めようとした
③　中国との関係の強さを示そうとした

Ａ［　　　　］　Ｂ［　　　　］

⑵　第２時間目で，テーマについてインターネットを使って調べるとき，注意しなければいけないことは何ですか。次のア～エの中から，注意することとして適切なものをすべて答えなさい。

ア　名前や住所，生年月日などの個人情報を，気がるに書きこんだりしない。
イ　情報を発信するときは，他の人に迷惑《めいわく》をかけないように気をつける。
ウ　調べた情報は何でもまずダウンロードし，すべて印刷してから利用する。
エ　コンピュータの利用にあたっては，必ずパスワードを設定して利用する。

［　　　　］

(3)　次の文は，花子さんの班が準備した発表の**「原稿の一部」**です。花子さんの班はどのようなテーマで，調べ学習を行ったのでしょうか。20字以内で調べたテーマを書きなさい。

> **原稿の一部**
> 大仏の体は，鉄ではなくおもに銅でできていました。体は，大きな銅の板をつないで仕上げたのではなく，とけた銅を少しずつ型に流し込んで，仕上げたようです。（以下，省略）

(4)　発表の時間に，(3)の**「原稿の一部」**をもとに発表したら，次の質問がありました。この質問に対する答えとしてふさわしいものを，次の**ア**～**エ**の中から１つ選び，記号で答えなさい。**ア**～**エ**の中には，答えの内容がふさわしくないものと別の質問に答えているものがあります。

> 質問：大仏に使われたたくさんの銅は，どこから集めたのですか。

ア　銅を溶《と》かすなど，働いたのべ人数は，260万人以上と推測されています。
イ　日本でも銅はとれますが，足りなくなってアメリカ大陸から輸入しています。
ウ　大仏に銅を使う技術は，朝鮮《ちょうせん》半島からの渡来人《とらいじん》の子孫が伝えたものとわかりました。
エ　詔《みことのり》には，国じゅうの銅を用いるとありますから，全国から集めたと考えられます。

(5)　花子さんは，人物とその時代を代表する建築物や仏像をむすびつけたカードをつくりました。最初に「聖武天皇と大仏」のカードをつくりました。**「花子さんがつくったカード」**をもとにして，**「作業」１**と**２**を行い，**２**の結果を記号で答えなさい。

作業
１　ア～エのカードから，「聖武天皇と大仏」より時代の古いカードを，１枚取《と》り除《のぞ》いてください。
２　残った３枚のカードを，年代の古い順に左から並《なら》べかえてください。

花子さんがつくったカード

- 聖武天皇と大仏
- ア　足利義満と金閣
- イ　徳川家光と日光東照宮
- ウ　藤原頼通と平等院
- エ　聖徳太子と法隆寺

→　→

ヒント
(1)　東大寺の大仏は，745年に製作が始まり，752年に完成したよ。その時代はどんなふうだったかな？
(2)　インターネットは，世界中の何億，何十億という人が，情報を交換したり，共有したりするものだということを理解しよう。
(3)　原稿では，大仏の体の材料や，その材料を使ってどのように仕上げたかについてふれているね。

学習日　月　日

例題を解いてみて，ようすをつかもう！

9 日本と世界の結びつきに関する問題

出題の割合 ★★☆
難しさ ★☆☆
関連教科 算 国 理 社 他

▼このテーマの目標

日本と世界の結びつきのようすを知り，国際社会のあり方について，自分の考えをもつことができる。

◆ 華子《はなこ》さんと俊二《しゅんじ》さんの学校では，海外交流を行っています。次の問題に答えなさい。

＜宮城県立仙台二華中学校＞

発表資料１，２は，華子さんが交流会で日本の文化について発表したものです。あとの問題に答えなさい。

人形浄瑠璃などの日本の伝統文化について，アジアの人たちにもっと興味をもってもらうためには，どのように発信したらよいか，**発表資料**１と**発表資料**２それぞれのグラフからわかる特徴《とくちょう》にふれながら，あなたの考えを書きなさい。

発表資料１

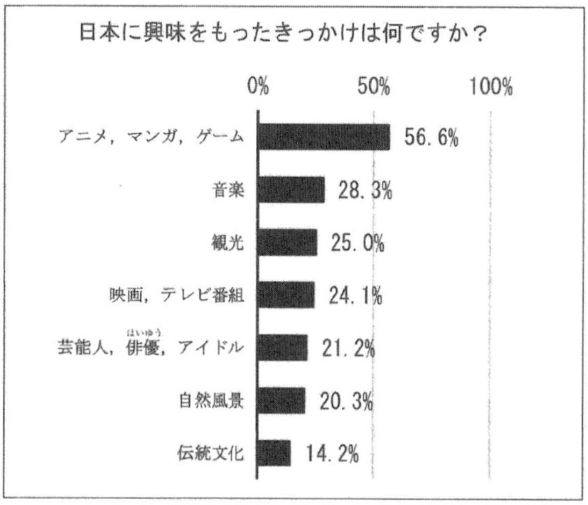

発表資料２

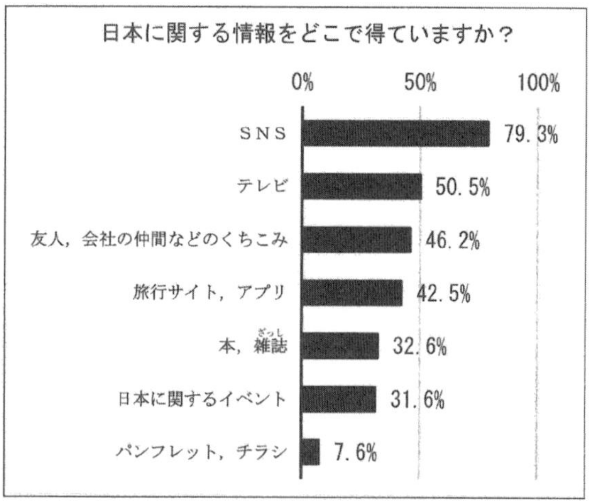

（発表資料１，発表資料２ともアジアの人たち212人を対象に実施し，複数回答を可としたアンケート。「内閣府　クールジャパンの再生産のための外国人意識調査」より作成）

【考え方・解き方】

＊文中の空らんに合う言葉を入れてみよう。

ここに着目 資料からわかることにふれながら自分の考えを書く問題では，資料の特徴を正しくおさえたうえで，その特徴にあった自分の意見を述べる必要があります。また，資料が複数個ある場合には，それぞれの資料からわかることを結びつけて考える必要があります。例題で練習しておきましょう。

解き方

(1) 資料の特徴を整理する。

［**発表資料１**からわかること］

回答者のうち，半分以上の人が①（　　　　　　　　　　　　）をきっかけに，日本に興味をもった。

［**発表資料２**からわかること］

日本に関する情報は②（　　　　）から得ている人が一番多い。

↓

(2) 資料の特徴から書くことを決める。

それぞれの資料からわかったことをふまえて，日本の伝統文化について，アジアの人たちにもっと興味をもってもらうためには，どのように発信したらよいかを考える。

発表資料１では，アジアの人たちの③（　　　　　　　　　　）がしめされている。この資料からは，日本の伝統文化をどのようなコンテンツを交えて発信するかを考えることができる。

発表資料２では，アジアの人たちが日本についての情報を得るための④（　　　）がしめされている。この資料からは，日本の伝統文化を発信する方法を考えることができる。

左の①～③には，いずれも発表資料１と，発表資料２の内容が入るよ。
④には，発表資料２から分かったことを言いかえた言葉がはいるよ。

↓

(3) 資料の特徴と，自分の考えをわかりやすくしめす。

資料の特徴にふれながら考えを書くことに注意する。

答え

日本のアニメやマンガ，ゲームをきっかけにして，日本に興味をもっている人が多い。また，ＳＮＳで情報を得ている人が多い。このことから，日本の伝統文化を紹介するアニメをつくって，その情報をＳＮＳで発信する。

サポートのポイント

資料を読み，それぞれの特徴から何を書くべきかをおさえましょう。発表資料２から，情報を得ている方法やばい体がわかるので，どのような方法で発信すればアジアの人たちにとって得やすいのか考えてみましょう。

（空らんの記入例）① アニメ，マンガ，ゲーム　② ＳＮＳ　③日本に興味をもったきっかけ
④ 方法（ばい体）

実戦問題 ①

時間の目安15分　難しさ ★★☆　4問中　　問正解　関連教科 算 国 理 社 他　目標 3問以上正解

◆ ゆうやさんとかなこさんは，貿易について学習し，ノートにまとめました。

＜県立宮崎西・都城泉ヶ丘高等学校附属中学校＞

日本とアメリカの貿易について

資料1 日本車をこわすアメリカの労働者

（出典：『ニュービジョン現社』より作成）

資料2 日本からアメリカへの自動車輸出と日本企業によるアメリカでの生産の推移

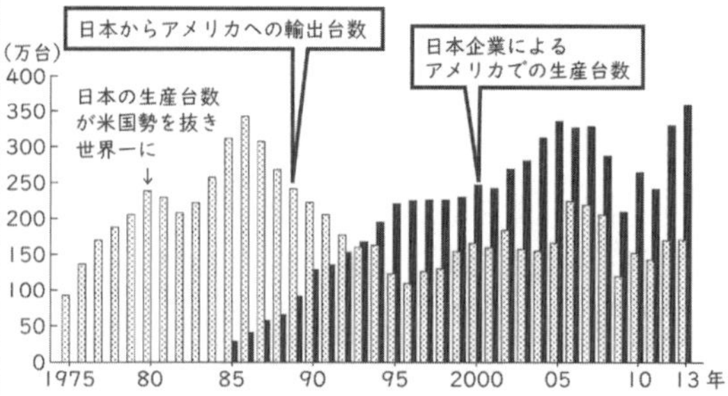

（出典：日本自動車工業会の資料より作成）

資料3 貿易まさつについて

輸出国と輸入国との貿易に関する争いのこと。

例えば，日本の工業製品が大量に輸出されると，相手国の工業製品が売れなくなり，その国の産業がおとろえることがあります。すると相手国は自国の産業を守ろうとして輸入の制限を行うなど，日本と激しく対立することがあります。

考えたこと

資料1 のようなことが起こっているのは， 資料2，3 より，日本からアメリカへの自動車の輸出台数が増えて，アメリカの企業が生産した自動車が［　ア　］ことで，アメリカの企業が倒《とう》産し，労働者が仕事を失ったことが原因の一つではないかと思います。

しかし，1987年から10年ぐらいは，日本からアメリカへの輸出台数はほぼ毎年減少し，逆に日本企業によるアメリカでの生産台数が増加しています。それはこの時期，［　イ　］からではないかと思います。これにより，アメリカの労働者も働く場所ができ，不満が出ることも少なくなったのだと思います。

どんな貿易をすれば，お互いの国のためになるかこれからも考えたいと思います。

(1) 考えたこと の［ア］，［イ］にあてはまる内容を，資料2，3 をもとに答えてください。

ア	
イ	

貿易について調べることにしたゆうやさんとかなこさんは，図書館で『貿易について考える』という本を見つけました。

資料4　『貿易について考える』

これは，たとえ話です。

人口が６０人のＡ国と，人口が１８０人のＢ国の２つの国があります。【表１】は，それぞれの国でテレビと小麦の生産に必要となる労働力を表したものです。

【表２】は，Ａ国とＢ国でそれぞれテレビと小麦を生産した時のものです。【表３】は，Ａ国はテレビだけ，Ｂ国は小麦だけを生産した時のものです。

Ａ国とＢ国が貿易をする場合，【表２】と【表３】から，どんなことが言えるでしょうか。

【表１】生産に必要な労働力

	生産に必要とする労働力	
	テレビ１台	小麦１ｔ
Ａ国	２０人	４０人
Ｂ国	１２０人	６０人

【表２】テレビ，小麦の両方を生産した場合

	テレビの生産にあたる人数	小麦の生産にあたる人数	生産物の合計
Ａ国	２０人	４０人	テレビ１台 小麦１ｔ
Ｂ国	１２０人	６０人	テレビ１台 小麦１ｔ

【表３】Ａ国がテレビ，Ｂ国が小麦を生産した場合

	テレビの生産にあたる人数	小麦の生産にあたる人数	生産物の合計
Ａ国	６０人	０人	テレビ３台 小麦０ｔ
Ｂ国	０人	１８０人	テレビ０台 小麦３ｔ

会話

かなこ：　【表３】は，Ａ国がテレビだけを，Ｂ国が小麦だけを生産しているので【表２】よりも，［　　　　］ことが分かるね。

ゆうや：　そうだね。でも，お互いの国にとって最も良いのはどんな方法なんだろう。

かなこ：　じゃあ，実際の貿易についても調べてみようよ。

(2)　**会話**の［　　］にあてはまる内容を，**資料４**を参考に答えてください。

［　　　　　　　　　　　　　　　　］

(3)　かなこさんは，実際の貿易について調べたところ**資料５，６**を見つけ，考えたことをまとめました。**かなこさんが考えたこと**の［　　］にあてはまる内容を，**資料５，６**をもとに答えてください。

資料5　ザンビアの輸出品

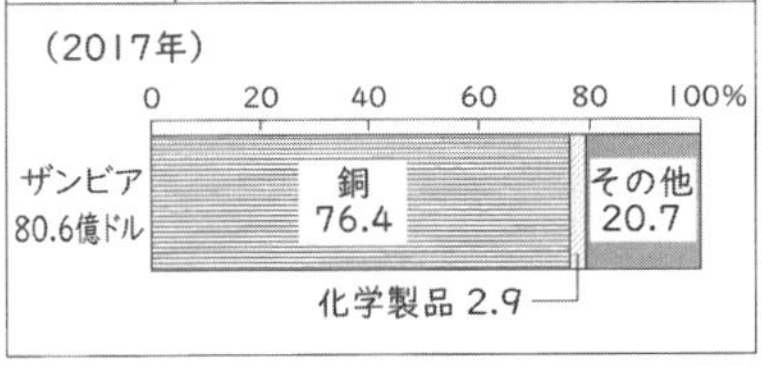

（出典：UN Comtrade より作成）

資料6　銅の貿易価格の推移

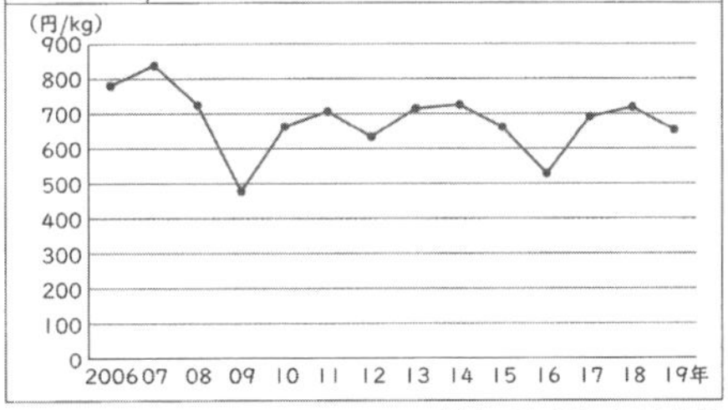

（出典：World Bank より作成）

かなこさんが考えたこと

アフリカにある国，ザンビアでは，**資料５**のように，銅に関する産業が盛んで，銅の輸出の割合が大きいことが分かりました。しかし，輸出品の種類が少ない場合，**資料６**のように銅の価格が毎年変わってしまうと，［　　　　］ということになるから国としては困るのではないかと考えました。

これからも，貿易について調べていこうと思います。

［　　　　　　　　　　　　　　　　］

ヒント

(1)　イ　輸出から海外進出に変えるとどのような利点があるか考えましょう。

学習日　月　日

⑨日本と世界の結びつきに関する問題

実戦問題 ②

時間の目安15分　難しさ ★★☆　11問中　問正解　関連教科 算 国 理 社 他　目標 9問以上正解

◆ 小学校６年生の**さくらさん**と**おさむさん**は，地球儀《ぎ》を見ながら地球の大きさと大陸，環境《かんきょう》と生物について話し合っています。会話文を読んで問題に答えましょう。

＜都立桜修館中等教育学校・改題＞

さくら：地球儀をさまざまな角度から見ると，大陸がいろいろな形に見えておもしろいわね。地球には，大陸がいくつあるのかしら。

おさむ：先生に聞いたら，南極大陸をふくめて６大陸だそうだよ。

さくら：各大陸の面積が，地球の総面積にしめる割《わり》合は，どのくらいかしら。

おさむ：資料１を使って調べてみよう。

図１

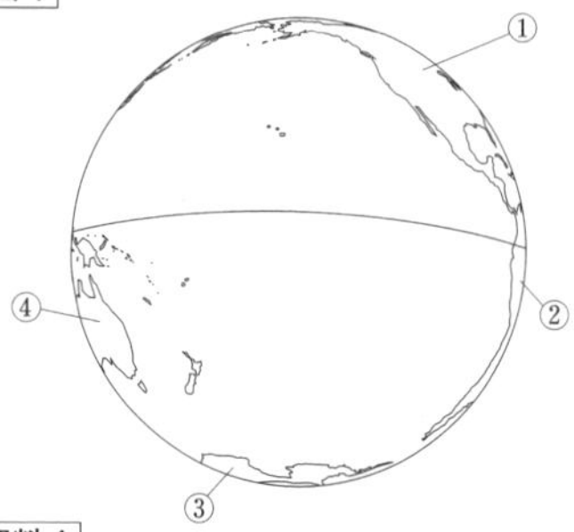

(1)　**さくらさん**は，「地球儀をさまざまな角度から見ると，大陸がいろいろな形に見えておもしろいわね。」と言っています。図１中の①～④は，どの大陸の一部ですか。①～④の大陸の名前を，それぞれ書きましょう。

①		②	
③		④	

資料１

６大陸の面積　(万km^2)	
ユーラシア大陸	5493
アフリカ大陸	3031
北アメリカ大陸	2449
南アメリカ大陸	1783
南極大陸	1360
オーストラリア大陸	770

『データブック　オブ・ザ・ワールド2013』などより

(2)　おさむさんは，「資料１を使って調べてみよう。」と言っています。次の文は，資料１から読み取れることを書いたものです。〔ア〕，〔イ〕に適する数を入れて文を完成させましょう。なお，海洋をふくめた地球の総面積を５億km^{2}として，計算は小数第一位まで求め，一の位までのがい数で書きましょう。

> いちばん広いユーラシア大陸の面積は，大陸の総面積の約〔　ア　〕％で，海洋をふくめた地球の総面積の約〔　イ　〕％である。

〔ア〕		〔イ〕	

二人は大陸の面積を調べたあと，地球の大きさについて話し合いました。

さくら：地球の大きさは，どのくらいかしら。

おさむ：先生に聞いたら，赤道の長さは，一周約40000kmあるそうだよ。

さくら：地球儀の上で赤道に糸をあてて測ったら，長さは一周で95cmあったわ。

(3)　さくらさんは，「地球儀の上で赤道に糸をあてて測ったら，長さは一周で95cmあったわ。」と言っています。糸を使って測ると，図２中のABは８cm，図３中のCDは９cmありました。AB，CDのどちらかを選び，地球上の実際の長さを書きましょう。なお，解答用紙のAB，CDのうち，選んだ方を○で囲み，長さは小数第一位まで計算し，一の位までのがい数で書きましょう。

図2

図3

AB　　CD

二人は大陸の面積と地球の大きさを調べたあと，環境と生物について話し合いました。

さくら：同じ地球でも赤道に近いところと北極や南極に近いところでは，気温が大きくちがうわよね。気温のちがいは，生物のからだに，どのようなえいきょうをあたえるのかしら。

おさむ：同じなかまで赤道に近いところと北極に近いところの，それぞれの環境で生活している生物はいるのかなあ。

さくら：クマが一つの例としてあげられると先生が教えてくれたわ。クマについて動物図鑑《ずかん》で調べてみましょう。

動物図鑑で調べて，分かったことを 資料2 のようにまとめました。

資料2

さくら：ホッキョクグマが気温の低いところで生活できるのはなぜかしら。先生に聞いてみましょう。

(4)　さくらさんは，「ホッキョクグマが気温の低いところで生活できるのはなぜかしら。先生に聞いてみましょう。」と言っています。先生は，この疑問《ぎもん》に対して 資料3 のように説明をしてくれました。次の各問に答えましょう。

①　次の文は， 資料3 から読み取れるビーカーの水の温度について書いたものです。 資料3 から読み取れることで，〔エ〕と〔オ〕をうめて文を完成させましょう。

ビーカーAのほうが，〔　　エ　　〕から，〔　　オ　　〕と考えられる。

②　次の文は，ホッキョクグマが気温の低いところで生活できる理由を書いたものです。 資料2 ， 資料3 から読み取れることで，〔カ〕と〔キ〕をうめて文を完成させましょう。

ホッキョクグマのほうが，〔　　カ　　〕から，〔　　キ　　〕と考えられる。

資料3

先生の説明

○生物のからだのほとんどは水である。
○生物のからだの大きさは，水の体積に置きかえて考えられる。
○次の**実験**の，ビーカーの水の温度は，生物の体温に置きかえて考えられる。
○ホッキョクグマが気温の低いところで生活できる理由は，次の**実験**とその下の**実験結果**から考えられる。

実験　同じ材質でできた2Lのビーカーと200mLのビーカーBに，40℃に温めた水を，それぞれ2Lと200mL入れて，条件をそろえて，4時間置いたときの温度の変化を調べた。

実験結果（室温24℃）

	開始時	20分後	1時間後	2時間後	3時間後	4時間後
ビーカーA（2L）の水の温度	40℃	38℃	34℃	30℃	29℃	27℃
ビーカーB（200mL）の水の温度	40℃	35℃	30℃	26℃	25℃	25℃

①	〔エ〕	〔オ〕
②	〔カ〕	
	〔キ〕	

解答・解説集➡p.35,36

学習日　　月　　日

例題を解いてみて，ようすをつかもう！

⑩ 言葉に関する問題

出題の割合	★★☆	関連教科
難しさ	★★☆	算　国　理　社　他

▼このテーマの目標

言葉の意味を正しく理解し，文字や言葉づかいに誤《あやま》りのない文章を書くことができる。状きょうに合った文章を書くことができる。

◆　**かおりさん**たちの学級では，新しく外国語活動の授業で教えてくださるグリーン先生のかんげい会を開くことになりました。その会では，日本のことを班《はん》ごとにしょうかいすることになっています。**かおりさん**たちの班は，「日本のよさ」をしょうかいすることになり，班で計画を立てることになりました。　＜茨城県立中学校・中等教育学校・改題＞

かおり：わたしは，なるべく日本語で，日本のよさを伝えたいと思っているんだけれど。

みつる：そうだなあ。でも，日本語を勉強したことはあっても日本で生活したことがないグリーン先生に，どのようにしょうかいしたらいいんだろう。

ななこ：俳句《はいく》のように「五・七・五」の十七音で表現するのはどう？　日本の伝統文化のひとつだし，「五・七・五」のリズムで日本のよさを表現してみるのはおもしろいよね。

ゆうた：そうだね。ぼくは，ななこさんの提案に賛成。「五・七・五」のリズムってぼくたちの生活にも関係しているんじゃないかな。

さちこ：じゃあ，たとえば，「**最新の　技術かがやく　日本製**」というのはどう？

問題　グリーン先生に日本のよさをしょうかいするにあたって，「五・七・五」のリズムを使って，あなたならどのように表現しますか。その言葉を①に，その理由を②に書きなさい。ただし，次の条件に合うようにしなさい。

条件

- ①について，文中にあげた「最新の」「技術かがやく」「日本製」の3つの言葉は使わないこと。
- ②については2段《だん》落構成とし，110字以上130字以内で書くこと。1段落目には，その言葉を書いた理由を書くこと。2段落目には，その理由のもとになる具体的な例を書くこと。
- 「，」や「。」も1字に数え，文字の誤りのないように書くこと。
- 「五・七・五」の中の音では，小さな「っ」や，のばす音，「ん」も，一音と数える。また，「しゃ」「しゅ」「しょ」などは，それぞれ一音とする。
  〔例：がっき（三音），コーヒー（四音），おじいちゃん（五音），しょくじ（三音）〕

五　　　　　七　　　　　五

【考え方・解き方】

＊文中の空らんに合う言葉や数字を入れよう。

ここに着目 状きょうや設定を理解した上で，テーマ，文字数，解答の形式などの条件にそって，正しい文字や言葉づかいで書きます。書いたあとで，条件などに合っているかもう１度確かめましょう。

解き方 １．まず，問題と条件を整理しましょう。

問題

① 日本のよさのをしょうかいする「①(　　　　　　　　)」のリズムの言葉を書く。

② その理由を書く。

条件

<table>
<tr><td>①</td><td>使ってはいけない言葉</td><td colspan="3">「最新の」「技術かがやく」「日本製」</td></tr>
<tr><td rowspan="4">②</td><td>構　成</td><td colspan="3">②(　　　　　) 段落構成</td></tr>
<tr><td>文字数</td><td colspan="3">110字以上120字以内</td></tr>
<tr><td rowspan="2">内　容</td><td>１段落目</td><td colspan="2">その言葉を書いた③(　　　　　)</td></tr>
<tr><td>２段落目</td><td colspan="2">③のもととなる④(　　　　　　　　　　　　)</td></tr>
<tr><td colspan="2" rowspan="2">五･七･五の中の文字の数え方</td><td colspan="2">小さな「っ」，のばす音，「ん」</td><td>一音と数える</td></tr>
<tr><td colspan="2">「しゃ」「しゅ」「しょ」など</td><td>一音とする</td></tr>
</table>

２．何を書くかを決めましょう。

「日本のよさ」という言葉から思いうかぶものを，実際に書き出してみるとよいでしょう。

例　文化（京都・奈良など）　自然（富士山、四季など）　経済（自動車産業など）

答え ①　五 [四季のある]　七 [日本の国は]　五 [美しい]

② 日本には季節の移り変わりがあり，四季それぞれに自然の美しさを感じることができるからです。

秋につくば山のロープウェーに乗りました。夏に緑だった葉が，赤や黄に染まっているようすに感動しました。日本に四季があるから風景を楽しめるのだと思います。

理由を述べるときは「～から」「～ので」などの言葉を使うといいよ。

プラス1

日本についての知識として，日本にある世界文化遺産について調べておくことも役に立つでしょう。

サポートのポイント

国際交流，国際社会などは問われやすいテーマです。そして，その場合，日本についての知識がとても大切になってきます。日ごろから，日本の歴史や文化，社会のことに興味をもち，そこで使われている言葉にふれておきましょう。

（空らんの記入例）①五・七・五　②2　③理由　④具体的な例

学習日　　月　　日

⑩言葉に関する問題

実戦問題 ①

時間の目安25分　難しさ ★★☆　5問中　　問正解　関連教科 算 国 理 社 他　目標 4問以上正解

1　よしこさんの通っている南小学校では，６年生向けのかべ新聞に他校の取り組みをのせるコーナーがあります。広報委員のよしこさんは，となりの北小学校の活動のようすをしょうかいしたいと考え，北小学校の校長先生にお話をうかがいました。　<茨城県立中学校・中等教育学校>

次の文章は，そのときの校長先生のお話です。

> 北小学校では４年前から，「お弁当の日」を実施《し》しています。これは，全児童が手作りのお弁当を持参するもので，年に３回行われています。初めのころは，保護者の方から，「本当に子どもに作れるのだろうか。」「刃《は》物を使うのは小学生に危《き》険なのではないか。」などの声も上がりました。しかし，この取り組みを続けてきた今では，「家庭科の授業で学んだことを使って，新たなメニューを考えるのが楽しい。」「お弁当を通して家族のコミュニケーションをとることができる。」などの声も増えてきて，多くの児童や保護者に受け入れられています。
>
> 学年によって「お弁当の日」の取り組みもちがいます。１，２年生では，おうちの人といっしょにお弁当箱におかずをつめること，３，４年生では，おうちの人といっしょに作ること，５，６年生では，おうちの人に手伝ってもらいながら自分自身でこん立を考えて作ることを目指しています。どの学年の児童も，おうちの人に協力をしてもらい，お弁当作りに取り組んでいます。
>
> 「お弁当の日」は，「調理方法や栄養の知識をもとにして健康的な食生活について考えるきっかけとしてほしい。」との考えから学校として取り組んできたことです。学校では，栄養のバランスを考えたこん立作りや，お弁当の作り方などのアドバイスを行っています。食についての知識を身につけることは，大人になってからも毎日生活する上で，大変役立つと思います。

よしこさんは，北小学校の校長先生のお話をかべ新聞にのせるため，次のような原こうにまとめてみました。

> 北小学校には，４年前から年に３回，「お弁当の日」があります。これは，（　①　）ことが目的で，（　②　）ということをしています。

問題　よしこさんになったつもりで，□内の（①），（②）に入る内容を，次の条件に合わせて書きなさい。

条件

・（①），（②）は，それぞれ25字以上30字以内で書くこと。

・「，」や「。」も１字に数え，文字の誤《あやま》りのないように書くこと。

①

②

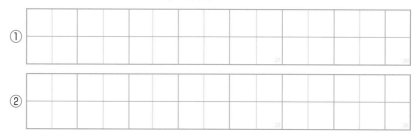

2　あきらさんとけんじさんは，売店の中を見て回りました。すると，和菓子《わがし》が売ってあり，箱にはってあるシールには，次のように書かれていました。　<長崎県立中学校・改題>

「生物ですので、お早めにお召《め》し上がりください。」

けんじ　「『せいぶつですので，おはやめにおめしあがりください。』っておかしいよ。和菓子は，せいぶつじゃないよ。」

あきら　「それは『せいぶつ』ではなくて，『なまもの』と読むんだよ。」

先　生　「そうだね。他にも，二通り以上の読み方をして，読み方によって意味が変わってしまう**漢字二字の熟語《じゅくご》**があるね。」

二通り以上の読み方をして，読み方によって意味が変わる**漢字二字の熟語**を，**例**にならって**二つ**書きなさい。ただし，地名や人名は除《のぞ》きます。　**例**　生物　→　せいぶつ・なまもの

→　・

→　・

3　ひろしさんは，農家の人へのお礼の手紙をパソコンを使って作成し，お父さんに見てもらいました。手紙の文章は次のとおりです。　<長崎県立中学校・改題>

こんにちは。
先日の農業体験では，たいへんお世話になりました。
わたしたちのために，農家のみなさんが朝速くからいろいろな容易をしてくださったことを，父から聞いて知りました。本当にありがとうございました。また，家に返ってから，お話にあった日本の食料自給率のことを調べてみて，とても約にたちました。
また器械があれば，体験しに行きたいと思います。ありがとうございました。

ひろしさんが書いたお礼の手紙の中から，「容易」以外の漢字の誤りをすべて見つけ，例にならって正しく書き直しなさい。　**例**　容易 → 用意

ヒント

1　解答らんのマス目はひと続きのものと考えよう。原稿用紙とちがって，2行目のいちばん初めに「,」や「。」があってもかまわないよ。

3　読み方が同じなので，一度読んだだけでは見のがしている場合があるよ。しん重に読み返してみよう。

学習日　　月　　日

⑩言葉に関する問題

実戦問題 ②

時間の目安25分　難しさ ★★☆　4問中　　問正解　関連教科 算 国 理 社 他　目標 3問以上正解

◆　6年1組では，学級会を行いました。次の【資料】は，話し合いの内容を黒板にまとめたものです。あとの1～3について考えましょう。 ＜佐賀県立中学校＞

【資料】

六年一組　学級会

議題
「お別れサンドイッチ会」をしよう

提案理由
卒業を前に、これまでお世話になった人を招待して、感謝の気持ちを伝えたいから。

一　だれを招待するか
校長先生、教頭先生、保健室の先生、これまでの担任の先生、交通指導員さん、ボランティアで本を読んでいただいた人

二　いつするか
二月二十四日（金）十二時三十分～
※三、四時間目の家庭科の時間にサンドイッチを作っておく。

三　どこでするか
家庭科室

四　どんな係が必要か
・司会
・始めの言葉、終わりの言葉
・プログラム書き
・招待状書き
・家庭科室のかざり作り、かざりつけ

五　プログラムはどうするか
※次の学級会で決める。

六　当日、何を持ってくればよいか
エプロン、三角きん、マスク、テーブルクロス

(1)　はなこさんのグループでは，校長先生を招待することになりました。【資料】を見て校長先生への招待状を解答用紙に書きましょう。ただし，招待状の中にプログラムを書く必要はありません。また，招待状のうらには何も書かないことにします。

招　待　状

6年1組　一同

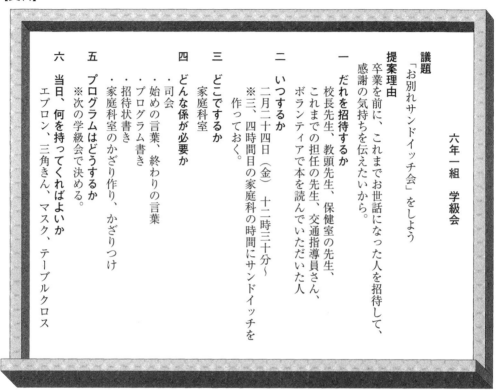

(2) たくやさんのグループでは，登下校のときにお世話になった交通指導員の山田さんを招待することになりました。しかし，山田さんは，学校の中まで来られたことがないことがわかりました。そこで，たくやさんたちは，山田さんが家庭科室まで迷わずに来ることができるようなくふうを考えることにしました。たくやさんたちが自分たちでできるくふうを2つ書きましょう。

(3) 次の学級会では，中学校生活で自分がやりたいことやがんばりたいことを漢字１字と関係づけて，「お別れサンドイッチ会」の中で発表することが決まりました。

あなたなら，どのような内容を発表しますか。次の【表】の中から漢字を1つ選び，《主な意味》を参考にして，次のことに気をつけて書きましょう。

・解答用紙にある「中学生になったら」の書き出しをふくめて，80～100字で書くこと。
・選んだ漢字を文章の中で使わなくてもよい。
・選んだ漢字の《主な意味》のすべてを使わなくてもよい。

【表】

漢字	《主な意味》
達	・やりとげること　・すぐれていること
情	・物事に感じる心の動き　・相手を思いやる気持ち
発	・はじめること　・すすむこと　・のびること
結	・むすぶこと　・１つにかたまること　・しめくくること

わたしが選んだ漢字は、□です。

中	学	生	に	な	っ	た	ら	、											
																			80
																			100

ヒント

(1) お招きする趣旨・日時・場所などを，相手の立場に立ってていねいな言葉で伝えよう。ただし，用件以外のことは書かない方がエチケットにかなっているよ。

学習日　　月　　日

例題を解いてみて，ようすをつかもう！

⑪ 問題解決の方法に関する問題

出題の割合	★★☆
難しさ	★★☆

関連教科　算　国　理　社　他

▼このテーマの目標

設定や状きょうを正しくつかみ，自分の経験や知識を使って問題を解決することができる。

◆ 花子《はなこ》さんは，家族で自動車に乗って京都へ旅行をすることになりました。そこでお父さんから，「午前7 時30 分に岡山 IC（インターチェンジ）に入り，京都南 IC まで高速道路を利用するのだが，午前11 時までに高速道路を出るためには，どこで休けいすればよいか計画を立てて欲しい。知っていると思うけど，IC とは高速道路の出入り口のことだよ。」とたのまれ，計画を立てるために必要なメモをわたされました。 ＜広島県立広島中学校＞

（お父さんからのメモ）

岡山 IC から京都南 IC までの間にある休けい場所と区間距離《きょり》

岡山IC	
	20km
①瀬《せ》戸《と》	
	22km
②福《ふく》石《いし》	
	21km
③龍《たつ》野《の》西《にし》	
	13km
④白《しら》鳥《とり》	
	24km
⑤権《ごん》現《げん》湖《こ》	
	11km
⑥三《み》木《き》	
	18km
⑦淡《おう》河《ご》	
	15km
⑧西《にし》宮《のみや》名《な》塩《じお》	
	48km
⑨桂《かつ》川《がわ》	
	2km
京都南IC	

1 時間以内に必ず 1 回は休けいをとるために，上の①から⑨の中から休けい場所を選ぶ。ただし，1 回の休けい時間は 30 分とし，自動車の速さは時速 80km とする。

あなたが花子さんなら，どのような計画を立てますか。休けい場所を①～⑨の番号で書き，京都南 IC を出る時刻が午前何時何分になるかを書きなさい。また，そのように決めた考え方を，式をふくめて書きなさい。ただし，答えが小数になる場合は，小数第一位を四捨五入して整数で書きなさい。

休けい場所		京都南 IC を出る時刻	

そのように決めた考え方

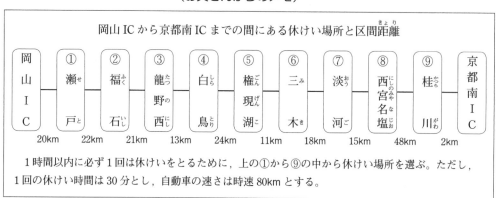

【考え方・解き方】

＊文中の空らんに合う言葉や数字を入れよう。

ここに着目 問題文中の「１時間に必ず１回は休けいをとる」「１回の休けい時間は30分」「自動車の速さは時速80km」の３条件をふまえて解決法を考えます。

解き方 岡山 IC から京都南 IC までは，20＋22＋21＋13＋24＋11＋18＋15＋48＋2＝194（km）なので，岡山 IC から京都南 IC までを，休けいなしで自動車で走ると，194÷①（　　）＝2.425（時間）かかることになる。問題文では，午前11時までに高速道路を出るとあるので，休けいがとれる時間は，11－7.5－2.425＝1.075（時間）で，30分＝0.5②（　　　）の休けいは，最大で２回までである。また，1時間に必ず１回は休けいをとるのだから，休けいなしに自動車で走れる道のりは，80×③（　　）＝80（km）以内でなければならない。

まず，１回目の休けい場所は，①～④のいずれかになる（⑤は岡山 IC から100 km で，80 km をこえているため）。しかし，①では残りの道のりが 194－20＝174（km）で80 km の２倍以上になってしまうからありえず，②では２回目の休けい場所を⑥としても残りが 83 km になってしまい，これもありえない。

１回目の休憩場所を③にすると，２回目の休けい場所を⑦にすることができる。また，1回目の休けい場所を④にすると，２回目の休けい場所を⑦または④（　　）にすることができる。

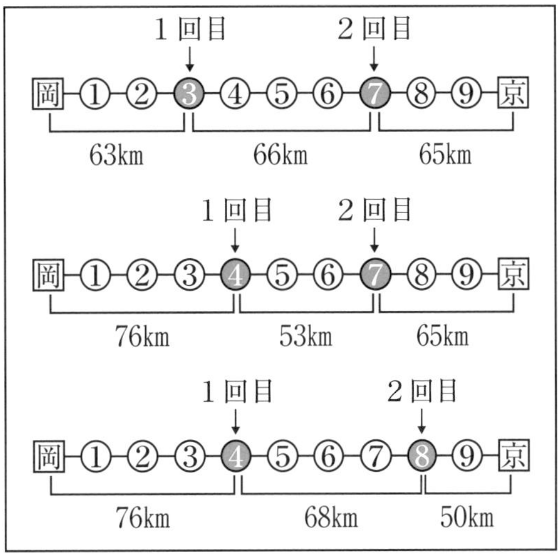

答 え 休けい場所…③龍野西，⑦淡河

京都南 IC を出る時刻…午前10時56分

そのように決めた考え方…　岡山 IC から京都南 IC までの道のりは194km で，自動車で時速80km で走ると194÷80＝2.425（時間）かかる。午前７時30分から11時までは11－7.5＝3.5（時間）だから，休けいに使える時間は3.5－2.425＝1.075（時間）で，休けいがとれる回数は 30分＝0.5時間として計算すると最大２回である。

時速80km で走るとき，１回目の休けい場所として1時間以内に到着できるところは，岡山 IC から80km 以内にある場所である。しかし，①と②では，条件に合う２回目の休けい場所をとることはできない。１回目の休けい場所を③にとると，２回目の休けい場所として66km 先の⑦をとることができる。そのとき，京都南 IC を出るまでにかかる時間は，休けいが２回なので，2.425＋0.5×2＝3.425（時間）　3.425時間＝3時間25.5分はおよそ3時間26分なので，京都 IC を出る時刻は10時56分となる。

サポートのポイント

もしつまずいたなら，まず，この問題を解くために重要な３つの条件を気づかせてあげましょう。また，解くまでに時間がかかるようなら，「図をかいて考えよう」とアドバイスしてあげましょう。

（空らんの記入例）①80　②時間　③1　④⑧

学習日　　月　　日

⑪問題解決の方法に関する問題
実戦問題 ①

時間の目安**15**分　難しさ ★★★　4問中　　問正解　関連教科 算 国 理 社 他　目標 3問正解

◆ 次の文章を読んで，⑴から⑶の問いに答えましょう。

＜群馬県公立中等教育学校・中学校・改題＞

６年生の由美子《ゆみこ》さんたちは，総合的な学習の時間に，いろいろな職業を調べてしょうかいする学習をしています。放送の仕事について調べることになった由美子さんたちの班《はん》は，実際に放送局を訪《おとず》れ，番組制作を体験することになりました。

⑴ 由美子さんたちは，正志《まさし》さんが作った「**放送局への行き方**」を見ながら，次のような**会話**をしました。

「放送局への行き方」

A駅 ― B駅 ― C駅 ― D駅 ― E駅 ＝＝＝ 放送局

８：５８ ―（電車）→ ９：１５
９：３０ ―（バス）→ ９：４０

※ 放送局の人と，１０時に放送局の入り口で待ち合わせ

※ 料金
電車　A駅からE駅まで　１１０円
バス　E駅から放送局前まで　９０円

会話

正　志：このとおりに電車とバスで行くと，９時40分に放送局前のバス停に着くよ。放送局の人との待ち合わせの時刻《こく》にちょうどいいから，これで行こうよ。

良　太：でも，E駅で，バスの出発時刻まで，少し待たなければならないね。ほかに方法はないのかな。

みどり：地図で調べたけど，E駅から放送局まで，歩くとしたら，1800mくらいだから，**電車と歩きで行く**という方法もあるよね。

由美子：授業で，人の歩く速さは時速４kmくらいだと習ったけれど，待ち合わせの時刻に間に合うのかな。

かおる：インターネットで調べたら，A駅から放送局前のバス停へ行くバスもあるね。A駅を８時40分に出発して，放送局前には９時45分に着くよ。料金は，220円かかるね。

良　太：それなら，**バスだけで行く**方法でもいいと思うな。

① **電車と歩きで行く**方法を選んだ場合，待ち合わせの時刻に間に合いますか。また，そう考える理由を，言葉や数字を使って書きましょう。

② あなたなら，A駅から放送局まで，**電車とバスで行く**方法，**電車と歩きで行く**方法，**バスだけで行く**方法の中で，どれを選びますか。一つ選び，その理由を40字以上60字以内で書きましょう。

①	間に合う　・　間に合わない
	理由

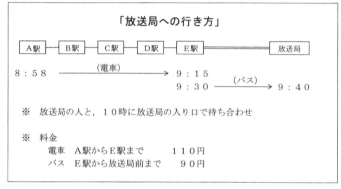

②	選んだ方法

(2) 放送局に着いた由美子さんたちは，放送局の人から，放送の仕組みや放送するときに心がけていることなどを説明してもらいました。説明の中で，「アナウンサーは，ラジオのスポーツ中けいのとき，テレビのスポーツ中けいとちがって，休まずに話し続ける場合が多いのです。」という話があり，由美子さんは，そのことを疑《ぎ》問に思いました。ラジオのスポーツ中けいは，なぜ，休まずに話し続ける場合が多いのか，考えて書きましょう。

(3) 番組制作の体験が終わり，由美子さんたちは，次のような**会話**をしました。

会話

由美子：放送の仕事について調べたことは，とてもいい経験になったね。
良　太：大変なこともあったけれど，みんなで協力して乗りこえられたし，楽しい思い出もたくさんできたよ。ぼくたちが経験したことをまとめて，**全校のみんなに伝える**ことができたらいいよね。
由美子：それなら，発表の時間をくださいって，先生にお願いしてみようよ。
正　志：全校のみんなに伝えたあとで，**5年生だけに伝える**時間もあったらいいな。5年生には，来年の学習に向けて，特別に伝えたいことがあるよね。

全校のみんなに伝える場面と，**5年生だけに伝える**場面では，それぞれどのようなことに気をつけて，どのような内容を伝えたらよいでしょうか。2つの場面でのちがいがわかるように，考えて書きましょう。

ヒント
(1)〜(3)の問題は，いくつかの方法や対象を比かくして，そのちがいを整理すると答えを考えやすくなります。

学習日　月　日

⑪問題解決の方法に関する問題

実戦問題 ②

時間の目安15分　難しさ ★★☆　5問中　問正解　関連教科　算 国 理 社 他　目標 4問以上正解

◆ **あきこさん**が通う学校では，１年生と６年生とでグループを作り，交流会を週に１回行っています。**あきこさん**のグループ（１年生10人と６年生10人）は，来週の交流会で，グループの児童が10人ずつの２つのチームに分かれて，直線のコースを５回往復するリレーをします。**〔表１〕**は，チーム分けをするために，今週の交流会で児童どうしが協力して計測した50m走の記録です。**あきこさんたち**が**〔表１〕**をもとに話し合った**〔会話文〕**を読み，あとの⑴～⑶の各問いに答えましょう。

＜神奈川県立中等教育学校＞

〔表１〕

１　年　生				６　年　生			
名前	記録(秒)	名前	記録(秒)	名前	記録(秒)	名前	記録(秒)
いくこ	11.5	ひろし	11.9	あきこ	10.1	はじめ	8.9
きよし	13.8	みつお	10.3	かずお	9.7	まりや	9.9
しずか	12.1	ゆりこ	10.2	さやか	10.5	やすし	10.6
ちづる	13.1	りきや	10.8	たけし	9.4	ゆきお	10.2
のりお	12.2	れいこ	10.1	なぎさ	11.6	わかこ	9.1

〔会話文〕

あきこ「これから，来週の交流会で行うリレーについて話し合います。両チームとも全員が１回ずつ片道《かたみち》を走るというきまりにして，このほかにどのようなリレーにするとよいか，意見を出してください。」

かずお「１年生10人のチームと６年生10人のチームとで競走できないかな。」

あきこ「かずおさんの提案について，みなさんから何か意見はありませんか。」

たけし「両チームとも50mのコースを使い，１年生の１番目の人がスタートした［　あ　］秒後に６年生の１番目の人がスタートすれば，記録の上では10番目の人が同時にゴールすることになるよ。」

なぎさ「全員が記録からわかる速さで走るとすると，コースの長さを１年生は50mに，６年生は［　い　］mにすれば，１番目の人が同時にスタートしても，記録の上では10番目の人が同時にゴールすることになるよ。」

あきこ「２人の意見に共通するのは，条件に差をつけるという点ですね。」

まりや「かずおさんたちとちがい，10人の記録の合計が同じになるように分け，両チームとも50mのコースを使い，１番目の人が同時にスタートすれば，記録の上では10番目の人が同時にゴールすることになるよ。」

あきこ「記録の合計やコースの長さ，スタートする時間などの条件を同じにするというまりやさんの提案について，何か意見はありませんか。」

わかこ「まりやさんに賛成。１年生10人のチームのしずかさん，ちづるさん，のりおさんの３人を，６年生10人のチームのあきこさん，ゆきおさん，わたしの３人と交換《こうかん》すると，10人の記録の合計が同じになるよ。」

やすし「10人の記録の合計が同じになるように分けるなら，１年生も６年生も５人ずつ分ける方がよいと思うよ。」

-（話し合いが続く）-

(1) 〔会話文〕の中の あ ， い に最もあてはまる数を，それぞれ書きましょう。答えが小数になる場合は，四捨五入して，小数第１位までのがい数で書きましょう。

あ [　　　]　い [　　　]

(2) 〔表２〕は，〔会話文〕の中の下線部のとおりに，グループの児童をＡチームとＢチームに分けている表です。Ａチームの１年生５人の記録の合計とＢチームの１年生５人の記録の合計は同じです。あきこさんをＡチームのリーダーとし，かずおさんをＢチームのリーダーとして分けるとき，あきこさんとＡチームで一緒《いっしょ》になる６年生はだれでしょうか。あてはまる４人の名前を〔表１〕の中から選び，〔囲み方の例〕のように，それぞれ線で囲みましょう。

〔表２〕

Ａチーム			Ｂチーム		
学年	名前	記録（秒）	学年	名前	記録（秒）
１年生	いくこ	11.5	１年生	きよし	13.8
	しずか	12.1		ちづる	13.1
	のりお	12.2		ゆりこ	10.2
	ひろし	11.9		りきや	10.8
	みつお	10.3		れいこ	10.1
６年生	あきこ	10.1	６年生	かずお	9.7

〔囲み方の例〕

（あきこ）

さやか	たけし	なぎさ	はじめ
まりや	やすし	ゆきお	わかこ

(3) 〔会話文〕の中で，あきこさんが司会として果たしている役割《やくわり》について，あてはまるものを次の①～⑥の中から２つ選び，その番号を書きましょう。

① 話し合いがうまく進むように，何について話し合うかを示している。
② みんなから出た複数の疑問点《ぎもんてん》を整理し，代表して質問している。
③ 話し合いが話題からそれたときに，元にもどしている。
④ 提案されたことについて要点を明確にし，みんなに意見を求めている。
⑤ それぞれの意見について，賛成や反対を確認《かくにん》しながら１つの案にまとめている。
⑥ 話し合いの要点を最後にまとめ，すべての内容をふりかえっている。

[　　　][　　　]

ヒント

(3) 話し合いの初めと，話し合い途中《とちゅう》でのあきこさんの発言を拾い出して考えてみるといいよ。

300

600

時間がたりなかった場合
でも、練習のためなので、
最後まで書き終えよう。

時間がたりなかった人
は、スピードアップの訓
練に努めてね。

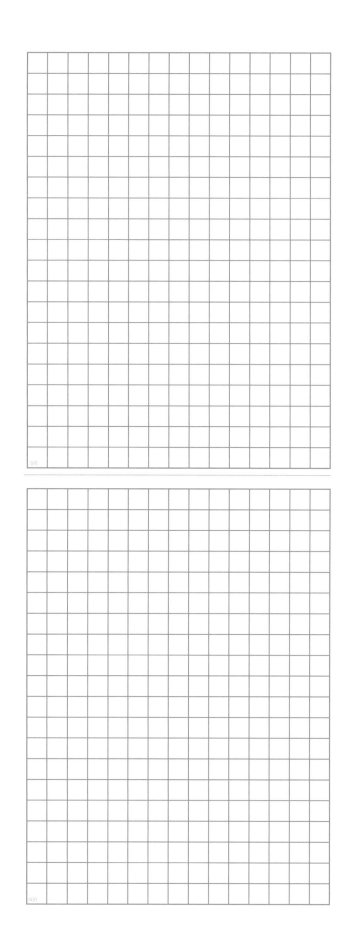

Aさん：よいところがたくさん出てきたね。

Bさん：みんなも、6年1組は、よいクラスだと思っていたんだな。

Cさん：中学校のクラスも、よいクラスだといいなあ。

Aさん：確かに、うちのクラスは、ふん囲気いいよね。

Bさん：そう言えば、「みんなで協力できる。」とか、「困っていたらだれかが助けてくれる。」というのは、みんなの仲がいいということだよね。

Dさん：よいクラスには、よい人間関係が必要ってことかな。

Aさん：今まで、そんなことはあまり気にしてこなかったけれど、いっしょに生活している間に、だんだんと、今みたいなクラスになってきたんだね。

Cさん：中学校のクラスはどうかなあ。今まで知らなかった人とも同じクラスになるわけでしょう。このクラスのようにはいかないかもしれないよね。

Dさん：そうだね。新しいクラスだからこそ、よい仲間づくりのためには、一人一人の心がけが大切になるよね。

Bさん：そうかなあ。クラスの仲間って、もっと自然にできていくものじゃないかな。

Cさん：ぼくも、友達をつくるために、自分から何かしたような覚えはないな。

Dさん：確かに、何人かの人とは自然に友達になるかもしれないけれど、クラス全体のことを考えると、一人一人の努力や心がけは必要だと思うよ。

Bさん：今のクラスになったとき、みんな、そんなこと考えていたかなあ。

あなたは、今後入学する中学校のクラスにおける、よい人間関係づくりについて、どう考えますか。上の編集委員たちの会話を参考にして、次の条件に従《したが》って書きなさい。

（条件）

ア　自分の考えと、その理由を書きなさい。その際、自分の経験にもふれなさい。

イ　字数は、六百字程度で書きなさい。

ヒント

家族、友達、昔から知っている人、初めて会った人など、いろいろな人とのかかわりから、作文にしやすい経験を選ぼう。

2　次の作文を書きなさい。

＜栃木県立中学校＞

【注意】

1　題名と氏名は書かないこと。

2　原稿《げんこう》用紙の正しい使い方に従《したが》って書くこと。

ただし、書き進んでから、とちゅうを書き直すとき、直すところ以外の部分も消さなければならないなど、時間がかかる場合は、下の図のように、一つのます目に2文字書いたり、ます目をとばして書いたりしてもよい。

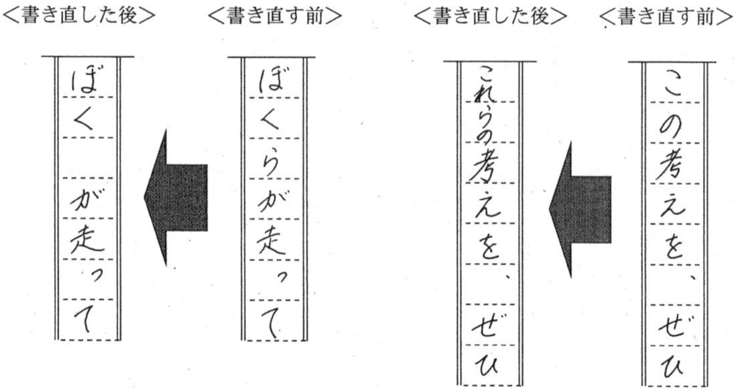

＜書き直す前＞
この考えを、ぜひ
＜書き直した後＞
これらの考えを、ぜひ
＜書き直す前＞
ぼくらが走って
＜書き直した後＞
ぼく　が走って

ある小学校では、毎年卒業文集をつくっています。卒業文集にはクラスのページがありますが、Aさんのいる6年1組では、その内容を編集委員が考えて決めることになりました。編集委員たちは、相談の結果、下の「6年1組のよいところ」について、クラスのみんなからアンケートをとり、それをまとめたものをのせることにしました。

次に示すのは、アンケートの結果をまとめたものです。

それを見ながら、編集委員たちが話し合っています。

(注)　このアンケートでは、6年1組のよいところをいくつ書いてもよいことにしたので、票数の合計がクラスの人数より多くなっています。

6年1組のよいところ

ベスト5

1位・・・みんなで協力できる。	23票(注)
2位・・・きちんとあいさつができる。	20票
3位・・・ふん囲気が明るい。	15票
4位・・・きまりを守る。	10票
5位・・・困《こま》っていたらだれかが助けてくれる。	9票

その他

・友達の発表をよく聞く。
・友達のいやがることを言わない。
・授業中，よく手を挙げる。
・おたがいのよいところがわかっている。
・本をたくさん読む。
・男女の仲がよい。
・友達同士で注意し合える。

図　アンケートの結果をまとめたもの

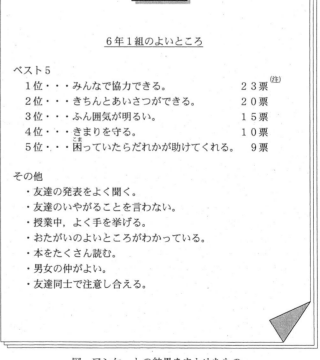

学習日　□月　□日

⑭あたえられた題材やテーマで作文を書く問題

実戦問題②

時間の目安　70分

難しさ　★★★

2問中　□　問正解

関連教科　算　国　理　社　他

目標　2問正解

1　次の作文を書きなさい。

〈宮城県仙台二華中学校〉

問題

私たちは毎日多くの人とのかかわり合いの中で、ほかの人の立場や考えを理解しながら生活しています。あなたが、ほかの人から理解されたと実感した経験と、その経験から学んだことを四百字以上五百字以内で書きなさい。

〔注意〕

① 題名、氏名は書かずに、一行目から書き始めること。

② 原稿《げんこう》用紙の正しい使い方にしたがい、文字やかなづかいも正確に書くこと。

ヒント

家族、友達、昔から知っている人、初めて会った人など、いろいろな人とのかかわりから、作文にしやすい経験を選ぼう。

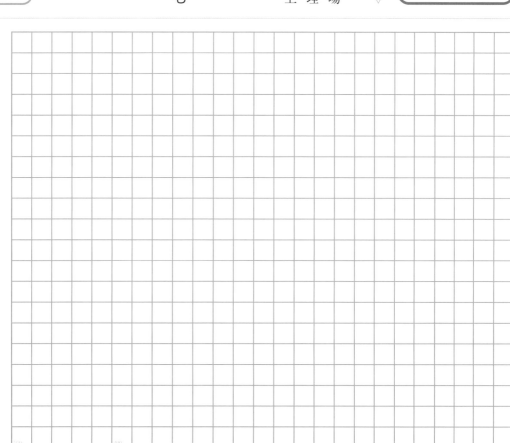

（書き方）

○ 題名、名前は書かずに一行目から書き始めましょう。

○ 書き出しや、段落《だんらく》をかえたときは、マスを一字あけて書きましょう。

○ 文章全体の組み立てを考え、適切に段落がえをしましょう。段落がえをしてあいたマスも一字と数えます。

○ 読点《とうてん》↓、や 句点↓。かぎ↓「 などはそれぞれ一マスに書きましょう。ただし、句点とかぎ↓。」は、同じマスに書きましょう。

○ 読点や句点が行の一番上にきてしまうときは、前の行の一番最後の字といっしょに同じマスに書きましょう。

○ 文章を直すときは、消してから書き直しましょう。ただし、次の例のように、書き直してもかまいません。

（例）

先週の日曜日、動物園に出かけました。

家族で

遊びに行きました。

ヒント

それぞれの「おかげさま」の共通点に着目してもいいし、異なる点に着目してもいいよ。

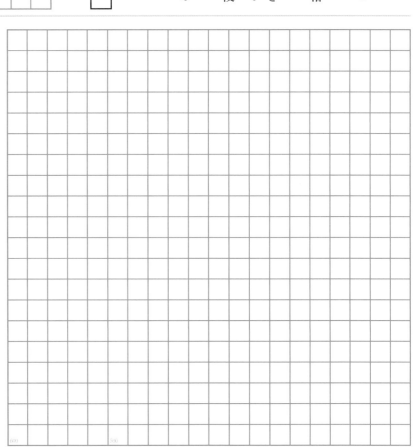

2 次の 資料 から、あなたが考えたことをわかりやすく書きましょう。
字数は、五百字以上、六百字以内とします。

〈東京都立桜修館中等教育学校〉

資料

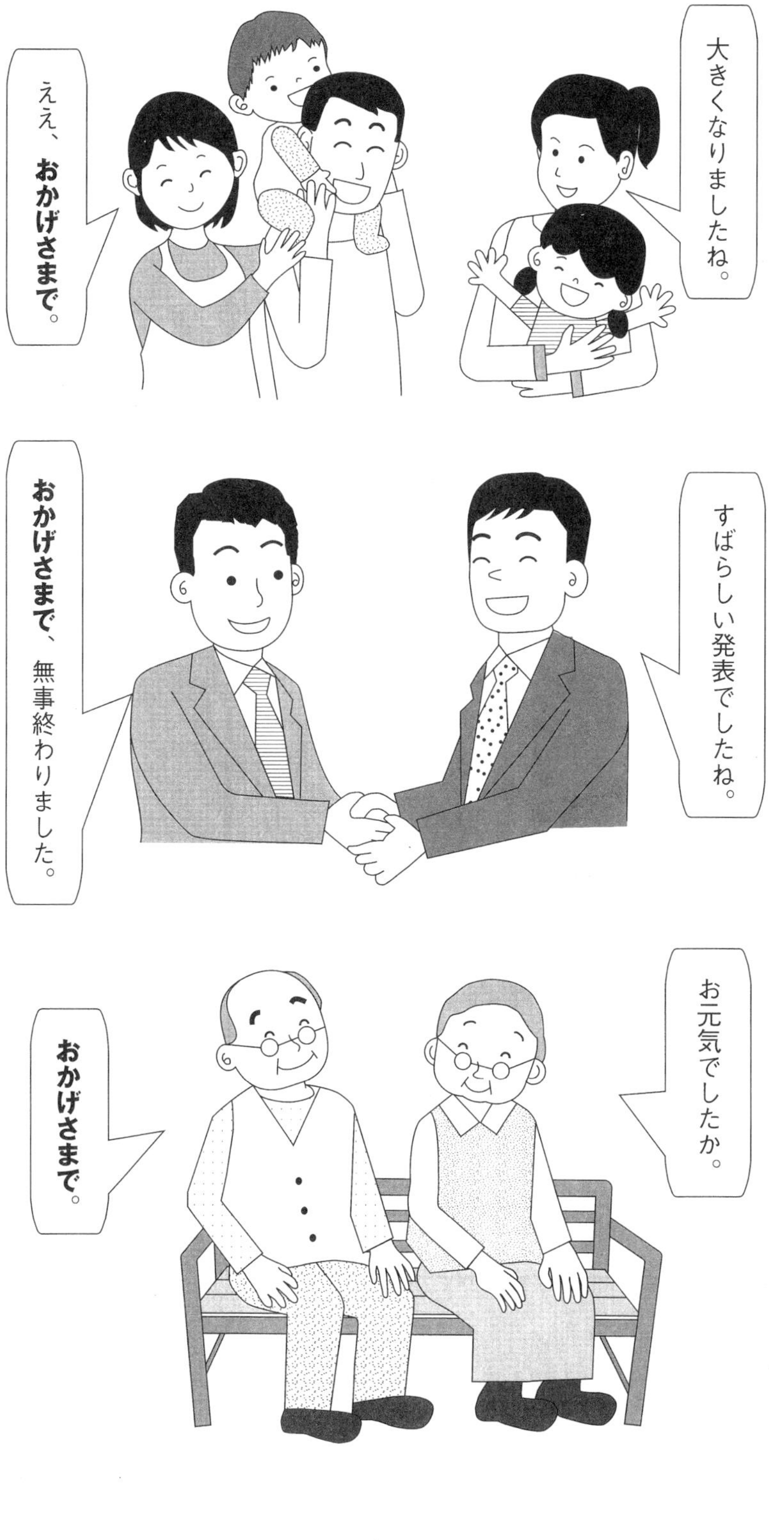

学習日 　月 　日

⑭あたえられた題材やテーマで作文を書く問題

実戦問題 ①

時間の目安 70分

難しさ ★★★

2問中 　問正解

関連教科 算 国 理 社 他

目標 2問正解

1 次の作文を書きなさい。 〈仙台市立仙台青陵中等教育学校〉

問題

次のことわざのうちから一つを選び、選んだことわざの意味について、あなたが考えたり感じたりしたことを、これまでの経験を例に挙げながら四百字以上五百字以内で書きなさい。

ただし、選んだことわざを作文の中で一度は使いなさい。

○ 千里の道も一歩より

○ 好きこそものの上手《じょうず》なれ

○ 七転び八起き

〔注意〕

① 題名、氏名は書かずに、一行目から書き始めること。

② 原稿《げんこう》用紙の正しい使い方にしたがい、文字やかなづかいも正確に書くこと。

ヒント

ことわざの意味を確実に知っているものを選んで、自分の経験と関連させて書こう。

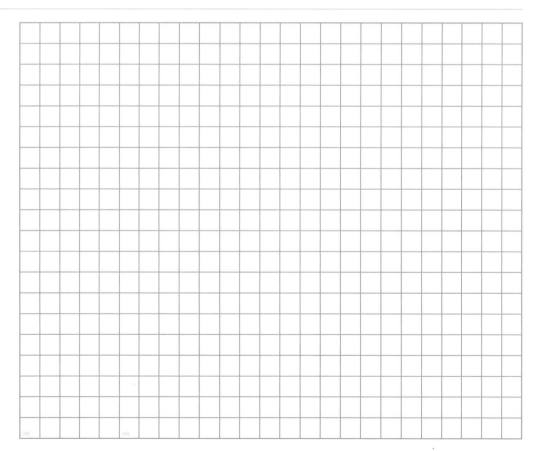

【考え方・解き方】

＊文中の空らんに合う言葉を入れよう。

ここに着目 「夢」「小学校での思い出」「人と人とのつながり」などは、作文の課題・テーマとして問われやすい。このようなテーマについては、ふだんから自分なりの考えをまとめておくことが大切です。

解き方 ●「大きな夢」と「小さな夢」をどのように分けるか決める。

「夢」は問われやすいテーマなので、これを機会に自分の考えをしっかりとまとめておこう。

例

大きな夢	小さな夢	分け方
将来、オリンピックで金メダルを取る	中学校の部活で、県大会に出場する	①（　　）将来の夢と、近い将来の夢のちがい
世界じゅうの人が健康で平和に暮らす世の中を作りたい	医者になって病気の人を助けたい	世界全体の夢と②（　　）の夢のちがい

●「なぜその夢をもっているのか」についてまとめる。
・「なぜ」かを書くときは、「～からです。」「という理由です。」などの表現を使うとまとめやすい。
●「どのように」実現するかについてまとめる。
・「まず」「次に」「最後に」などの表現を使って、順番に書くとまとめやすい。
・今努力していることにしぼって書いてもよい。

答え

わたしは小さいころ、宇宙飛行士になりたいと思っていました。きっとテレビ番組を見てあこがれたのだと思います。そのころの宇宙へのあこがれが、だんだん宇宙にかかわる仕事につきたいという大きな夢へと変わっていきました。

宇宙飛行士の仕事の一つに、宇宙空間という特しゅな空間での実験があります。この実験により、科学技術がさらに発展し、多くの人を助ける商品の開発につながるそうです。この実験や研究についての資料を読むだけで、わたしの宇宙にあこがれる気持ちはますます強くなっていきました。

わたしが今一番目標にしている目の前の小さな夢は、この実験や研究をしっかり理解できるようになることです。難しい仕組みがたくさん利用されているので、理科のいろいろな分野の知識を身に着けたいです。父は、わからないことを順に調べてあわてずに進む方が近道だ、と言います。一つの内容をよく調べて納得できると、またその続きを知りたくなります。小さな夢の実現を積み重ねることで、大きな夢をかなえられるようにしたいです。

見直そう

「大きな夢」「小さな夢」「なぜその夢をもっているのか」「どのように実現したいのか」の四つのことが書かれているか確認しよう。

サポートのポイント

「夢」「人生」「命」などは出題されやすいテーマです。ふだんから自分なりに考えをまとめている必要があります。

（空らんの記入例）①遠い　②個人

学習日　月　日

例題を解いてみて、ようすをつかもう！

14 あたえられた題材やテーマで作文を書く問題

出題の割合 ★★★
難しさ ★★☆
関連教科 算 国 理 社 他

▼このテーマの目標

文章や資料などであたえられた題材やテーマで、自分の考えや意見、感想などを作文に書く。

◆ 次の作文を書きなさい。

〈宮城県古川黎明中学校〉

問題

みなさんは、ひとりひとりいろいろな夢をもっていると思います。あなたのもっている夢の中から、「大きな夢」と「小さな夢」をそれぞれ一つずつ取り上げ、なぜその夢をもっているのか、どのように実現したいかなどをふくめて、四百字以上五百字以内で書きなさい。

〔注意〕

① 題名、氏名は書かずに、一行目から書き始めること。

② 原稿《げんこう》用紙の正しい使い方にしたがい、文字やかなづかいも正確に書くこと。

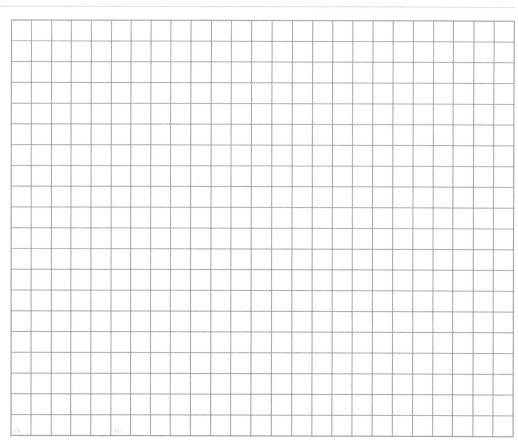

「小さな夢」って何かな？
「大きな夢」って何かな？
きみはイメージできるかな？

(2) (1)でまとめた二つのことをふまえて、「生きている」ということについて考えてみましょう。そして、その考えたことを、あなた自身が見聞きしたことや体験したことの例を挙げながら書きなさい。なお、内容のまとまりやつながりを考えて段落《だんらく》に分け、四百字以上、四百四十字以内で書きなさい。また、次の〔きまり〕に従《したが》いなさい。

〔きまり〕

○ 題名は書きません。
○ 最初の行から書き始めます。
○ 各段落の最初の字は一字下げて書きます。
○ 「、」や「。」も字数に数えます。
○ 段落をかえたときの残りのます目は、字数として数えます。
○ 最後の段落の残りのます目は、字数として数えません。

ヒント

生きていることのすばらしさ、命の大切さなどから、思いうかんだことをもとに書いてみよう。

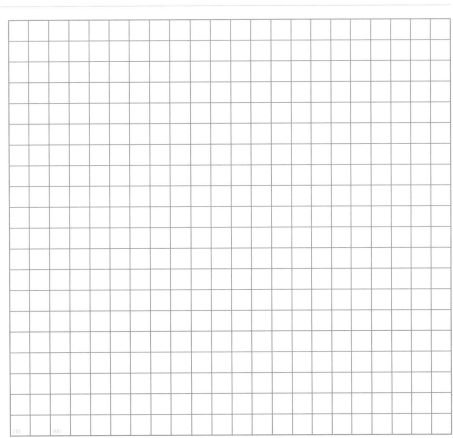

たペットボトルを透《す》かすと、小さいやつらが動いているのが見えるから、それらをピペットで吸《す》い込んでスライドグラスに置いてやる。

「うぉー、かっこいいぞぉ。」とミライが言うのももっともだ。ミジンコの＊ノープリウス幼生《ようせい》はどこかの＊ＳＦで見た宇宙船《うちゅうせん》にそっくりなのだ。風船のような＊ワムシの仲間もかなりいて、透き通った体の中で臓器《ぞうき》を＊蠢《うごめ》かせている。

ぼくたちと同じ世界を共有しながら、ここは別世界だ。ぼくたちが直接知覚する以上のものが、この世界に確固として存在している。

（川端《かわばた》　裕人《ひろと》「てのひらの中の宇宙」による）

○言葉の説明

プランクトンネット――プランクトンを捕《と》らえる目の細かい網《あみ》。

甲虫《こうちゅう》――かぶと虫のように外側の羽が固いこん虫の仲間。

生態系《せいたいけい》――ある地域《ちいき》の生物の集まりとそれをとりまく環境《かんきょう》をひとまとめにしてとらえたもの。

ミクロ――きわめて小さいもの。

ミカヅキモ
藍藻類《らんそうるい》
緑藻類《りょくそうるい》
ミドリムシ
ゾウリムシ
ワムシ
――プランクトンの一種。

幾何学模様《きかがくもよう》――図形を組み合わせた形。

ノープリウス幼生《ようせい》――ミジンコをふくむエビ・カニの仲間の子供の状態。

ＳＦ――科学的な空想小説。

蠢《うごめ》かせている――全体がわずかに絶えず動くようす。

(1)　文章１の「わたし」が言いたいことは何ですか。また、文章２の「ぼく」が子供《こども》たちに大切だと気づかせたいことは何ですか。それぞれ四十字以上、五十字以内で書きなさい。なお、最初のます目から書き始めなさい。「、」や「。」も字数に数えます。

文章１の「わたし」が言いたいこと

文章２の「ぼく」が子供たちに気づかせたいこと

このような字数の少ないマス目をうめるときは、マス目の最初から書いていこう。

文章2

（「ぼく」は、「ミライ」や「アスカ」の父で、子供《こども》たちといっしょに池のほとりに出かけた。「たーちゃん」とは、「ぼく」の母である。）

日曜日の平和な朝、ストッキングで作った＊プランクトンネットを、池で曳《ひ》いてくる。

ぼくたちはもう水の中のいのちの賑《にぎ》わいをよく知っている。ならば、それをもっと深めてやろう。賑わいは目に見えないところから始まって、無限に広がっているのだから。

家に戻《もど》ると、昨晩遅《さくばんおそ》くいったん自宅《じたく》に帰ったたーちゃんがちょうどやってきたところだった。

テーブルの上に、古めかしい直方体の木箱がでんと置いてあった。

「やっぱり、あったわよ。」と誇《ほこ》らしげに言う。

たーちゃんは本当に物持ちがよくて、ぼくが子どもの頃《ころ》使っていたものはたいていどこかにしまいこんである。

木箱は一面がスライドするようになっており、そこを開けるとつんと懐《なつ》かしい匂《にお》いがした。

黒々とした＊甲虫《こうちゅう》を思わせるボディと、まあるい反射鏡《はんしゃきょう》。そして、銀色の筒《つつ》に納《おさ》められた接眼レンズ。乾燥剤《かんそうざい》とカビ防止剤をしっかり入れておいてくれたので、レンズの状態も完璧《かんぺき》だ。「顕微鏡《けんびきょう》ならあんたのを取ってあるから、買わなくてもいいわよ。」と言った彼女《かのじょ》はたしかに正しいのだった。

いのちの賑わいをぼくたちが感じるとして、それを底支えするのは、目に見えないけれど、確固《かっこ》として存在《そんざい》している小さな生き物たちではないか。たとえば森の腐葉土《ふようど》の一掬《ひとすく》いの中には何億もの微生物《びせいぶつ》が息づいていて、森全体の＊生態系《せいたいけい》の要《かなめ》となっている。

水の中も同じことだ。肉眼では見えない小さな生き物こそ、豊かな世界の主役なのだと実感できれば、ぼくたちはもっと楽しくなれる。そのための技術というのは、つまり、居ながらにして＊ミクロの世界を想像できる能力のことであり、ぼく自身、小学校高学年の頃、理科クラブでさんざんトレーニングを受けた。昨晩眠《ねむ》る時、その頃の記憶《きおく》が際限なく湧《わ》き上がってきて、ぼくはそういう「実感」を伝えたくてうずうずしていた。

要《よう》は、顕微鏡を使って、この世には目に見えない世界があることを知ることだ。頭で理解するのではなく、現実として確認《かくにん》すること。いったんそれをしてしまえば、ぼくたちは目に見えない世界を常に感じていられるようになるんじゃないか。

低倍率にセットして、植物プランクトンを見る。さっそく＊ミカヅキモを大量に発見。こいつは形も特徴的《とくちょうてき》だし、すごくわかりやすい。ミライも「ほんとにミカヅキだぁ。」と喜ぶ。ミライは接眼レンズを覗《のぞ》くのははじめてだ。

倍率を上げていくと、名前も知らない＊藍藻類《らんそうるい》やら、勲章《くんしょう》のような＊幾《き》何学模様《かがくもよう》の＊緑藻類《りょくそうるい》やらが次々と発見できた。

「な、水の中にも見えない草がいっぱいあるって言っただろ。」

一方、アスカは、「どれ？　どれ？」と言いながら、なかなか理解できないらしい。変な模様、くらいにしか思わないのだろう。そもそも、レンズで拡大《かくだい》して見ているのだということも理解していないのかもしれない。

「すごいぞぉ。ちいさいけど、いきてるのか、うぉっ、こいつうごいてるしっ。」ミライが興奮《こうふん》して言った。

ぼくも接眼レンズを覗き込《こ》んだら、鞭毛《べんもう》を振《ふ》って泳ぐ＊ミドリムシが、視野《しや》の中央を横切るところだった。

「すごいのを見つけたな。こいつは動物なのか植物なのかわかんないんだ。つまり、動物と草とか木の中間みたいなやつ。」

ミクロの世界では、物事の分類もなんとなくおおざっぱで、いろんなものの「中間」がある。ぼくはそんなふうに感じている。

ミライが動くものを探《さが》し始めて、＊ゾウリムシを見つけたあたりで、ぼくは探索《たんさく》対象を動物プランクトンに切り替《か》えることにした。池の水が入っ

あいさつは大事よね。きみたちは、きちんとあいさつできているかな？

2　次の二つの文章を読み、あとの問題に答えなさい。（＊印の付いている言葉には、本文のあとに「言葉の説明」があります。）

〈東京都立小石川中等教育学校〉

文章1

きみが自分で選びとったわけでもないのに、つらくて悲しいことにも出会わなければならない日が、この先にはあるかもしれません。そんなときには、いつものきみのように、前向きにものごとを考えたり、かっこよく過ごしたりなんて、とてもできなくなりますね。悲しいときの自分なんて消してしまいたいと思うことさえあるかもしれません。

でも、そんなときにも、忘《わす》れないでいてほしいことがあります。

うれしいときだけが〝きみ〟ではありませんよ。笑っているときのきみだけが〝きみ〟ではありませんね。悲しいときのきみも、はずかしくて消えてなくなりたいと思うときのきみも〝きみ〟なのです。

だから、つらいときや悲しいときの自分もだいじにしてあげなければいけません。成功して喜びでいっぱいになっているときのきみも、失敗してなみだを流すきみも、〝きみ〟です。どんなときの自分もだいじにすること、自分のことをいつも大好きだと思っていること、これはとても大切なことです。だから、けっして忘れないでいてください。

きみが生まれてきて、いまここに、こうして同じときを生きているということは、とてもうれしいことであり、ひとつの＊奇跡《きせき》のようにすばらしいことなのです。いま、わたしがきみにこうして話しかけることができるのも、きみがそこにいて、わたしがここにいるからでしょう。それは、ほんとうにすてきなことです。

（日野原《ひのはら》 重明《しげあき》「十歳《さい》のきみへ」による）

○言葉の説明

奇跡《きせき》――ふつうでは、とても起こりそうもない不思議な出来事《できごと》。

学習日　月　日

13 文章を読んで作文にまとめる問題

実戦問題 2

時間の目安 70分

難しさ ★★★

4問中　問正解

関連教科 算 国 理 社 他

目標 3問以上正解

1 次の文章を読み、あとの問題に答えなさい。（*印のついている言葉には、本文のあとに〔注〕があります。）

〈東京都立三鷹中等教育学校〉

世代や地方にもよりますが、中国では、「ご飯を食べたか」と言うことが挨拶《あいさつ》のように言われることがあります。もちろん、日本ではそんな挨拶はふつうしませんが、ご飯を食べたかどうかを聞くことは、相手のことを気《き》遣《づか》うことになるのです。*タイでも同じようなことがあるそうです。確かに、食事をしたかどうかということは人間にとってとても大切なことですから、そのことを話題にするというのもわかる気がします。挨拶言葉の発想は、言語によって違《ちが》っていますが、出会いの挨拶の基本は、相手のことを気遣って、声をかけるということにあります。

考えてみると、日本語でも、よく出会ったときに、「暑いですね」「いいお天気ですね」のような挨拶的な声かけをすることがあります。この挨拶は、決して、「暑いかどうか」「いいお天気かどうか」を本当に聞きたくて確認《かくにん》しているわけではありません（例えば、「ね」を極端《きょくたん》に高く言う*イントネーションで確認するような言い方をすると変でしょう）。

これは、挨拶では、「声をかけ合うことで親しくなったり親しさを*維持《いじ》したりする」という点に重点があるということによります。つまり、お天気のことなどが共通の話題になりやすいということにすぎません。従《したが》って、「やあ」のような声かけだけでも、十分挨拶になるし、相手の名前を呼《よ》んだり「ご飯を食べたか」と聞いたりすることでも挨拶になるのです。

（中略）

挨拶言葉は人間関係を反映《はんえい》して、様々《さまざま》な使い方の特性をもっています。特に、声をかけ合う、お互《たが》いに話を交《か》わす、ということ自体が、*コミュニケーションにとって大切なことだと言えます。そうすることによって、お互いの関係が確認できるのです。「大きな声で挨拶しましょう」とよく先生から言われた覚えがありますが、大きな声で挨拶して相手にきちんと声が届《とど》かないと、そもそも声をかけ合う、ということが成立しないからです。もちろん、相手をきちんと見て、視線《しせん》を合わすほうがしっかりした挨拶となりますし、できればにこやかに明るい声で挨拶を交わすことが望ましいわけです。

（森山《もりやま》卓郎《たくろう》「コミュニケーションの日本語」による）

〔注〕
タイ——東南アジアにある国。
イントネーション——声の調子の上がり下がり。
維持《いじ》——保ち続けること。
コミュニケーション——言葉や文字、身ぶりなどのいろいろな方法を使って、気持ちや考えを伝えあうこと。

問　この文章をふまえて、あいさつにはどのような役割《やくわり》があるのかまとめなさい。それに対するあなたの意見を、自分の体験を交えて書きなさい。全体で、二百六十字以上三百字以内で書きなさい。

〈注意〉書き出しや段落《だんらく》を変えたときの空らんや、、や。や「などもそれぞれ一字として数えます。

(3) 河井先生の話と、「その日の放課後」のできごとをふまえて、わからなかったものごとが分かるようになるためには何が必要か、あなたの考えを具体例を挙げて、四百字以上四百四十字以内で書きなさい。なお、内容のまとまりやつながりを考えて段落《だんらく》に分け、次の〔きまり〕に従《したが》いなさい。

〔きまり〕

○ 題名は書きません。
○ 最初の行から書き始めます。
○ 各段落の最初の字は一字下げて書きます。
○ 「、」や「。」もそれぞれ字数に数えます。
○ 段落をかえたときの残りのます目は、字数として数えます。
○ 最後の段落の残りのます目は、字数として数えません。

ヒント

(3) 「『その日の放課後』のできごとをふまえて」とあるので、自分の考えを書く前に、「できごと」の内容を、文章中から引用したり、自分で簡単にまとめたりして書いてもいいよ。

あがっているS山のかたちが、よくわかった。

時計まわりにS山の周囲をめぐった。学校のある崖地が正面に見えている。そこは思ったとおり、東西にのびるはっきりとした断崖《だんがい》だった。ひくいところは常緑樹《じょうりょくじゅ》の緑におおわれ、日あたりのよい中腹《ちゅうふく》より上では、落葉樹が橙色にそまっている。風が吹くたびに、こずえはさわがしくゆらぎ、となりあった人が髪《かみ》と髪をからませるように、枝さきがもつれあう。そのたびに、澄《す》んだ青空を背《せ》にした葉が蝶《ちょう》の群《むれ》か紙吹雪《かみふぶき》のように舞《ま》いあがり、こずえからこずえへと鳥のようにつらなって渡《わた》ってゆく。

クヌギの＊葉むらのなかに、ちょうど白い的のようなすき間ができている。校舎のテラスにさしこむ太陽の光が、そのすき間からもれて、遠くからでも特別に目立つのだ。コマメはそこを目ざして翔んでいる。

音和はふたたび地上にもどり、野川の流れにそって歩いた。白茶の衣《ころも》をまとった＊蓬髪《ほうはつ》の人の群のような冬枯《ふゆが》れた＊オギが、日をあびて、カラカラに燥《かわ》いている。浅い水辺に浮いているカルガモの姿《すがた》がある。流れのままに、身をまかせている。光を反射する川面はわずかな波紋《はもん》を浮かべ、やがて、カルガモを淀《よど》みにのこして流れさる。こんどは水に映る雲が川の道づれになった。

音和が見あげた空高く、コマメらしい鳩の姿がある。けんめいに、羽ばたく音が聞こえるようだった。澄んだ青空にまぎれて、ときおり見えなくなる。だが、それは音和の目がまぶしさに潤《うる》むせいだった。

学校の木立《こだち》はもうすぐそこだ。

（長野《ながの》 まゆみ「野川」より）

（言葉の説明

伝書鳩《でんしょばと》――遠方へ通信文を運ぶように訓練された鳩。

漆《うるし》――ウルシの木の液から作られた塗料《とりょう》。

砂子《すなご》――すな。

蒔絵《まきえ》――うつわの表面に漆で絵や模様をかき、金や銀などの粉をふりかけてみがきあげたもの。

文《ふみ》――手紙。

漆黒《しっこく》――漆を塗《ぬ》ったように黒くつやのあること。

負荷《ふか》がかかった――重たいものを持つように力がかかった。

鳩舎《きゅうしゃ》――鳩小屋。

葉むら――草木の生《お》い茂《しげ》っているところ。

蓬髪《ほうはつ》――長くてぼさぼさの髪の毛。

オギ――植物の名。

(1) ㋐古びたネジ　とありますが、この「ネジ」の話はどのようなことをたとえたものでしょうか。河井先生の話の中の言葉を用いて五十字以上六十字以内で説明しなさい。なお、最初のます目から書き始めなさい。「、」や「。」も字数に数えます。

(2) ㋑河井はそんなふうに、いくらか長い前おきをしたあとで、すこし夜空の旅でもしてみようか、と云って話をはじめた。　とありますが、河井先生は何のためにこのような話をしたのでしょうか。「～ため。」に続くように、先生の話の中の言葉を用いて十字以内で書きなさい。

ため。

河だとは思わなくて、銭湯の煙突《えんとつ》の煙《けむり》かと思ったらしい。知らないとはそういうことだよ。……さあ、ここはもう町ではない。夜はすっかり更《ふ》けている。湖がある。湖面は風もなくまったいらに張りつめて、*漆《うるし》のような黒さをたたえている。漆の黒さがわからないのなら、墨《すみ》の黒さでもかまわない。夜空には銀の川がながれている。銀の*砂子《すなご》だ。梨《なし》の皮の表面に斑点《はんてん》があるだろう。あんなふうに点々と粒子《りゅうし》がばらまかれた状態を梨子地《なしじ》と云うんだよ。*蒔絵《まきえ》の手箱といっても、きみたちはわからんだろうが、昔の姫君《ひめぎみ》が大事な*文《ふみ》をしまっておくのを文箱《ふばこ》という。そういう箱のふたは、梨子地の蒔絵でできている、というわけさ。梨は銀でもあり黄金《きん》でもある。さてと、きみらが思い浮かべるべきは梨じゃない。梨子地だ。銀の砂をふりまいたような星空だ。その星ぼしのしたには、*漆黒《しっこく》の湖面が鏡のようによこたわっている。湖面はひろく、どこまでもつづいている。だが、ようく目をこらしてごらん。湖面に点々とちらばる光が見えるだろう。夜空の星が映《うつ》っているんだ。それが見えるのは、目が闇《やみ》になれてきたからだ。境界はどこだ。夜空と湖はどこでつながっているんだ？　ほら、わからないだろう。夜空の星も湖面の星もひとつの川となって流れ、ひとしくかがやいている。ごらん、きみたちの足もとにも星が映っている。それは湖面なのか、それとも夜空なのか。」

その日の放課後、音和はまたあらたに見つけた坂道にいた。一時間後には、新聞部の部員たちがバーガーショップにあつまることになっている。引退した三年生もふくめて忘年会《ぼうねんかい》をするのだ。そのまえに、音和はひとりで崖《がけ》をのぼった。コマメを連れだしてきた。

彼《かれ》があたらしく見つけた坂道は、これまで通ったどの坂よりも急で、立ちどまっているさいのアキレス腱《けん》に*負荷《ふか》がかかった。斜面《しゃめん》にたつ家の屋根のあいだから、S山が見えた。

それをながめていたとき、コマメが急に翔《と》びたった。地面へおりるのではなく、道ぞいの家の窓《まど》のひさしに翔びうつったのだ。はじめて、上へ向かって翔んだ。そこで胸《むね》をはっている。音和は拍手《はくしゅ》でねぎらった。

「えらいよ。翔べるじゃないか。もっと高いところへいってごらん。」

音和は屋根を指さした。コマメも上を向く。その家の葉を落としたサルスベリが白い木肌《きはだ》をくねらせて屋根に枝をのばしている。コマメはいったんひくい枝につかまり、つづいて屋根まで翔んだ。

「そこからなら、S山がよく見えるだろうね。散歩してきてもいいよ。学校の*鳩舎《きゅうしゃ》へもどってこい。ほら、あのクヌギ林のなかだよ。」

屋根のひだまりで、コマメはぬくもっている。胸《むな》もとに紫色《むらさきいろ》の輪が光る。かすかに風が吹《ふ》いて、その紫の輪を波うたせた。ふわり、と輪が浮きあがる。するともう、コマメは上昇《じょうしょう》していた。凧《たこ》が風をとらえる瞬間《しゅんかん》に似て、垂直《すいちょく》に高度をあげた。

野川の川面《かわも》が反射《はんしゃ》して、光を躍《おど》らせる。コマメの目に映ったそのまぶしさを、音和も感じることができた。地蔵のある辻《つじ》のケヤキが、目の前にせまってくる。それを飛びこえようとして、コマメはさらに高度をあげた。つられて、音和の視線《しせん》も上昇する。

いまや、ケヤキははるか下方にある。たっぷりと茂《しげ》った葉は地上にちかい枝ではまだ緑の葉を茂らせていたのに、頂点《ちょうてん》にちかい枝の葉は橙色《だいだいいろ》にそまっている。ところどころ燃えたつ焔《ほのお》のような色さえあった。

コマメはそのまま野川の南側を、流れにそって翔んだ。遊歩道を歩いているときには崖地から百メートルほどのところを並行《へいこう》して川が流れているように思っていた。それは東に向かっていることになるのだが、上空からながめる川の流れは、いつのまにか南へ進路をとっていた。川べりの家々の影《かげ》が、そのことを物語る。地上では気づかなかった。

やがて川はまた東へとまがる。だが、コマメは川と別れてまっすぐに翔んだ。その先にはS山があるのだ。東京G大学の建物からながめたときには霊園《れいえん》の緑とS山の境が見わけられなかったのだが、上空からは丸く盛《も》り

学習日　　月　　日

⑬文章を読んで作文にまとめる問題

実戦問題 ①

時間の目安 45分

難しさ ★★★

3問中　　問正解

関連教科 算 国 理 社 他

目標 2問以上正解

◆ 次の文章を読み、あとの問題に答えなさい。（＊印の付いている言葉には、本文のあとに「言葉の説明」があります。）

〈東京都立小石川中等教育学校〉

中学二年生の音和《おとわ》は、夏休みに都心から郊外《こうがい》へ転居し、転校先で新聞部に入部する。新聞部で飼っている＊伝書鳩《でんしょばと》の一羽《わ》であるコマメは、巣立ちの際《さい》に落下して臆病《おくびょう》になり、それ以来飛ぶことができずにいた。音和はそのようなコマメの訓練を担当《たんとう》し、学校生活にもしだいになじんでいく。そして、二学期最後の国語の授業で、河井《かわい》先生は生徒たちに話を始めた。

「誤解《ごかい》のないように云《い》っておくが、私《わたくし》が話をするのは、きみたちに楽をさせようとするのでもないし、時間つぶしでもない。人の話に耳をかたむけるのは、実際の風景や音や匂《にお》いや手ざわりを知るのとひとしく、心を養うものだと私が信じているからだよ。それは、書物を読むことでも培《つちか》われる。たぶんきみたちは、ことあるごとに本を読めと云われて、いいかげんうんざりしているだろう。しかも、本を読むことがどうして重要なのかを、おとなはひとことでは答えてくれない。あいまいな話ばかりする。それどころか、当のおとなが、時間がないのを理由にたいして本を読んでいない。学校と日常で、いそがしい日々を送るきみたちは、おとなよりもいっそう切実に、効率よく役立つことだけを吸収《きゅうしゅう》したいと思っている。だから、本を読めばどんな得があって、このさきの人生にどう役立つのか、たしかな答えをほしがるんだ。そうだろう？　だったら、はっきり云っておくが、得はないよ。役立つかどうかも怪《あや》しい。だが、むだでもない。もう少し具体的な話をしようか。ある子どもが家のなかで㋐古びたネジを拾った。両親にたずねてみたが、なんのネジなのかは、わからなかった。子どもは捨《す》ててもかまわない気がしたものの、ひとまずとっておいた。それからしばらくたって、祖父の代からの古い家を建てかえることになり、子どもの父親が壁掛《かべか》けの時計をはずした。そうしたら、その裏板《うらいた》をとめておくネジがひとつ欠けていて、ちゃんと固定できずに本体から浮《う》きあがっていたんだ。それを見た子どもは、しまっておいたネジのことを思いだした。さっそくとりだして欠けたところへネジをはめこんだ。ぴったりと合い、裏板はちゃんと固定された。なんだそんなことか、と思うなら、それでもかまわない。だが、この話にはまだつづきがあるんだ。裏板がすきまなく固定されたとき、子どもは時計が耳なれない音をたてていることに気づいた。長らく空回りしていた歯車が、裏板を固定したことで正しくまわりはじめたからなんだ。それによって、仕掛けが作動した。午后《ごご》三時になったとき、家じゅうのだれもがたんなる模様《もよう》だと思っていた文字盤《もじばん》のなかの小さなとびらがひらいた。するとそこから、銀の小鳥が顔をだして唄《うた》いはじめた。私が云いたいのは、たがいに関係がなさそうに思えたものがつながることの幸福なんだよ。そこから、あらたな要素も生まれる。それが、難解《なんかい》な本を読んだり、年長者の話を聞いたり、日常生活には関係なさそうな数学を学んだりすることの意味だよ。」

㋑河井はそんなふうに、いくらか長い前おきをしたあとで、すこし夜空の旅でもしてみようか、と云って話をはじめた。

「今ほど空があかるくない時代には、東京でも天の川が見えたんだ。私の母は三鷹《みたか》の生まれで、国立天文台のそばに住んでいた。子どものころには、地上から立ちのぼるような白いもやが見えたと云うんだ。だが、それが銀

＊文中の空らんに合う言葉を入れよう。

【考え方・解き方】

(1) **ここに着目** 比ゆ（たとえ）を使った文章なので、比ゆがそれぞれ何を意味しているのかを正しく読み取ることが必要です。

解き方 比ゆと、たとえられたものごとを対応させる。

「知らない道」➡これから生きていくとき出ていく、知らない①（　　　）

「地図を自分の心や頭の中に作っていくこと」➡勉強するということ

「地図」➡勉強で得た知識／人と接するときや人の気持ちを感じるときの②（　　　）／自分に対する③（　　　）の気持ち➡目的地➡夢や希望

「勉強すること」に、「生きていくときの人との接し方」「自分への信頼のこと」などもふくめてまとめる。

答え 人が人生の目的に迷わず進んでいくために身につけなければならない、様々な知識や人としての心がまえ、また、問題を自力で解決した経験から得られる自分に対する信頼と自信。これらのものを自分の中にたくわえていくということ。

(2) **ここに着目** 「文章を読んで、感じたり考えたりしたこと」の中から、何について作文を書くかを決めることが大切です。

解き方 「ヒント」でもふれたように、まずは、この文章の中の言葉から、重要な言葉や印象的な言葉を書き出してみよう。

例 知らない道、迷ったりつまずく、夢や希望　など

書き出した言葉と自分の体験、思い出、夢や希望などを結びつけてみよう。

例 迷ったこと➡ある委員会の委員に選ばれ、活動報告をした経験があるが、どのように報告すればよいかわからなかった。

自分の体験を文章内容、(1)の内容と関連させて作文を書く。

答え 「地図」というのは、うまいたとえだと思いました。人が不安になったり、なやんだりするときは、先が見えない、この先どう進めばいいかわからないという場合だからです。

わたしは、六年生のとき、ある委員会の委員長に選ばれ、代表者会議で活動報告をしなければならなくなりました。初めてのことで、委員会がどんな場なのかも、何をどう報告すればいいのかもまったくわからなくて、不安でたまりませんでした。でもそれ以降は少しも不安はありませんでした。委員会について知識を得たし、経験も積んだからなのでしょう。確かに経験は大切です。でも、経験がなければ何もできないというのなら、人はその場に立ちすくんでしまいます。経験より先に大切なものがあるのではないでしょうか。

あのとき、わたしは、大きな不安をかかえながらも、何とかやりとげなければ、という気持ちでがんばりました。だから、やりとげたとき、自信がもてるようになったのだと思います。自信をもつことは簡単ではありませんが、困難に出会っても、あきらめずに、勇気をもって飛びこんで、努力を重ねていくしかないのだと思います。わたしの地図を切り開いていくのは、わたししかいないのですから。

サポートのポイント

「感じたり考えたりしたこと」は、体験や思い出だけでなく、将来についてのことでもかまいません。自分が書きやすい題材を思いつくことが大切です。ふだんから、印象に残ったことを日記などにしたためておけば、役に立つでしょう。

（空らんの記入例）①場所や世界　②心がまえ　③信頼

(2) この文章を読んで、あなたが感じたり考えたりしたことを、(1)で書いた内容と関連させながら、**四百五十字以上五百字以内で解答用紙**に書きなさい。

【注意】

一、題名や名前は書かないでください。
二、原こう用紙の一行目から書き始めてください。
三、必要に応じて、段落に分けて書いてください。

(1)は、「地図」が何を意味しているのかを考えよう。この文章は「生きていくこと」を「道を歩くこと」にたとえた文章だよ。
(2)は、(1)で答えた内容と関連させることを忘れないこと。次のような表を利用して文章中の言葉を書き出してみてもいいよ。

文章中の言葉、内容	感じたこと、考えたこと
例　知らない道	迷うかもしれないので不安

学習日　月　日

例題を解いてみて、ようすをつかもう！

⑬ 文章を読んで作文にまとめる問題

出題の割合 ★★★
難しさ ★★☆
関連教科 算 国 理 社 他

▼このテーマの目標
文章を読んで問題を解き、その内容をふまえて自分の意見や考え、感想を書く。

◆ 次の文章を読んで、あとの問題に答えなさい。 ＜長崎県立中学校＞

これから生きていくとき、知らない場所や世界にどんどん出て行くことになりますが、それは、知らない道を歩くのに似ています。
そのとき、地図を持っていなければ、目的地に上手《じょうず》にたどりつくことは難《むずか》しいですね。小学生になると、小さい頃《ころ》は一人で行けなかった町にも、自分で行って帰ってこれるようになるでしょう。それはその町についての地図が頭の中にできたからです。
それと同じように、勉強するということは、知らないところに行っても上手に目的地を探《さが》せるよう、地図を自分の心や頭の中に作っていくということでもあるのです。
その地図の中には、人と接するときにはこう接しなければいけない、とか、人の気持ちはこうして感じ取らなければいけないんだ、ということを教えてくれる心がまえの地図もあります。
また、生きていく中で誰《だれ》でも道に迷ったりつまずくことがありますが、そのときに「大丈夫《だいじょうぶ》、自分は必ずうまく生きていける」という、自分に対する信頼《しんらい》の気持ちを持っていることもとても大切です。何か問題が解けたとき、「あ、解けた！」と嬉《うれ》しい気持ちになりますが、そんな経験を積み重ねることで、人は自分に対する信頼の地図を作っていくのですね。
いろんなことを知らなかった自分が、いろんなことを知っている自分に変わっていく。自分っていろんなことができるんだ、という自信が大きく育っていく。自分が誰に支えられて生きているのかもわかってくる。これも心の地図の一部になります。
こうして、心の地図をたくさん手に入れながら自分を信頼して歩いていくと、夢や希望にたどりつけるのです。
（汐見稔幸《しおみとしゆき》『世の中が夜でも、明るく照らすことができる心や頭が持てるように』）

(1) 地図を自分の心や頭の中に作っていく　とはどういうことですか。**九十字以上百十字以内で解答用紙に書きなさい。**

【注意】
一、題名や名前は書かないでください。
二、原こう用紙の一行目から書き始めてください。
三、段落《だんらく》に分ける必要はありません。

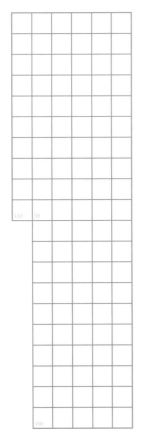

ちょうど一時間めの終わりのチャイムがなったとき、最後の絵がはまった。

息をのんで見ていたみんなから、拍手《はくしゅ》がおこった。ひとつひとつのからのわれ目が、白い線でふちどられている。それが、モザイクの味を出していて、ほんとうにすばらしいレリーフになっている。

寒い体育館に、＊あたかも日がさしたようにレリーフの太陽がかがやいている。山岸先生がいうように、たしかにつなぎ目のところが少しずつ色がちがっている。でも、はなれて見ると、そんなことも気にならない。

女子の中には涙《なみだ》ぐんでいる子もいる。勇一も、心がホッホともえていた。

二組の鈴木《すずき》先生が、校長先生と教頭先生を呼《よ》んできた。

「すごい。これはすばらしい。今年の六年生のまさに汗《あせ》と涙の作品だ。これが玄関《げんかん》の壁《かべ》にかかげられれば、たいへんな名物になりますよ。」

校長先生がそういえば、教頭先生は、

「うーん、うーん。」

と、感心のうなり声をあげて、みんなをわらわせた。

「午後、わたしと六年生の先生方とで、ところどころ手直しして、ベニヤにはりつけます。それからまた、子どもたちに手伝ってもらって、＊ニスをぬるつもりです。」

山岸先生がうれしくてたまらないという顔で、校長先生に報告している。

勇一はみんなのうしろにまわりこんで、正面から、レリーフを見た。勇一の目には、一番左上の空がういているように見えた。そこだけが、ニスをぬらないでも、つやつやと光っているようだ。

（中島《なかじま》 信子《のぶこ》「最終ラウンドのヒーロー」による）

〔注〕
レリーフ――表面に浮き上がったように、模様を描いた作品。
ポニーテール――長い髪《かみ》を頭の後ろで束ねて小形の馬の尾《お》のようにたらした髪型。
あたかも――まるで。
歓声《かんせい》――喜んで出す声。
ニス――木でつくられたものなどにぬって美しくなめらかにする液体。

問　勇一も、心がホッホともえていた。という表現から「勇一」のどのような気持ちが読み取れますか。八十字以上百字以内で改行せずに書きなさい。

〈注意〉最初のます目から書き始めなさい。なお、、や。や「なども一字として数えます。

ヒント
①は、最後の段落がまとめになっているので参考にしよう。
②は、「心がホッホともえていた」という表現からイメージできる気持ちを探そう。

⑤ 謡《うたい》——言葉にふしをつけてうたうこと。
⑥ 菩《ぼ》提《たい》寺《じ》——先祖代代《せんぞだいたい》の位《い》はいをおさめてある寺。
⑦ 寒行《かんぎょう》——寒さをがまんして行う修行《しゅぎょう》。
⑧ 遅遅《ちち》とした——おそいようす。

問　筆者の考えを文章にまとめて、四十字以上、五十字以内で書きなさい。「、」や「。」もそれぞれ字数に数えます。

2　次の文章を読んで、あとの問題に答えなさい。（＊印の付いている言葉には、本文のあとに〔注〕があります。）

＜東京都立三鷹中等教育学校＞

小学校六年生の「勇一《ゆういち》」の提案で、今年《ことし》の卒業制作には、卵《たまご》のからを使ったモザイクの絵（＊レリーフ）を描《えが》くことになった。

つぎの日、三月一日《ついたち》、六年生は朝礼が終わると、そのまま体育館にはいった。六年生の先生方と、男子何人かが手伝って、体育館のまん中に、舞台《ぶたい》の下の椅子《いす》入れから、ベニヤ板を運び出した。

長さ五メートル、はば二メートルの大きなベニヤ板だ。二組の担任《たんにん》の真《ま》鍋《なべ》先生の知り合いの材木会社で作ってもらったものだ。

「ベニヤ板は意外と弱いから、ぜったいのらないように、せっかくトラックで運んでもらったんだから、われたらおしまいだぞ。」

真鍋先生は、半分わらいながら、メガネの奥《おく》から、じろっとみんなをにらんだ。男子の中には、「わかってますよ。」というように首をすくめているのもいる。ベニアにはすでに三十二等分の線がひかれてあって、左上のますから、下へ順番に、1から32番までの番号がふってある。勇一たち、一組の八班《はちはん》の下絵のうらに1と書いてあるのだから、勇一たちが、ベニヤの一番左上の部分を作ったことになる。

「では、先生方はじめますね。」

図工の山岸《やまぎし》先生が、1番の番号の作品を持って立っている勇一たちのところへまわってきた。

「まず最初、番号順においていきますね。ぜんぶおいてみて、ピッタリ合ったところで、はっていきます。たぶん、つなぎ目で絵の色が少しちがっていたりすると思いますので、でもそれは、あとで手直ししますから。」

山岸先生の、長くのばした髪《かみ》の＊ポニーテールがゆれている。

「では、1番ね。」

勇一と小久保《こくぼ》と大口《おおぐち》が、手にしっかり持っていた絵を、山岸先生と前沢《まえざわ》先生にわたした。

「よくできてるわ。作りあがったのも一番だったのよね。」

山岸先生が、にっこりと、勇一たちにわらいかけた。体育館は広い。しんしんと冷える。でも勇一は体じゅうが、熱くなってくるような気がした。勇一だけでない。六年生全員が興奮《こうふん》していた。

「2番、3番、4番……。」

と、つぎつぎに絵がおかれていく。ベニヤ板の左上から、どんどん夜明けの空がひろがっていく。

「はい、20、21。」

太陽が顔を出してきた。絵が一段《いちだん》とごうかになった。

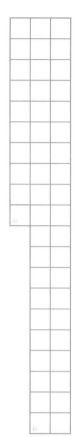

「うわあ、きれい。」

「やったあ。すごいぞお。」

一枚《いちまい》おくたびに、どっと＊歓声《かんせい》があがる。勇一たちの1番をおいてから、

学習日 月 日

⑫表現力が問われる問題

実戦問題②

時間の目安30分

難しさ★★★

2問中 問正解

関連教科 算 国 理 社 他

目標 2問正解

1 次の文章を読んで、あとの問題に答えなさい。

＜東京都立小石川中等教育学校・改題＞

私《わたくし》が生まれた村は、以前は静かな村だった。初夏には裏《うら》の丘で①閑古鳥《かんこどり》が鳴き、雨期には姿の見えない②アカショウビンが鳴いた。また、いまはなくなったが以前は川のそばに葦《あし》がしげる湿地《しっち》があり、夏になるとそこで③行行子《よしきり》が鳴き、巣《す》をつくり卵《たまご》を生んだ。

冬になると、雪はたったひと晩でおどろくほど厚く村の上に降《ふ》りつもる。そういう日の朝は、まだ布団《ふとん》にもぐっている子供《こども》たちの耳に、村のあちこちで打つ藁打《わらう》ちの音が聞こえてくる。一定のリズムでカーン、カーンとひびく澄《す》んだ打撃《だげき》音は、その日の藁仕事のために使う藁をやわらかくする音である。

私が子供だったころは、どこの家にも稲《いね》から玄米《げんまい》を精製する作業のためのコンクリートか粘土《ねんど》質の土で固めた作業場があって、藁を打つときに使う大きくて④扁平《へんぺい》な石がその中に埋《う》めこまれていた。私も成年近くなったころにこの藁打ちをやったことがあるけれども、藁打ちの杵《きね》は大きくて重い。足先で藁束をまんべんなくころがしながら打ちつづけなければならないのだが、この藁束もかなり大きいので、束ひとつを打ち終《お》わるころには、身体《からだ》は汗《あせ》ばむほど熱くなるものだった。

そして鶏《にわとり》の声、犬の声。鶏の声も犬の声も聞けば大体《だいたい》あれはどこそこの家の犬とか鶏とかがわかった。また牛も馬も村の一員だったが馬がほとんど声を出さないのにくらべて、牛は無遠慮《ぶえんりょ》に鳴いた。冬といえば、藁打ちの音のほかに思い出すのが村の青年たちが習う⑤謡《うたい》の声、⑥菩提《ぼだい》寺《じ》の若い僧《そう》たちの⑦寒行《かんぎょう》の声などである。静かな村で聞こえてくるのはそんなものだったろう。静かだったからよく聞こえる音だったとも言える。そして馬車の重い車輪の音、荷車の音。

だがその大部分は、いまは消えてしまった音である。閑古鳥やアカショウビンはいまも裏の丘の雑木林《ぞうきばやし》で鳴くだろうけれども、葦原を失った行行子が、コンクリート護岸の川べりにくるとは思えない。ちなみに言えば、葦原がなくなったのは、村の家家が茅葺《かやぶ》きから瓦《かわら》葺き一色に変わって葦の需要《じゅよう》がなくなったからである。

牛も馬もいなくなり、冬の間の藁仕事もなくなった。それで稲は刈《か》り取られるとその場で籾《もみ》にされ、藁は細分されて田圃《たんぼ》の中で燃やされる。物の運搬《うんぱん》に必要だった馬車や荷車は消えて、軽トラックが農道まで入りこみ、田圃の農作業のほとんどはトラクターやコンバインなどの機械がやるようになった。

私のようにむかしを知る者にとってはすべて目をみはるような変化だが、しかしそれはたまに外から帰るからそう感じるので、私が村をはなれてから四十年たつという年月の経過を考えれば、村の人びとにとってはむしろ⑧遅遅《ちち》とした変化だったかも知れない。そしてこういう変化は、中身こそ違《ちが》え、私が生まれる前にもあったはずである。

（藤沢《ふじさわ》 周平《しゅうへい》「変貌《へんぼう》する村」）

○言葉の説明

① 閑古鳥《かんこどり》——カッコウ。

② アカショウビン——鳥の一種。

③ 行行子《よしきり》——鳥の一種。

④ 扁平《へんぺい》な石——平たい石。

現在のいわゆる先進諸国《しょこく》の中で、最後まで太陽エネルギーだけで生き続けたのが日本であり、われわれの先祖は、その期間を通じて、せいぜい過去一、二年間の太陽エネルギーと、太陽エネルギーによって生育した植物を利用するだけで独自の江戸文化を作り上げたのである。

太陽エネルギーを直接利用する場合もあった。「日向水《ひなたみず》　それも捨《す》てずに　つつましく」という奥ゆかしい名句がある。池内《いけのうち》たけしという方の作品だそうだ。洗面器《せんめんき》や＊盥《たらい》などに入れた水を、日向つまり直射《ちょくしゃ》日光の当たる場所に長く置けば温まる。その水を日向水というが、性能の良い太陽熱温水器と違《ちが》って、東京あたりの陽射《ひざ》しでは、真夏でもせいぜいぬるま湯にしかならない。

それでも、五十年ぐらい前までの日本では、日向水にちょっと熱湯を足したぐらいの湯で夏の行水《ぎょうずい》をしたり、沸かして茶をいれたりして燃料を節約したものだ。行水という習慣もほとんどすたれてしまったので説明しておくと、庭の隅《すみ》などに湯を入れた盥をおいて、そこに入って体を洗うことだ。小さな子供《こども》は喜んだが、もちろん、真夏だけの楽しみだった。

昔の太陽エネルギー利用は、本当に太陽しか使わなかった……というより、太陽しか使えなかったため、考えられるあらゆる方法で太陽エネルギーを利用した。昔の生活は、生きること自体がすべて太陽エネルギーの利用だったが、そのことがわかるのは今になってこまかく分析《ぶんせき》するからであって、実際にその中で暮らしていた人々《ひとびと》が、自分たちが太陽エネルギーだけで生きていると意識していたはずはない。

しかし、心のどこかに、自分は太陽のおかげで生きているという意識のある人は多かった。太陽エネルギーという発想がなくても、＊お天道様《てんとうさま》に生かしていただいていると感じている人は大勢いたと思う。

素朴《そぼく》で間接的な太陽利用だったから、江戸時代に完成した生活や産業のための技術は、現代技術のように大きなエネルギーを使って力ずくで自然を利用するのではなく、こまごまと気を遣《つか》い、茶を一杯《いっぱい》飲むのでも、自分の手や体を使って水を汲《く》み、薪《まき》を集め、かまどで燃やし、あらゆる方法で太陽の＊恩恵《おんけい》にあずかっていたのである。

西洋文化＊崇拝《すうはい》が盛《さか》んになった明治以後、太陽エネルギーだけで生きる生活は、化石燃料のエネルギーを大量に使う生活に比べて全面的に劣《おと》っていると考える時期が長く続いた。そのため、ヨーロッパの進んだ科学や技術を積極的に採り入れようとしなかった江戸時代は、評価どころか批判《ひはん》の対象にしかならなくなってしまった。

（石川《いしかわ》英輔《えいすけ》「大江戸えころじー事情」による）

〔注〕
化石燃料…地中にうまっている石炭や石油などの燃料。
産業革命《かくめい》…機械を使って大量に製品を作るようになった産業の変化。
元祖…ある物事を最初に始めた人。ここでは、ある物事を最初に始めた国。
盥《たらい》…水を入れる平たく大きな容器。
お天道様《てんとうさま》…太陽。
恩恵《おんけい》にあずかっていた…めぐみを受けていた。
崇拝《すうはい》…尊《とうと》いものとして信じること。

問　――部「江戸時代までの日本人は、太陽エネルギーだけで生きていた。」とは、どういうことですか。七十字以内で書きなさい。

ヒント
1は、「型」についての二通りのとらえ方を読み取ろう。2は、「生きていた」の内容を文章中の言葉を使って、適切にまとめよう。

解答・解説集➡p.45,46

学習日　　月　　日

⑫表現力が問われる問題

実戦問題 ①

時間の目安 30分

難しさ ★★☆

2問中　　問正解

関連教科 算 国 理 社 他

目標 2問正解

1 次の文章を読んで、あとの問題に答えなさい。

＜東京都立白鷗高等学校附属中学校・改題＞

武道や芸道では、まず癖《くせ》を直すことがもとめられる。型による訓練は、個々人のもつ癖を矯正《きょうせい》する働きをもっている。個々人が生活の中で身につけてしまった楽な自然の動きを、より高次の合理性をもった非自然的な動きへとつくり替《か》えるのが、型の働きである。さまざまな癖は型の存在を通じていったん否定《ひてい》される。

武道・芸道の世界に比べて、スポーツの世界は、型の概念《がいねん》が比較的薄《ひかくてきうす》いこともあり、癖が生き残る余地が比較的ある。むろんスポーツにおいても指導者によっては特定の型にはめこむ者もいる。その場合は癖は否定されるべきものとなる。また癖の中にも、プレーのパフォーマンスにとって致《ち》命的《めいてき》な欠陥《けっかん》となるものと、それほど障害《しょうがい》にならないものとがある。一流選手のプレーを見ていると、独自のスタイルをもっていると感じさせられることが多い。「自分のスタイルをもっている」と感じさせるプレーヤーの場合は、癖がうまく活《い》かされて技に替えられていると見受けられることが多い。

たとえば、イチローの振《ふ》り子打法といわれる、右足を大きく振りながらタイミングをとり、からだの軸《じく》を移動させて打つ打法は、従来《じゅうらい》の打撃《だげき》理論からは矯正されるべき悪癖《あくへき》と見なされうるものであり、実際、矯正を命じられたこともあった。この打撃の癖は、小学校時代にパワーがなかったイチローがバッティングセンターでボールをできるだけ強く遠くに飛ばすために編み出し身につけた技法である。結果がともなわなければ、これはただの悪癖と見なされるほかはなかったが、イチローの場合は結果を示すことによって、その癖が技であることを周囲に納得《なっとく》させたのである。

他人から見れば癖と見られるものも、システム全体の中で結果を出すように訓練され技化《わざか》されている場合は、他人には真似《まね》のしにくい独自な技となる。こうした技が、独自なスタイルをつくりあげるのである。

（齋藤《さいとう》 孝《たかし》「身体感覚を取り戻《もど》す」による）

問　この文章で、筆者は、どのようなことを主張していますか。「型」という言葉を入れて、百字以内で書きなさい。なお、、や 。や「 も一字として数えなさい。答えは一マス目から書きなさい。

2 次の文章を読んで、あとの問題に答えなさい。（＊印の付いている言葉には、本文のあとに〔注〕があります。）

＜東京都立両国高等学校附属中学校・改題＞

江戸時代までの日本人は、太陽エネルギーだけで生きていた。日本人に限らず、＊化石燃料を大量に使うようになった＊産業革命《かくめい》以前の人類はすべて太陽エネルギーだけで生きていたが、日本の産業革命は＊元祖のイギリスより約一世紀遅《おそ》く始まったため、十九世紀後半まで太陽エネルギー以外のエネルギーを使わなかった。

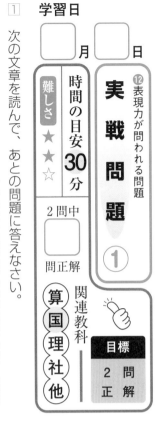

【考え方・解き方】

＊文中の空らんに合う言葉を入れよう。

ここに着目 この文章では、二通りの「話を聞く」について対比させて説明しています。二通りの「話を聞く」について、なぜ、このようなちがいが生まれるのか、その結果、どのようなことが起こるのかを、読み取りましょう。

解き方 ●話題をとらえる。

○第一の段落の内容

「私」は授業で一時間くらい①（　　　　）てから、聞いていた人に「話の内容を二分でまとめて話してください」という。

○この文章の話題

「話し」「聞く」に関係がある。

●今後の論の展開をとらえる。

○第二の段落の内容

二割の人は②（　　　　）を取っていたが、残りの八割はボーッと見ていたので、あわてる。⬇二通りの聞き方があることがわかる。

●二通りの聞き方についてまとめる。

○八割の人の聞き方

・聞いているとき

話は一生懸命聞いていたが、メモは取っていなかった。

・その結果

自分の身になっていないので、聞いたことを再生することが③（　　　　）。

○二割の人の聞き方

・聞いているとき

話を聞きながらメモを取っていた。

・その結果

聞いていたことを再生することが④（　　　　）。

●筆者の最も言いたいことを読み取る

聞いただけでは記憶は⑤（　　　　）しない。しかし、それを⑥（　　　　）すれば、記憶に残る。一番大切なのは⑦（　　　　）と思って聞くこと。

●問題文の条件に沿って、答えをまとめる

○二つの聞き方のちがいがわかるようにまとめる。

例 一つは～、もう一つは～というちがいがある。

答え

一つは、何もせずに聞くだけで内容がきゅうしゅうできておらず、記おくに残っていないため再生できない状態だが、もう一つは、メモをとったり自分も同じことを話すつもりになったり、記おくに残そうとして聞くため再生できる状態である、というちがいがある。

見直そう

メモを取っていたか、いないかだけでなく、「一番大切なこと」の内容も、二つ目の聞き方の内容に入れるよ。そうすると、ちょうど答えのような長さの文章になるね。

サポートのポイント

メモを取っていたか、いないかだけを書いた場合は、まちがいではありませんが、不十分だということに気づかせます。

（空らんの記入例）①話し ②メモ ③できない ④できる ⑤定着 ⑥再生 ⑦次に自分が話すのだ

聞いただけでは、自分の身になっていない、吸収《きゅうしゅう》できていないということです。しかし実際は、私たちが話を聞くとき、ほとんどは聞いただけの状態です。ですから私の授業では、初日に「私の話を二分で再現してください」という課題を与《あた》えるのです。

これが私の考えた「再生方式」というやり方です。たとえば、理科で*万有《ばんゆう》引力の法則について先生が説明したら、それをもう一度生徒に言わせます。説明できればわかったということになります。明治維新《いしん》はなぜ成功したのか、先生が二十分くらいで話したとします。その内容を三、四分で要約して話せれば、それがわかったということです。二人一組で交互《こうご》に話せば、無駄《むだ》なく全員ができます。

聞いただけでは記憶《きおく》は定着しません。しかしそれを再生すれば、記憶に残るようになります。つまり話すことによって定着するのです。だから同じ話を二、三人に向かって続けざまに話すと、話は完全に定着します。

私はこの再生方式による記憶定着術を、自分が中学生のときから実践《じっせん》していました。たとえば、社会科の教科書を友だちと二人で交互に一ページずつ読み合います。一ページ読んだら、それを聞いていた方が教科書を伏《ふ》せて説明をします。読んだ方は教科書を見ながら、抜けているところや用語を指摘《してき》していくわけです。

すると再生して話すことで、記憶が定着していきます。このやり方で一番大切なのは、「次に自分が話すのだ」と思って聞くことです。話すことを前提に聞くと、吸収力が何倍にもなります。だから聞く時の態度がとても大切です。聞き上手《じょうず》とは、それを再生しろと言われたらできる人のことなのです。

（齋藤《さいとう》 孝《たかし》「話し上手　聞き上手」による）

［注］ ポイント——重要な点。
主観的——自分だけの考えで、言ったり、したりするようす。
インプット——入力。ここでは、「（話を）聞く」の意味。
アウトプット——出力。ここでは、「（聞いた内容を）話す」の意味。
インストラクター——ここでは、コンピュータの指導員。
キー——指などで打つコンピュータのボタン。
補完《ほかん》——十分でないところを補《おぎな》って、完全なものにすること。
万有《ばんゆう》引力の法則——一六六五年、イギリスのニュートンが発見した。すべての物体の間にはたらいている、たがいに引き合う力についての法則。

問　この文章の中で述べている二通りの「話を聞く」ことについて、それぞれの違《ちが》いを、百字以上百二十字以内で説明しなさい。（句読点《くとうてん》、かぎかっこなども、それぞれ字数に数えること。）

まずは、何について書いてある文章
かをとらえよう。

学習日　月　日

⑫ 例題を解いてみて、ようすをつかもう！

表現力が問われる問題

出題の割合 ★★★
難しさ ★★☆
関連教科 算 国 理 社 他

▼このテーマの目標
文章を読んで、読み取った内容などを指定の字数で文章にまとめる。

◆ 次の文章を読み、あとの問題に答えなさい。（＊印の付いている言葉には、本文のあとに［注］があります。）

〈東京都立富士高等学校附属中学校〉

私《わたくし》の授業では、私が一時間くらい話してから、突然《とつぜん》「それではここまで私が話した内容を、＊ポイントを落とさずに、二分でまとめて話してください」と言います。するとたいていの人は「そんな話、聞いてなかった。そんなことを急に言われても困《こま》る」という反応《はんのう》を見せます。「それならメモを取っておけばよかった」と口々に言います。

二割の人は、私が何も言わなくても、最初から一生懸命《いっしょうけんめい》メモを取っていますが、残りの八割は「ああ、話しているなあ」という感じでボーッと見ていた人たちです。この八割が、「話が違《ちが》う」とあわてるわけです。

八割の人たちも、話を聞いていなかったわけではありません。むしろ＊主観的には、一生懸命聞いているつもりだったと思います。私もそれほど難《むずか》しい話をしているわけではないので、聞いているときには、全部わかったつもりになっていたでしょう。ところが、いざ＊インプットした内容を正確に＊アウトプットしてくださいと言われると、これが全くできない。「話が違う」ということになるわけです。

同じようなことは日常生活でも見られます。たとえばみなさんが、パソコンの操作《そうさ》の仕方を教えてもらったとします。この順序でこうして動かして、と＊インストラクターから説明されているときは、何となくわかった気になります。「わかりました。どうもありがとうございます」と言って、いざ自分で操作しようとしたとき、嘘《うそ》のように手順を忘《わす》れていて、頭がまっ白になった経験はありませんか？

もし、説明をされているときにメモをしておけば、そのメモを見ながらもう一度再生することができます。ですから、話された内容をもう一度自分が成り代わって話すときに、一番必要なことはメモ力ということになります。メモする習慣が一番大切なのです。

なぜわかったつもりになっていても、パソコンの操作が再現できないのかというと、インストラクターの説明の中に抜《ぬ》けているところがあるからです。インストラクターはパソコンの扱《あつか》いに慣れた経験豊富な人たちですから、当然のように＊キーを押《お》していきます。たとえば電源《でんげん》を入れる行為《こうい》など、まさかそれを知らない人がいるとは思ってもいないので、説明の中に入れません。このように説明されない動作がいくつもあるのです。しかし、聞いているほうはそれらもメモしておかないと、自分でできるようにはなりません。

それはたとえば、料理の講習会に行っても同じです。料理には下ごしらえなど段取《だんど》りがあって、料理をやったことのある人だったらわかる内容なので、講習会ではわざわざそこまで実演してみせません。ところが、聞いているほうはそこまでメモをしておかないと、料理は再現できない。だから、いろいろ＊補完《ほかん》しながらメモを取っていかないと、正確には再生できないのです。

「人の話はわかったつもりになっていても、もう一度再生しろと言われたら、再生できないことがほとんどである」このことを忘れてはいけません。

仕上げテスト ―1回― (45分)

/100点

答えは「解答・解説集」58～60ページ

1 ゆうきさんとひかるさんの会話を読んで，あとの問いに答えましょう。＜県立伊奈学園中学校＞

ゆうきさん「5年生の教科書を見ていたら，こんなことがのっていたよ。」

> 教科書の説明
> $2 \div 3 = \dfrac{2}{3}$ のように，わり算の商は，分数で表すことができる。
> わる数が分母，わられる数が分子になる。

「もしわる数が0.1のように小数だったとしたら，同じように計算できるのかな。」

ひかるさん「$2 \div 0.1 = \dfrac{2}{0.1}$ と表すのかな。分数の中に小数が入る数はあるのかな。」

ゆうきさん「あるかどうかは調べてみないとわからないね。
でも，式の意味を考えたら，$\dfrac{2}{0.1}$ がどれくらいの大きさを表した値なのかは，求めることはできるね。」

ひかるさん「同じように考えていくと，この メモ に書いたような分母にも分子にもそれぞれ分数が入っている数も考えられそうだね。」

> メモ
> $$\dfrac{\;\dfrac{4}{3}\;}{\;\dfrac{5}{2}\;}$$

ゆうきさん「そうだね。わり算に直すと，$\dfrac{4}{3} \div \dfrac{5}{2}$ ということだね。分数どうしのわり算の仕組みを考えることはむずかしそうだな。」

ひかるさん「そうかな。わられる数にわる数の①逆数をかければいいだけだから，簡単《かんたん》だよ。」

ゆうきさん「計算の方法はそう習ったよね。でも，どうしてそんな計算をしたらいいのか，仕組みがまだ理解できないんだよ。」

ひかるさん「なるほど。じゃあ，今までに学習してきたわり算をふり返ってみよう。」

ひかるさん「たとえば，5年生のときに考えた7.56÷6.3の計算は，75.6÷63や756÷630に式をおきかえても商が変わらなかったね。②このときに使ったわり算の性質を使えば，こんなふうに計算ができそうだね。」

$\dfrac{4}{3} \div \dfrac{5}{2} =$ ［　③　］

$= \dfrac{4}{3} \times \dfrac{2}{5}$

ゆうきさん「なるほど，だから④ある数を分数でわったときの商は，ある数にわる数の逆数をかけたときの積と等しくなるんだね。」

(1) 会話文中の $\dfrac{2}{0.1}$ の値を，整数で表しましょう。

(2) 下線部①逆数とありますが，逆数とはどのような数のことか，「積」という言葉を使って説明しましょう。また，2の逆数の値を答えましょう。

(3) 下線部②のわり算の性質を書きましょう。

(4) 下線部④となることがわかるように，［ ③ ］に入る計算の過程を書きましょう。

2 はやとさんは，れいかさんの家に遊びに来ています。 <長崎県立中学校>

はやとさんたちは，朝食を作った話をしています。

はやと 「今日は，わたしが朝食を作って家族にも食べてもらったよ。」

れいか 「すごいね。何を作ったの。」

はやと 「ごはん，ゆで卵《たまご》，こまつなのおひたし，だいこんのみそしるを作ったよ。」

れいか 「主食，主菜，副菜，しる物がそろっていて，いい組み合わせだね。」

はやと 「家族にも，『野菜も入っていて栄養のバランスがいい』と言われたよ。」

れいか 「野菜は種類や部位によって，ゆで方がちがうと授業で習ったよ。」

はやと 「そういえば，ゆでたこまつなの色が悪くなって，おいしそうな見た目に仕上がらなくて残念だったな。」

れいか 「色よく仕上げるには，[　　　　　　　　]ことが必要だね。」

(1) [　　] にはどのような言葉が入るでしょうか。あなたの考えを**二つ**書きなさい。

はやとさんたちは，朝食作りにかかった時間について話をしています。

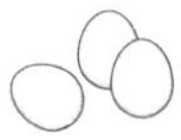

はやと 「今日は早起きをして作り始めたのだけれど，おかずができ上がるまでに時間がかかったよ。同じ材料を使ったおかずを，もっと短い時間で作り上げることはできないかな。」

れいか 「ゆで卵を前の日の夜に作るのはどうかな。」

はやと 「なるほど。でも，作り置きではなく，朝の調理をする時間の中で考えたいな。」

れいか 「卵かけごはんやサラダのように，生のままで食べるのはどうかな。」

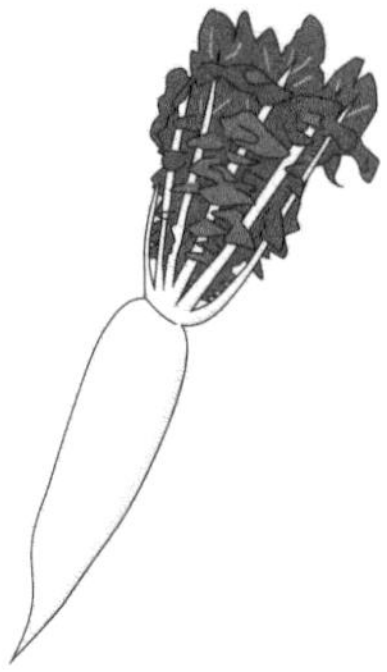

はやと 「それはいいね。でも，一度熱を加える場合はどうしたらいいのかな。今朝と同じように主菜は卵，副菜はこまつな，しる物はだいこんを使って作ろうと思うのだけれど，加熱時間を短くするために，何かいい工夫《くふう》はないかな。」

れいか 「例えば，[ア]を[　　　イ　　　]ことで，加熱時間を短くできるのではないかな。」

はやと 「ありがとう。今度ためしてみるよ。」

(2) [ア]，[イ] にはそれぞれどのような言葉が入るでしょうか。あなたの考えを書きなさい。ただし，[ア] には，卵，こまつな，だいこんから**一つ**選び，書きなさい。

はやとさんたちは，朝食について思ったことを話しています。

れいか 「ところで，家族の反応はどうだったの。」

はやと 「喜んでくれたよ。そして，お父さんに，よくかんで食べるといいと言われたよ。やってみたら，ごはんは，かめばかむほどあまく感じられたよ。」

れいか 「あまくなったのは，ごはんにふくまれる[　　　　　　]ことで別のものに変化したからだね。」

(3) ［　　］にはどのような言葉が入るでしょうか。下のA群から**一つ**，B群から**一つ**言葉を選び，それらを用いてあなたの考えを書きなさい。

A群：	たんぱく質　うま味　でんぷん　塩分
B群：	ヨウ素液　だ液　水分　だし

はやとさんたちは，朝食作りに使った材料について話をしています。

はやと「今日の朝食で使っただいこんは，家の畑で育てたものだよ。」

れいか「それは，おいしかっただろうね。わたしも，だいこんを育てたことがあるよ。だいこんを観察していろいろなことに気づいたので，**だいこんの写真**をとって，〈気づき〉を**観察ノート**にまとめたよ。」

だいこんの写真

観察ノート

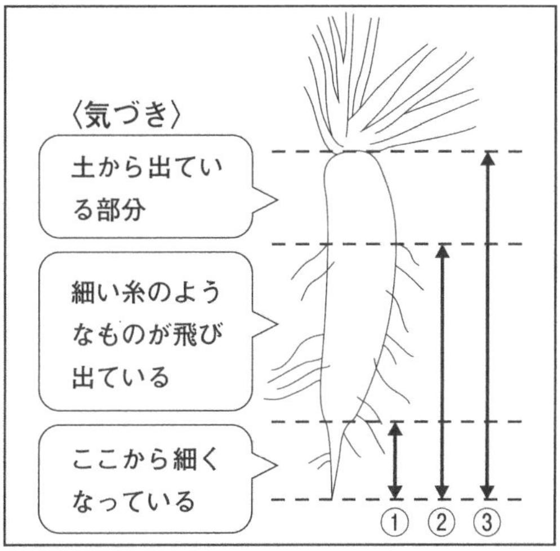

はやと「どこが根なのかな。授業で習った根の**はたらき**とこの**観察ノート**の〈気づき〉から考えると，［　　　ウ　　　］から，だいこんの根は，［　エ　］の部分だと思うよ。」

れいか「そうだね。根には大事な**はたらき**があるのだね。」

(4) ［ウ］，［エ］にはどのような言葉または番号が入るでしょうか。あなたの考えを書きなさい。ただし，［ウ］は根の**はたらき**にふれながら書き，［エ］は**観察ノート**の①～③から**一つ**選び，番号で答えなさい。

［3］ かなこさんの班では，理科の授業で，重さを調べる方法について話しています。次の〔会話文〕を読んで，あとの(1)，(2)の各問いに答えましょう。　＜神奈川県立中等教育学校＞

〔会話文〕

先生「実験で，３つの立方体A，立方体B，立方体Cの重さをはかります。どの立方体も１ｇ～17ｇの間で，１ｇきざみのどれかの重さであることがわかっています。」

かなこ　「〔説明〕を読み，てんびんと〔ねんどのおもり〕を使い，次のページの〔はかり方の手順〕に従って，重さをはかった実験の結果は〔表〕のようになりました。」

たろう　「立方体Bの重さは，〔はかり方の手順〕に従っても求められなかったので，〔表〕の１回め～４回めの結果をもとに，重さを考えました。」

かなこ　「このとき，立方体Bの重さを求められなかったのは，９ｇ，５ｇ，２ｇ，１ｇという，〔ねんどのおもり〕のおもりの重さの組み合わせが原因です。」

たろう　「〔ねんどのおもり〕の４個の組み合わせでは，１ｇ～17ｇの間の，１ｇきざみの重さの中に，はかることができない重さがあるので，新しいおもりの重さと個数を考えましょう。」

かなこ　「新しいおもりの個数を５個にして，１ｇからはじめて，２ｇ，３ｇと，１ｇきざみで，できるだけ重い重さまではかることができるようにしましょう。」

たろう　「新しいおもりの重さを重い方から [あ] ｇ，[い] ｇ，[う] ｇ，[え] ｇ，１ｇの５個にすると，それらの組み合わせ方によって，１ｇから１ｇきざみで [お] ｇの重さまでを，はかることができます。」

かなこ　「たろうさんが考えた５個のおもりをもとに，１ｇから１ｇきざみで，できるだけ重い重さまではかることができる，７個のおもりを考えました。それらの組み合わせ方によって，１ｇから１ｇきざみで [か] ｇの重さまでをはかることができます。」

〔説明〕てんびんの左の皿に立方体，右の皿におもりを，順にのせたときの針の状態

右の皿にのせたものの方が重ければ，針はめもりの中心より右側へ動き，右側にかたむいたままになります。

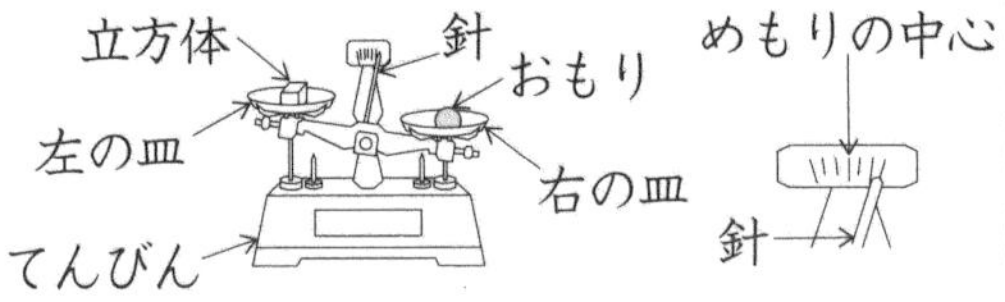

左の皿にのせたものの方が重ければ，針はめもりの中心より左側にかたむいたままになります。

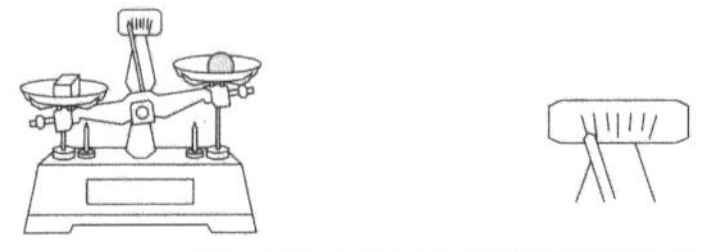

右の皿にのせたものと左の皿にのせたものの重さが等しければ，はじめに針は，めもりの中心から左右同じはばで動きますが，針の動くはばは，だんだんせまくなり，やがて針はめもりの中心をさして止まります。

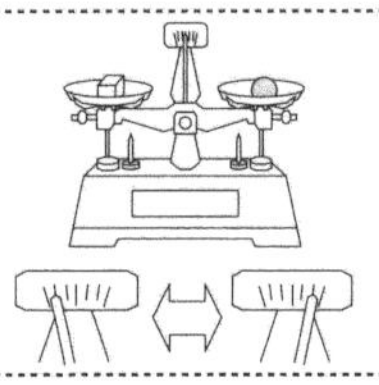

〔ねんどのおもり〕

○　9g，5g，2g，1gのねんどのおもりがそれぞれ１個ずつ用意してあります。

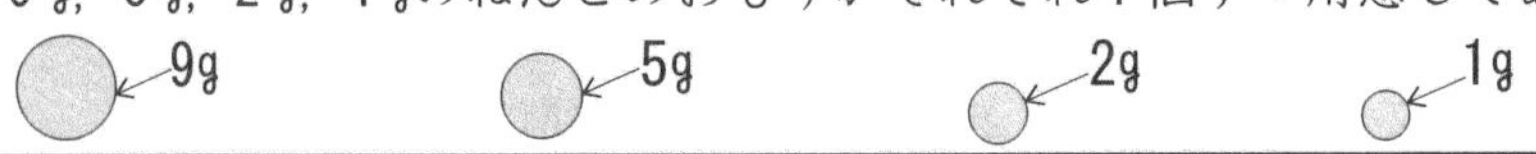

〔はかり方の手順〕

※　①～③を順番に行ったあと，最後に⑥を行い，立方体の重さを求めます。

①　てんびんの左の皿に，重さを調べる立方体だけをのせます。
②　てんびんの右の皿に，１番重いおもりをのせます。
③　てんびんの針の状態に合わせて，☆か★に進みます。

☆　針が左右どちらかにかたむくとき

※　④か⑤のどちらかを行ったあと，再び③を行います。

④　針が右側にかたむくとき，その直前に，右の皿にのせたおもりを，その次に重いおもりと入れかえます。

⑤　針が左側にかたむくとき，右の皿にのせたおもりはそのままとし，その次に重いおもりを，右の皿に加えます。

★　針が左右に同じはばで動くとき

⑥　右の皿にのせたおもりの重さの合計から，立方体の重さを求めます。

〔表〕おもりをのせたときの，てんびんの針の状態

	１回め	２回め	３回め	４回め
立方体Ａ	右側にかたむく	左側にかたむく	右側にかたむく	左右に同じはばで動く
立方体Ｂ	左側にかたむく	右側にかたむく	左側にかたむく	左側にかたむく
立方体Ｃ	左側にかたむく	右側にかたむく	左右に同じはばで動く	

(1)　次のア，イの各問いについて答えましょう。

ア　１ｇ～17ｇの間の，１ｇきざみの重さの中には，〔ねんどのおもり〕をどのように組み合わせても，はかることができない重さがあります。その中で１番軽い重さは何ｇか，書きましょう。

イ　立方体Ａと立方体Ｂの重さは何ｇか，それぞれ書きましょう。

(2)　次のア，イの各問いについて答えましょう。

ア　128ページの〔会話文〕の［あ］～［お］のうち，［お］にあてはまる数を書きましょう。

イ　〔会話文〕の［か］にあてはまる数を書きましょう。

［4］　けんたさんとゆうかさんは，算数の授業で，１辺が18cmの正方形の折り紙を使った問題づくりをしています。　<茨城県立中学校・中等教育学校>

けんた：折り紙を折って，できあがった形の面積を求める問題はどうかな。

ゆうか：そうだね。いい考えだと思うよ。

けんた：こんなふうに折ると，できあがった形(あ)（次のページの図１）の面積は何cm^2かな。

ゆうか：折り紙は正方形で，１辺の長さがわかっているから，面積を求めることができるね。

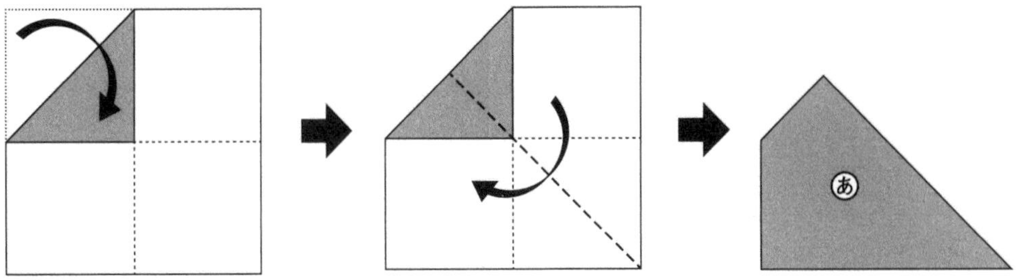

手順①

折り紙を２回折って１辺が９cmの正方形を作り、ひろげる。できた折り目の交わる点に、折り紙の１つの頂《ちょう》点が重なり合うように折る。

手順②

①でできたものを、ななめに半分に折る。

できあがった形

図１　けんたさんの折り方

(1)　できあがった形あの面積は何cm^2かを求めなさい。

ゆうか：折り紙を折ったときにできる角の大きさを求める問題をつくりたいな。
けんた：いいね。折り紙は正方形だから，その性質を使えないかな。
ゆうか：こんなふうに折ったとき，できあがった形の中にできるいの角（**図２**）の大きさなら求められるよね。
けんた：どんなふうに折ったか説明してくれるかな。
ゆうか：折り紙を半分に折ったときにできる折り目の上で，頂点Ｂと頂点Ｃが重なり合うように折って台形を作ったの。
けんた：なるほど。それなら求められるね。

(2)　できあがった形の中にできるいの角の大きさは何度かを求めなさい。

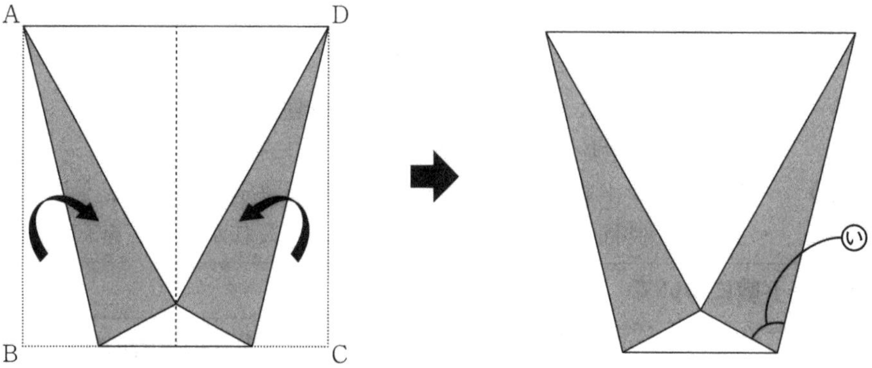

折り紙を半分に折ったときにできる折り目の上で、頂点Ｂと頂点Ｃが重なり合うように折って台形を作る。

できあがった形

図２　ゆうかさんの折り方

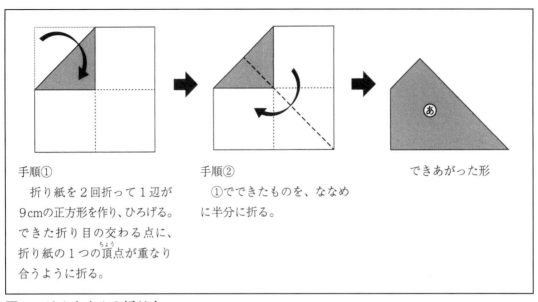

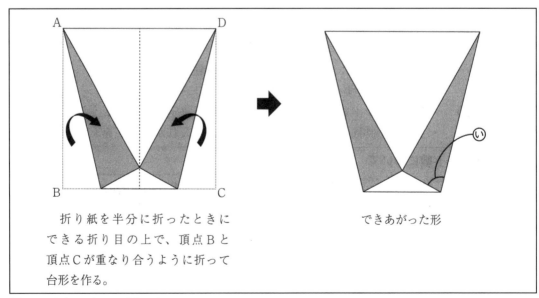

仕上げテスト —2回— (45分)

/100点

答えは「解答・解説集」61～63ページ

1　次の文章は，かおりさんたちが，「とんち」（とっさに働くちえ）で有名な「一休《いっきゅう》さん」の話について話し合っている場面の会話文です。この文章を読んで，あとの(1)～(3)の問いに答えてください。

＜愛媛県立中等教育学校＞

【一休さんのとんち話】

A　となり村の寺のお坊《ぼう》さんが，一休さんにちえ比べをいどみ，「日本一長い字を書け。」と言った。一休さんは，自分の寺からとなり村の寺まで，すき間なく紙を置くよう，お坊さんにお願いした。そして，その紙に，筆でたてに長いまっすぐな一本の線を引き続けた後，線の最後になるところを右上に丸くはらって，ひらがなの「［ア］」を完成させた。お坊さんは，この対応により，負けを認《みと》めた。

B　ある男が，一休さんにごちそうをふるまった際に，一休さんにちえ比べをいどみ，「お椀《わん》の中のお汁《しる》は，ふたを取らずに味わってください。」と言った。しばらくして，一休さんは，「せっかくのお汁が冷めてしまいましたので，ふたを取らずに温かいものと取りかえてください。」と切り返した。男は，この対応により，負けを認め，温かいお汁の入ったお椀を持ってきて，「どうぞお椀のふたを取って，味わってください。」と言った。

かおり　一休さんは，室町《むろまち》時代の一休宗純《そうじゅん》というお坊さんをモデルにしているのよ。

まこと　AもBも，一休さんが，ちえ比べでうまく切り返した話だね。

ひろし　Aは，「日本一長い字」をどうすれば書けるのかという問題に，ひらがなの「［ア］」の特ちょうをうまく使って切り返したところがすごいね。

かおり　「日本一長い字」について，「［ア］」のほかにないか考えてみたんだけれど，まっすぐのばした線の最後になるところを，左上に丸くはらっても答えになるわね。

まこと　本当だ。見方を変えると，ひらがなの「［イ］」になっているよ。

かおり　Bに似た話で，「びょうぶの虎《とら》」という話もあるわよ。将軍《しょうぐん》から「びょうぶにかかれた虎をつかまえよ。」と言われた一休さんは，「今から虎をつかまえますので，びょうぶから虎を［　ウ　］。」とお願いしたのよ。将軍は，一休さんの対応により，負けを認め，ほうびの品をあたえたという話ね。

まこと　Bと「びょうぶの虎」の話は，確かによく似ているね。男も将軍も，難《むずか》しい問題を出して一休さんを負かそうとしていたのに，最後には，一休さんにうまく切り返されて，答えに困《こま》り，負けを認めているよ。

ひろし　ぼくたちも，これから，難しい問題にぶつかったとしても，一休さんのように，うまく対応することができるようになりたいね。

(1)　文中の［ア］，［イ］にそれぞれ当てはまるひらがな一字を書いてください。

(2)　文中の［ウ］に当てはまる言葉を，6字以上10字以内で書いてください。

(3)　下線部について，男も将軍も答えに困ったのはどうしてですか。「一休さんより先に」という言葉を使って，解答らんに合うように書いてください。

2　真《まこと》さんは，春休みに宮城県の沿岸《えんがん》部にあるおばあさんの家に遊びに行きました。

真さんは，おばあさんの家に向かう車の中で，お父さんと話をしています。あとの(1)〜(3)の問題に答えなさい。

<宮城県立中学校>

真 さ ん	海が見えるよ。あのあたりではかきの養しょく漁業がさかんなんだよね。
お父さん	かきの養しょくといえば，漁師さんが山に木を植える活動をしているって聞いたことがあるかな。山を豊かにすることで，海を豊かにしようとしているんだよ。
真 さ ん	木を植えると山が豊かになるのはわかるけど，どうして海まで豊かになるのかな。
お父さん	山に雨が降ると，山の栄養分が川から海に運ばれるからなんだ。
真 さ ん	わかったぞ。「 あ のじゅんかん」によって山の栄養分が海に運ばれるんだね。ほら，おばあさんの家のビニルハウスが見えてきたよ。
お父さん	おばあさんは作った野菜を農協や道の駅に出荷しているんだよ。この地域ではビニルハウスで野菜を作るしせつ栽培《さいばい》がさかんなんだ。今，おばあさんの家のビニルハウスではトマトが作られているようだね。
真 さ ん	トマトの旬《しゅん》は夏だけど，㋐ビニルハウスだと春でもトマトがとれるんだね。とれたトマトは地元で食べられているのかな。
お父さん	「地産地消」と言って，地域で生産したものを地域で消費する取り組みがさかんに行われているんだよ。
真 さ ん	㋑「地産地消」の取り組みにはどんなものがあるのか調べてみようかな。

(1)　会話文中の あ に入る**適切な言葉**を**漢字1字**で書きなさい。

(2)　「㋐ビニルハウスだと春でもトマトがとれる」とありますが，**資料1**からわかる**しせつ栽培の良い点を，**＊1**ろじ栽培と比べて，生産者の立場から**書きなさい。

(3)　「㋑「地産地消」の取り組み」とありますが，真さんは「地産地消」の取り組みを調べるために，道の駅の直売コーナーへ行きました。**「地産地消」の良さ**について，次のページの**資料2**をもとに**消費者の立場から理由をふくめて2つ**書きなさい。

資料1　**トマトの栽培スケジュール**

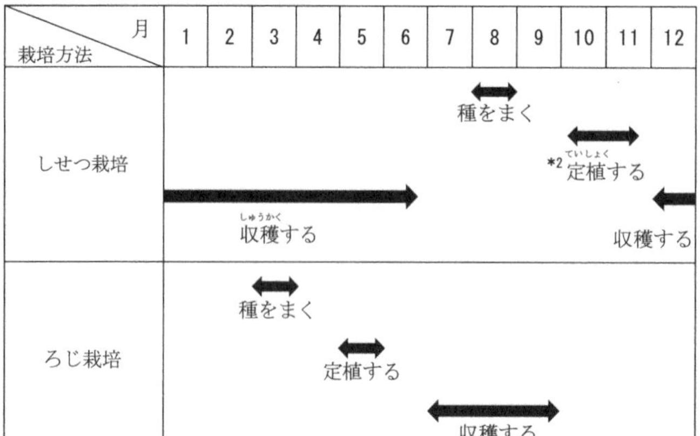

＊1 **ろじ栽培：ビニルハウスなどを使わず屋外の畑で育てること**

＊2 **定植：苗《なえ》を畑に植え替えること**

（「農林水産省ホームページ」より作成）

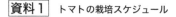

資料２ 道の駅の直売コーナー

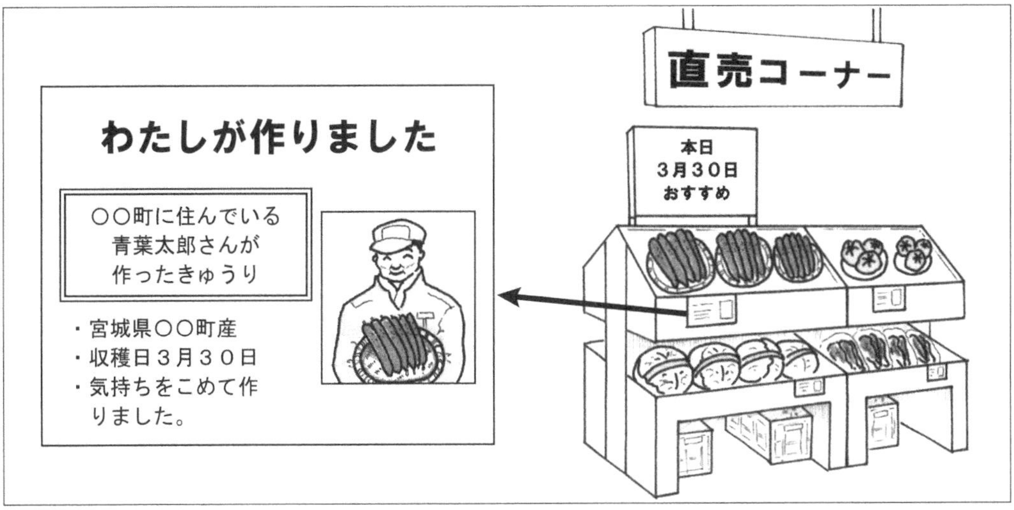
直売コーナー
本日
3月30日
おすすめ
わたしが作りました
○○町に住んでいる
青葉太郎さんが
作ったきゅうり
・宮城県○○町産
・収穫日３月３０日
・気持ちをこめて作りました。

3 長者町に住むりなさんは，家の近くに新しくできた公園に，お母さんといっしょに遊びに行きました。次の会話文を読んで，あとの(1)〜(3)の問いに答えましょう。 ＜佐賀県立中学校＞

りなさん：お母さん，見て。公園の名前が英語で書かれているよ（【図1】)。「ちょうじゃまち」はローマ字では［ 1 ］や［ 2 ］って書き方もできるって習ったよ。

お母さん：そうね。ローマ字には，書き方の種類がいくつかあるわね。りなは，どうして公園の名前がひらがなや英語でも書かれているか分かるかしら。

りなさん：漢字だけだと，伝わらない人もいるからかな。

お母さん：そのとおりよ。みんなにとって分かりやすく，使いやすくするためのくふうを「ユニバーサルデザイン」って言うのよ。例えば，あの水飲み場（次のページの【写真1】）や，テーブルとベンチ（次のページの【写真2】）にもユニバーサルデザインが取り入れられているんだけど，分かるかな。

りなさん：分かった。［ あ ］は［ い ］ことで［ う ］やすくなるようにしているんだね。

お母さん：よく気づいたわね。そのくふうがあることで，みんなにとって使いやすくなるのがユニバーサルデザインのいいところなのよ。ユニバーサルデザインでは，自分もふくめた多くの人が，より暮《く》らしやすくなるように考えてくふうしていくことが大切なの。

りなさん：ユニバーサルデザインっておもしろいね。私《わたし》も学校でくふうできるところを探《さが》してみよう。

【図１】

ちょうじゃまちこうえん

長者町公園

Chojamachi *Park

*Park：英語で公園のこと

【写真1】 水飲み場

【写真2】 テーブルとベンチ

⑴ [1] と [2] には「ちょうじゃまち」を Chojamachi 以外の書き方のローマ字で表したものが入ります。あなたならどう書きますか。２種類の書き方で書きましょう。

⑵ **会話文**で，お母さんは「ユニバーサルデザインが取り入れられているんだけど，分かるかな」と言っています。**【写真1】**と**【写真2】**を見て，ユニバーサルデザインのくふうについて考え，次の**《条件1》**に合うように書きましょう。

《条件1》

- 解答用紙の [あ] には，「水飲み場」か「テーブルとベンチ」のどちらかを選んで書くこと。
- 解答用紙の [い] には，[あ] で選んだものが，どのようにくふうされているのかを，「〜ことで」につながるように１つ書くこと。
- 解答用紙の [う] には，[い] のくふうがあることで，だれにとってどのように使いやすくなるのかを，「〜やすくなるようにしている」につながるように書くこと。

⑶ **会話文**で「私も学校でくふうできるところを探してみよう」と言ったりなさんは，「照明のスイッチ」（**【図2】**）と「学級の道具箱」（**【図3】**）にくふうできるところがあると考えました。あなたなら，みんなにとってより使いやすくするために，どのようなくふうができると考えますか。次のページの**《条件2》**に合うように書きましょう。

【図2】 照明のスイッチ

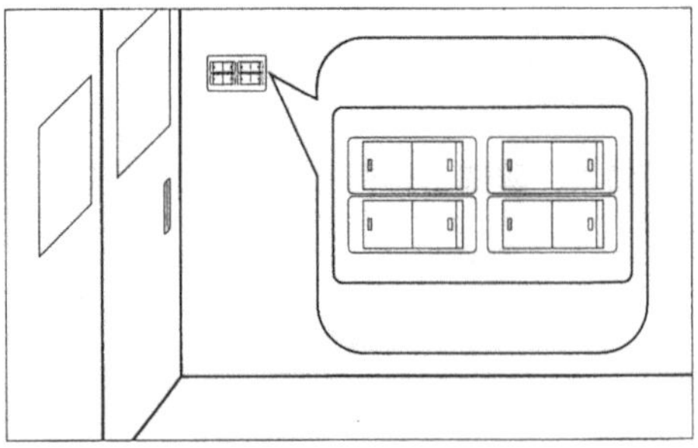

【図3】 学級の道具箱

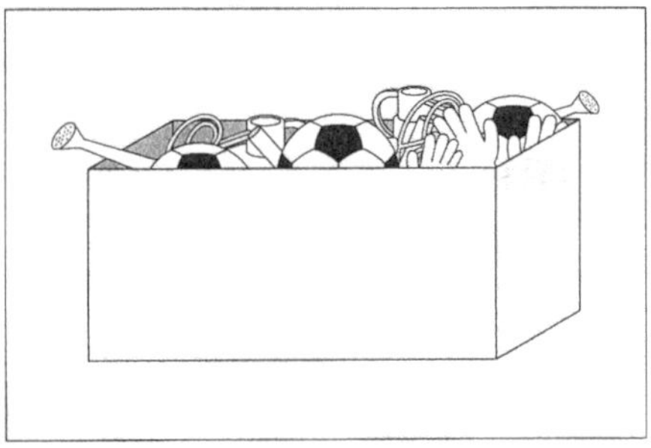

《条件２》

・解答用紙の**くふうするもの**には，「照明のスイッチ」か「学級の道具箱」のどちらかを選んで書くこと。
・解答用紙の**くふう**には，選んだものの使いにくい点を，どのようにくふうして使いやすくするのかを１文で書くこと。
・50 ～ 60 字で書くこと。

4　ようたさんたちは，社会科の授業で８世紀の奈良時代の人たちの税や負担《ふたん》と出来事について調べています。　＜市立仙台青陵中等教育学校＞

あとの(1)～(3)の問題に答えなさい。

ようたさん　ゆうかさん，奈良時代の人たちの税や負担について調べてくれた？
ゆうかさん　調べて表と資料にまとめてみたよ。租《そ》・調《ちょう》・庸《よう》などのアさまざまな税や兵役《へいえき》の義務があったみたい。そのかわり，当時は年れいや性別によって，田んぼがもらえたみたいだよ。資料を見れば，どれくらいもらえたか分かるよ。
かんたさん　もらえる田んぼは平等ではなかったんだね。それに税の負担にたえかねて，中にはにげ出す人もいたみたい。
ようたさん　かんたさん，出来事についてはどうだった？
かんたさん　年表を作ったけど，イ全国各地で災害や反乱《はんらん》が起こり，社会全体に不安が広がっていたようだよ。そのころ国を治めるのも大変だったんだね。
ようたさん　今と奈良時代ではだいぶちがうね。今はウ政治を行う人は選挙で選ばれるし，議会などの話し合いでいろいろなことが決まるからね。

表１　ゆうかさんがまとめた表

租	稲《いね》の収かく高の約３％を納《おさ》める。
調	織物や地方の特産物を納める。
庸	年間10日都で働くかわりに、布を納める。
兵役	都や九州を守る兵士の役を務める。

資料　ゆうかさんがまとめた資料

田んぼは360歩《ぶ》で１段《たん》とする。10段を１町《ちょう》とする。田んぼを与えるのは，男に２段。女は男より３分の１減らして与える。５さい以下には田んぼを与えない。
〔注〕歩，段，町とは当時の面積の単位

（出典　令義解　現代語訳）

(1)　下線部ア「さまざまな税や兵役の義務」とあります。**表１**や**資料**を参考に，次の①～③の問題に答えなさい。

①　１段は現在の 12 a に相当します。このとき，$\frac{38}{3}$ 段とは現在の何 ha に相当するか答えなさい。ただし，答えは小数第二位を四捨五入《ししゃごにゅう》して，小数第一位まで表すこととします。

②　６さい以上の７人の家族が $\frac{38}{3}$ 段の田んぼをあたえられたとき，男女それぞれの人数を答えなさい。

③　田んぼ１段につき，収《しゅう》かく高《だか》の約３％の稲を租として納めます。田んぼ１町で稲が 720 束《そく》収かくできたとき，②の家族が税として納める稲の合計は何束になるか答えなさい。ただし，答えは小数第二位を四捨五入して，小数第一位まで表すこととします。

〔注〕束とは当時の稲の収かく量の単位

(2)　下線部**イ**「全国各地で災害や反乱が起こり，社会全体に不安が広がっていた」とあります。この時代はどのように国を治めようとしていましたか。**表2**を参考に答えなさい。また，**表2**の**エ**に当てはまる天皇の名前を答えなさい。

表2　**かんたさんがまとめた奈良時代の主な出来事**

年	主な出来事
720	九州で反乱が起こる
724	エ 天皇が天皇の位につく
737	このころ都で病気が流行する
740	貴族《きぞく》の反乱が起こる
741	国分寺《こくぶんじ》を建てる命令を出す
743	大仏をつくるよう天皇が命令する
747	奈良で大仏づくりが始まる
749	エ 天皇が天皇の位を退く
752	大仏開眼式

(3)　下線部**ウ**「政治を行う人は選挙で選ばれる」とあります。ようたさんは選挙について調べ，過去の仙台市長選挙の投票率と，仙台市の世代別人口についての資料を作成しました。あとの①～③の問題に答えなさい。

ようたさん　仙台市長選挙の投票率を調べました。10代から30代の投票率が低いですね。
先　　　生　そうですね。それが選挙の課題の一つと言われています。
ようたさん　ぼくも自分の一票で，そんなに社会が変わることはないと思います。
先　　　生　そういう意見で投票に行かない人も多いかもしれません。でも，市長や市議会議員を選ぶのは市民です。市民は選挙によって　オ　ということになります。
ようたさん　選挙や政治について，もう少し調べてみます。

①　平成29年に行われた仙台市長選挙では，20代の何人が投票に行ったと考えられますか。次のページの**表3**と**図**をもとに答えなさい。ただし，答えは上から2けたのがい数で表すこととします。なお，仙台市の総人口は106万人とします。

②　次のページの**表4**は仙台市内に住むかんたさんの家族を表しています。令和3年8月1日に行われた仙台市長選挙について，かんたさんの家族の中で，選挙に投票できる人と立候補《りっこうほ》できる人はだれですか。当てはまる人物について，解答用紙にある名前を**すべて**◯で囲みなさい。なお，年れい以外の投票や立候補に必要な条件は全員満たしていることとします。

③　選挙の目的として　オ　に当てはまる言葉を答えなさい。ただし，**政治**という言葉を用いて答えることとします。

表３　仙台市長選挙過去３回の年代別投票率(％)

	平成21年	平成25年	平成29年
10代	−	−	31
20代	25	17	22
30代	33	21	31
40代	42	27	39
50代	53	33	48
60代	65	41	59
70代以上	54	41	54
全体	44	30	43

（出典　仙台市ホームページより作成）

図　仙台市年代別人口比率（平成29年８月１日現在）

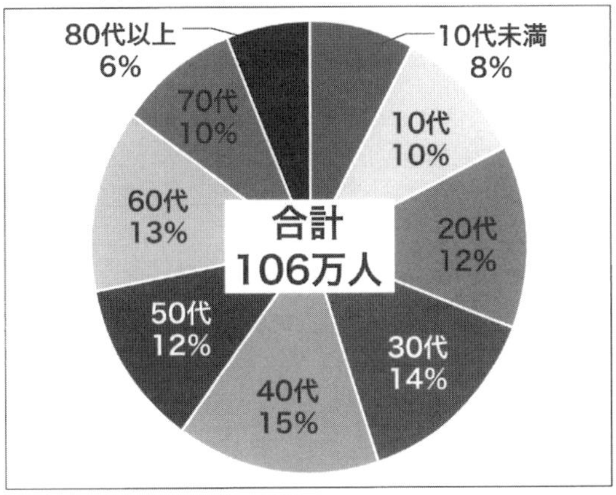

（出典　仙台市ホームページより作成）

表４　かんたさんの家族（年れいは令和３年８月１日現在のもの）

名前	としこ	まさき	はるこ	まこと	みなみ	かんた
投票日の年れい	79	55	51	26	18	12
職業	無職	弁護士	会社員	学生	高校生	中学生

仕上げテスト —3回— (45分)

/100点

答えは「解答・解説集」64ページ

【作　文】　　＜栃木県立中学校＞

【注意】　1　題名と氏名は書かないこと。　2　原稿《げんこう》用紙の正しい使い方に従《したが》って書くこと。

ある小学校の児童会では，「だれもが気持ちよく学校生活を送るために」というテーマで標語をぼ集しました。Aさんたちは，ろう下にけい示された標語（図）を見ながら，次のような会話をしています。

わたしたち　十人十色の　仲間たち　　あさひさん

みとめ合う　たがいの心を　あけるかぎ　　たくみさん

一人一人がちがったピース　つながり合って　パズルの完成　　ひかるさん

図　ろう下にけい示された標語

Aさん：　三つともすてきな標語だね。

Bさん：　あさひさんの標語の「十人十色」という言葉の意味は，私《わたし》たちにはそれぞれちがいがあるということなのかな。

Cさん：　そうだよ。いっしょにいる仲間でも，考えや好み，性格，得意なことなどは，人それぞれちがいがあるよね。

Dさん：　なるほど。人それぞれちがいがあることを知るのは大切だね。

Aさん：　私はたくみさんの標語を読んで，相手と自分のちがいを知って認《みと》め合うことは大切だと思ったよ。

Bさん：　そうだね。おたがいに認め合うことで心を開いて，仲良くなっていけるといいね。

Cさん：　私はひかるさんの標語を読んで，一人一人のちがいをおたがいに理解して，協力したり助け合ったりしながら学校生活を送ることが大切だと感じたよ。

Dさん：　Cさんの話を聞いて，みんなが支え合うことが大切だと思ったよ。みんなが支え合っていけば，笑顔《えがお》で生活することができそうだね。

この後も話は続きました。

だれもが気持ちよく学校生活を送るために，あなたはどのようなことをしたいと思いますか。図や会話を参考にして，次の条件に従《したが》って書きなさい。

（条件）

ア　あなたがしたいことを具体的に書きなさい。
　　そうすることで，なぜだれもが気持ちよく学校生活を送ることができるのか，理由も書きなさい。

イ　あなたが経験したこと，または，見聞きしたことにもふれなさい。

ウ　字数は600字程度で書きなさい。

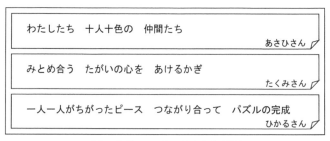

仕上げテスト［1回］ 解答用紙

1	(1)	
	(2)	逆数の説明
		2の逆数
	(3)	
	(4)	$\frac{4}{3} \div \frac{5}{2} =$ $= \frac{4}{3} \times \frac{2}{5}$

〈〈(1), (2) 2の逆数：各3点, (2)逆数の説明, (3), (4)：各6点〉

2	(1)		
	(2)	ア	
		イ	
	(3)		
	(4)	ウ	
		エ	

〈〈(1), (2)イ, (3), (4)ウ：各5点, (2)ア, (4)エ：各3点〉

3	(1)	ア	g		
		イ	立方体A	立方体B	
			g	g	
	(2)	ア	お	イ	か
			g		g

〈〈(1)イ：各6点, (1)ア, (2)：各7点〉

4	(1)	cm^2	(2)	°

〈〈(1), (2)：各6点〉

←キリトリ線から切り取って使いましょう。

仕上げテスト[2回] 解答用紙

1	(1)	ア		イ	
	(2)				
	(3)	一休さんからの切り返しによって，男も将軍も， （ ）から。			

《(1)：各3点，(2)：5点，(3)：7点》

2	(1)	
	(2)	
	(3)	良さ①
		良さ②

《(1)：3点，(2)，(3)：各5点》

3	(1)	1	
		2	
	(2)	あ	
		い	（ことで）
		う	（やすくなるようにしている）

3	(3)	くふうするもの	
		くふう	50 60

左からつめて，横書きにすること。

〈(1)，(2)あ：各３点，(2)い，う：各５点，(3)くふうするもの：２点，くふう：８点〉

4	(1)	①		ha
		②	男	人
			女	人
		③		束
	(2)	どのように国を治めたか		
		天皇の名前		天皇
	(3)	①		人
		②	投票できる人	としこ　まさき　はるこ　まこと　みなみ　かんた
			立候補できる人	としこ　まさき　はるこ　まこと　みなみ　かんた
		③		

〈(1)，(2)天皇の名前，(3)①：各３点，(2)どのように国を治めたか：５点，(3)②：各２点，(3)③：８点〉

←キリトリ線から切り取って使いましょう。

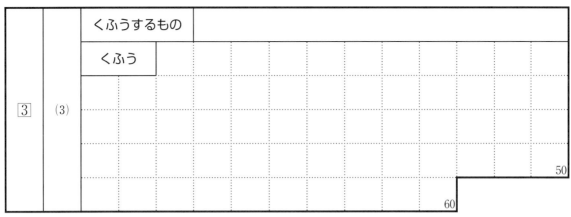

仕上げテスト［3回］　解答用紙

（100点）

〈注意〉①題名、氏名は書かずに、一行目から書き始めましょう。
②原こう用紙の正しい使い方にしたがい、文字やかなづかいも正確に書きましょう。

テーマ「だれもが気持ちよく学校生活を送るために」

学習のきろく

・「学習日」に，学習した月，日を書きましょう。
・「目標たっせい」に，目標の問題数を解けたかについて，できた・できないのどちらかに○をつけましょう。
・「チェック項目」の□に，その単元で勉強したこう目であることを示す✓のマークを入れましょう。

単　元			学習日	目標たっせい	チェックこう目	ページ
基礎編	①作文の基本[1]～[6]		／	—	—	18
	②グラフの見方		／	—	—	26
実戦編	①資料の読み取り・活用問題	①	／	できた／できない	□宅配便の輸送ネットワーク	32
		②	／	できた／できない	□気温の変化	34
	②実験・観察方法についての問題	①	／	できた／できない	□水中の小さな生き物	38
		②	／	できた／できない	□曜日別本の貸し出し冊数	40
	③規則性・条件処理に関する問題	①	／	できた／できない	□美化活動の当番日	44
		②	／	できた／できない	□缶を倒すゲーム	46
	④図形に関する問題	①	／	できた／できない	□こまの回転ともよう	50
		②	／	できた／できない	□多角形と対称な図形	52
	⑤数量に関する問題	①	／	できた／できない	□同時発着する乗り物	56
		②	／	できた／できない	□自転車のギアと歯車　□分数をつくる	58
	⑥身のまわりの自然・理科に関する問題	①	／	できた／できない	□在来種と外来種　□ミョウバンをとかす	62
		②	／	できた／できない	□冬の日光の角度	64
	⑦環境・身近な社会に関する問題	①	／	できた／できない	□自転車の交通事故	68
		②	／	できた／できない	□バイオエタノール　□ペットボトルの回収	70
	⑧文化・歴史・国土に関する問題	①	／	できた／できない	□東海道の宿場を推理する	74
		②	／	できた／できない	□聖武天皇と大仏	76
	⑨日本と世界の結びつきに関する問題	①	／	できた／できない	□世界の国々の輸入，気候	80
		②	／	できた／できない	□地球儀から地球を考える	82
	⑩言葉に関する問題	①	／	できた／できない	□かべ新聞　□熟語の読み　□お礼の手紙	86
		②	／	できた／できない	□招待状を書く　□漢字１字をテーマにする	88
	⑪問題解決の方法に関する問題	①	／	できた／できない	□２つの方法・対象を比べる	92
		②	／	できた／できない	□リレーのチーム分け　□司会の役割	94
	⑫表現力が問われる問題	①	／	できた／できない	□武道などにおける「型」　□江戸のエコロジー	121
		②	／	できた／できない	□へんぼうする村　□心がホッホともえていた	119
	⑬文章を読んで作文にまとめる問題	①	／	できた／できない	□わからなかったものごと	113
		②	／	できた／できない	□あいさつ言葉　□生きているということ	109
	⑭あたえられた題材やテーマで作文を書く問題	①	／	できた／できない	□ことわざについて　□おかげさま	102
		②	／	できた／できない	□人に理解されるということ　□人間関係づくり	99
仕上げテスト　１回			／	—	—	125
仕上げテスト　２回			／	—	—	131
仕上げテスト　３回			／	—	—	138

動画解説は、配信ページへスマホでアクセス! ⇒

※データの配信は 2025 年 2 月末日まで。

書籍の内容についてのお問い合わせは右の QR コードから ⇒

※書籍の内容についてのお電話でのお問合せ、本書の内容を超えたご質問には対応できませんのでご了承ください。

2025 年度用

攻略！公立中高一貫校 適性検査対策問題集 総合編

2024 年 3 月 4 日　初版発行

発行者　佐藤　孝彦

編　集　根本　健一郎

株式会社ダブル ウイング

発行所　東京学参株式会社

〒153-0043　東京都目黒区東山2-6-4

印刷所　図書印刷株式会社

ISBN978-4-8141-2610-1

右ページからの『解答・解説集』は取り外して使うことができます。

公立中高一貫校
入試シリーズ

公立中高一貫校
適性検査対策
問題集 総合編

攻略!

別冊

解答・解説集

東京学参

別　冊

解答・解説集

（※解答は，解答例です。）

作文の基本　作文の基本 [1][2] の確かめ

20 ページ

答　え

1 (1)　時計が三つえがかれている。柱時計は 7 時，はりで時刻を表示する置き時計は 9 時，デジタル表示の置き時計は 8 時を指している。

(2)　絵の黒い部分に注目するとツボ，または花びんに見えるが，絵の白い部分に注目すると人の顔が向かい合っているようにも見える絵だ。

2 (1)　平成○○年，○○幼稚園に入園しました。平成○○年三月に，同園を卒園し，四月に○○小学校に入学し，平成○○年の今，六年生として同校に在学中です。クラブ活動に関しては，小学五年生の四月から，サッカー部に所属しています。また，委員会活動に関しては，五年生のときは美化委員として活動し，六年生からは給食委員として活動しています。

(2)　オオカマキリは春になると，よう虫がたまごからかえります。春から夏にかけて，よう虫は何度か脱皮をしながら大きくなって成虫になります。秋になると，オオカマキリのメスは木の枝などにたまごを生みます。たまごはそのまま冬をこして，春になるとまたよう虫がたまごからかえります。

作文の基本　作文の基本 [3]～[6] の確かめ

25 ページ

答　え

①　そうじの時間に先生がいないと，いい加減にすませてしまう人がいる。

②　自分たちで使う学校は，自分たちできれいにするべきだ。そうじは自分のためにするものだ。

③　私はそうじに前向きに取り組みたいということ。

④　①を 2 ～ 3 行，②を 8 ～ 10 行，③を 2 ～ 3 行で書く予定。

作文

先生がいないと，そうじをいい加減にすませてしまう人がいます。いかにも，いやいやそうじをやらされているという感じです。

私は，学校は自分たちが使うところだから，自分たちできれいにしなければならない，進んでそうじに取り組まなければならないと思います。

私は以前，そうじをする理由を考えたことがあります。最初は，そうじをしないとほこりを吸って病気になるからと考えましたが，最近では，学校をきれいにすることで，自分の心をきれいにする，つまり，自分のためにやるのだとも思うようになりました。

だから，これからも自分の心をきれいにするために，そうじをしようと思います。

答え

1　ア・イ

ここに着目　折れ線グラフは，変化のようすを表すのに使います。

解き方「変化のようす」とは，時間にともなって何かの量が変わっていくようすということです。**ア**は体温の１時間ごとの変化を，**イ**は月ごとの水道料金の変化を表すことができるので，これらが折れ線グラフに適しています。**ウ**の好きな教科については，たとえば国語は国語，算数は算数という，まったく別々の項目であって，それにともなって人数が変わっていくわけではありませんので，折れ線グラフにはふさわしくありません。**エ**も同様に適しません。

答え

2(1)　35%　　(2)　48000 円

2計算結果は，帯グラフと見くらべて，ありえないような値になっていないかどうか確認するよ。

解き方　(2)光熱費は全体の10%と読み取れます。

くらべる量＝もとにする量×割合　より，

もとにする量が48万円，割合が 0.1なので，光熱費は，

480000 × 0.1 = 48000（円）となります。

答え

3(1)

町名	A町	B町	C町	D町	その他	合計
人数	240	168	96	66	30	600
割合	**40**	**28**	**16**	**11**	**5**	**100**

(2)

町別の生徒数の割合

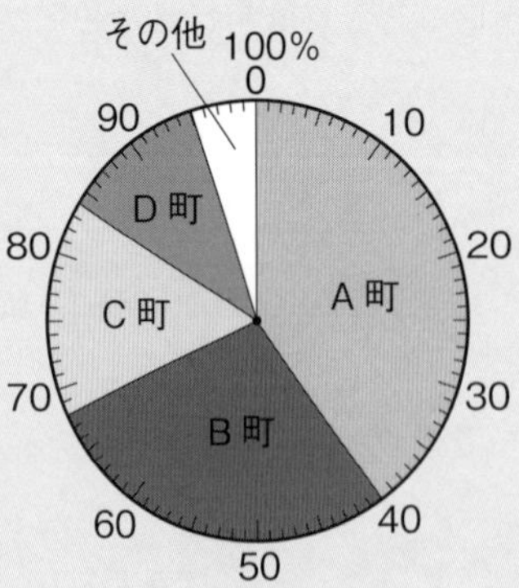

プラス1

円グラフと帯グラフは同じはたらきをするが，たとえば10年前の調査とくらべることがねらいであったなら，次のように帯グラフを並べるとよい。

町別生徒数の割合の移り変わり

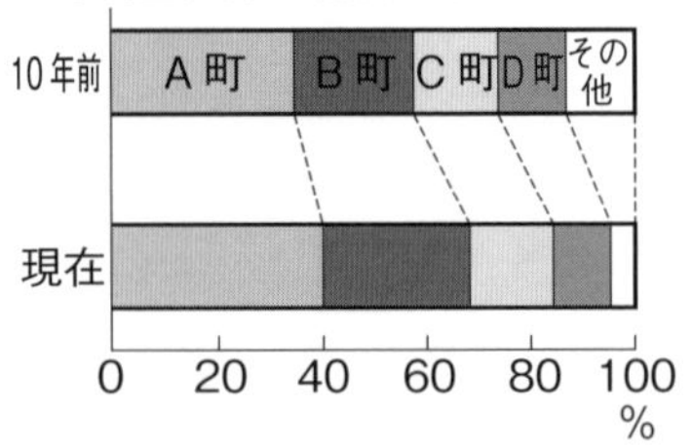

解き方　(1)**割合＝くらべる量÷もとにする量**　より，

各町ごとに割合をパーセントで計算します。もとにする量は人数の合計である600（人）です。

❶資料の読み取り・活用問題

実戦問題①　32～33ページ

◆〔社会：資料の読み取り，日本の農業〕

答え

(1) 冬

(2) イ，エ

(3) キウイフルーツが一年中おろし売りされている。

◆問われる力◆

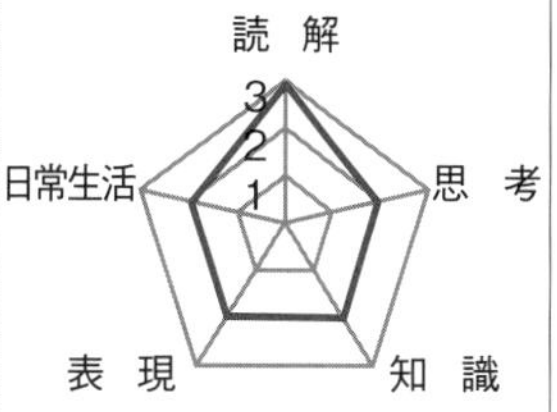

☞ 輸入と市場に関する問題。一つのデータや資料を利用するだけではなく，ほかのデータと比かくしたり，組み合わせたりして考えることが大切です。

ここに着目

(1) **資料1**の四つの季節区分をもとにして，**資料2**からスーパーマーケットなどにおろし売りされる日本産キウイフルーツが一番多い季節を読み取りましょう。

(2) **資料3**には，月ごとのキウイフルーツ1kg当たりのおろし売り価格が示されています。資料から読み取ることができる複数の値を比かくして考えましょう。

(3) 問題で指定されている「キウイフルーツ」と「一年中」の二つの言葉を使うことを忘れずに，資料から読み取れることを分かりやすく説明しましょう。

解き方

(1) **資料1**からは，日本とニュージーランドの季節区分がわかり，日本の季節区分は3～5月が春，6～8月が夏，9～11月が秋，12～2月が冬になっている。**資料2**からは，ある年の日本国内におけるキウイフルーツのおろし売り数量がわかる。

季節ごとの合計おろし売り数量について，**資料1，2**をもとに右の表にまとめた。表から，国内におけるキウイフルーツの季節ごとのおろし売り数量は，春には5482トン，夏には15トン，秋には972トン，冬には8343トンであることがわかる。よって，あ に入る季節は冬である。

日本産キウイフルーツのおろし売り数量と季節区分

月	月別おろし売り数量（トン）	季節区分	季節ごとのおろし売り数量（トン）
3	3,911	春	5,482
4	1,507		
5	64		
6	11	夏	15
7	3		
8	1		
9	17	秋	972
10	281		
11	674		
12	1,206	冬	8,343
1	3,079		
2	4,058		

(2) 各選たくしの内容について，**資料3**から読み取れることを用いて正誤を考える。適切なものを二つ選ぶようにと指示があることに注意する。

ア　それぞれの月において，1kg当たりのおろし売り価格を比べると，日本産キウイフルーツよりも輸入キウイフルーツのほうが安い月は，4月，5月，8月，9月以外の8月分である。よって，誤り。

イ　輸入キウイフルーツ１kg当たりのおろし売り価格が500円以下の月は，１月，２月，３月，12月の４か月で，これらの月における日本産キウイフルーツ１kg当たりのおろし売り価格はそれぞれ，510円，519円，536円，522円であり，いずれも500円以上である。よって，正しい。

ウ　輸入キウイフルーツ１kg当たりのおろし売り価格が一番高い月は，４月の650円である。この月の日本産キウイフルーツ１kg当たりのおろし売り価格は539円であり，その差は111円である。よって，誤り。

エ　日本産キウイフルーツ１kg当たりのおろし売り価格と，輸入キウイフルーツ１kg当たりのおろし売り価格の差を下の表にまとめた。表から，もっとも差が小さい月は11月であるとわかる。よって，正しい。

（単位：円）

ある年の日本国内におけるキウイフルーツ１kg当たりのおろし売り価格とその差												
区分＼月	1月	2月	3月	4月	5月	6月	7月	8月	9月	10月	11月	12月
日本産キウイフルーツ	510	519	536	539	418	578	665	289	449	665	565	522
輸入キウイフルーツ	427	433	446	650	562	559	588	588	596	584	550	477
価格の差	83	86	90	111	144	19	77	299	147	81	15	45

⑶　ゆりえさんは，**資料２**から読み取れることとして「日本産キウイフルーツのおろし売り数量が少ない時期に，輸入キウイフルーツのおろし売り数量が多くなってい」ると述べている。これは，国内では一年を通してキウイフルーツがおろし売りされているということであると考えられる。

指定されている「一年中」という言葉からも，**資料２**を月ごとに見るのではなく，一年を通して見なければいけないことがわかる。指定されている二つの言葉を使うことを忘れずに，わかりやすい文章で解答する。

ゆりえさんの発言から，２種類のキウイフルーツのおろし売り数量を合わせて考える必要があることに気がつくことができれば，簡単に解けるね。

参考

キウイフルーツは，秋から冬場にかけて収かくされる果物です。日本の主な輸入相手国であるニュージーランドは，南半球に位置しており，問題の**資料１**からもわかるように，日本とは季節が反対になっている地域です。日本では11月から４月にかけて収かくシーズンをむかえるのに対して，ニュージーランドでは３月後半から５月にかけて収かくシーズンをむかえます。

このようにして，キウイフルーツは一年中食べられるようになっています。他にも，一年中食べられるような野菜や果物にはどんなものがあって，一年中収かくするためにどのような工夫がされているか探してみてもいいでしょう。

サポートのポイント

複数の資料やデータをもとに考える場合には，必要なデータを選んで印をつけたり，整理し直したりする習慣をつけるとよいでしょう。時間内で解答できるようふだんから練習してみましょう。

実戦問題②

34～35ページ

◆〔理科，算数：地理の温度や気温の変化，グラフの作成〕

答 え

(1) まず，太陽光によって地面が暖《あたた》められ，その後地面の近くの空気が暖められる。

(2) （解答例）選んだ番号 ①
気温 れい下 56.5℃

(3) 右図

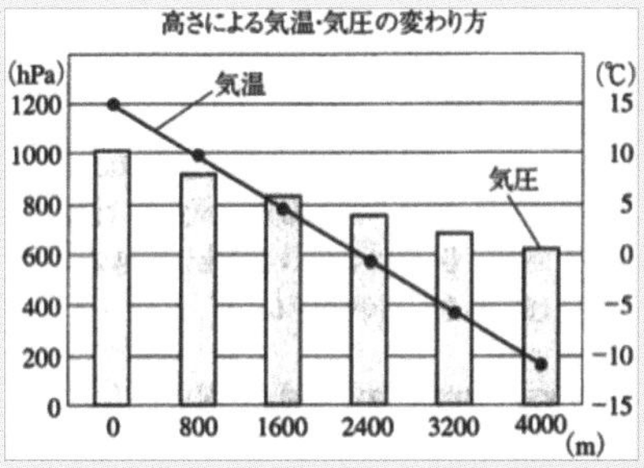

◆問われる力◆

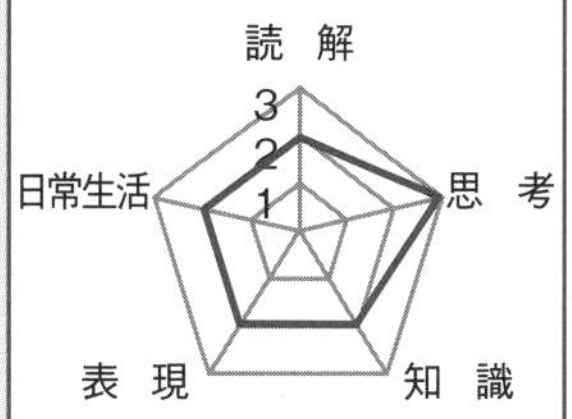

気温や気圧の変化を，資料をもとに考える問題です。資料から読み取れるきまりから，似た状きょうについても予想できるようにします。

ここに着目

(1) 気温がもっとも高くなる時刻《こく》と，地面の温度がもっとも高くなる時刻がずれていることに着目します。

(2) 資料から，高さが 100m ずつ高くなると，気温は何度下がっているかを考え，きまりを見つけます。

(3) グラフには，目もりと単位が必要です。また，ふたつのグラフが一緒に表されているため，どのグラフが何を示しているかを明確にする必要もあります。

解き方

(1) **資料 1** から，気温がもっとも高くなるのは，地面の温度がもっとも高くなる時刻から 2 時間から 3 時間あとであることがわかります。空気は，太陽光で直接暖められるのではなく，暖められた地面の熱によって暖まります。

(2) **資料2**から，高さが100m 高くなるごとに，何度下がっているか求めると，①，②の高さの気温が求められます。800m の高さで，15.0－9.8＝5.2（℃）下がっているので，100m 高くなるにつれて，5.2÷8＝0.65（℃）ずつ下がっていることになります。①を選んだ場合は，0.65×110＝71.5（℃）下がるので，れい下56.5℃となります。
②を選んだ場合は，0.65×59＝38.35（℃）下がるので，れい下23.35℃となります。

(3) **図 1** が何についてのグラフであるか，また，３つの目もりが何を表しているのか，ぼうグラフと折れ線グラフが何を表しているのかを示さなければいけません。

参考

いろいろな単位

Pa…圧力を表します。「パスカル」と読みます。

hPa…気圧を表します。空気中にも海中にもこの圧力は存在しています。

サポートのポイント

(3)で，表の左右に別々の目もりが書いてあることに注意しましょう。**資料 2** を参考にすると，気温は最高で 15℃，気圧は 1000hPa 以上の目もりが必要なことがわかります。グラフを見分けるには，標高 4000m のとき，－ 11℃を示しているのがどちらのグラフなのかというように考えるとわかりやすくなります。

❷実験・観察方法についての問題

実戦問題① 38～39ページ

◆ 〔理科：水の中の小さな生き物〕

答え

(1) 一番大きな生き物：カ　　一番小さな生き物：ア

理由：倍率が小さいほど実際の大きさは大きく，倍率が大きいほど実際の大きさは小さいから。

(2)

選んだ道具の名前	使い方
ビーカー	観察池の水をすくって入れる。
ピンセット	すくった水の中の葉や小枝，ごみなどを取り除く。
目の細かいあみ	ろ過しながらペットボトルの中にビーカーの水を入れる。小さいごみやどろを取り除く。

(3) 小さな生き物は，水底の砂や小石についたこけなどをえさにしています。だから，水面近くより水底の方にたくさん集まります。また，魚はこの小さな生き物をえさにしています。だから，水そうの中に入れている砂や小石をきれいにしすぎない方がよいのは，魚のえさがなくなってしまうからです。

◆問われる力◆

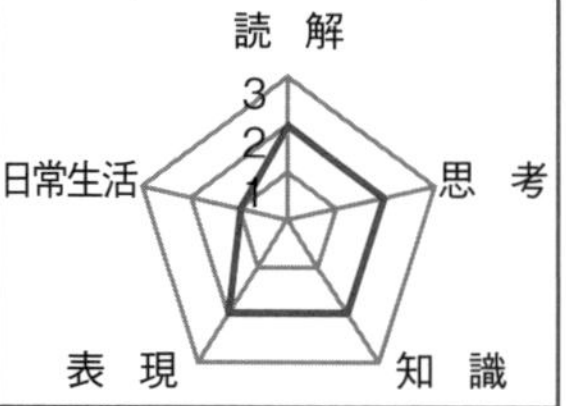

水の中の小さな生き物の観察のしかたを中心にした問題。基本的な実験・観察方法はしっかり確認しておきましょう。

ここに着目

(1) 実際の大きさが小さいものほど，倍率を大きくしないとはっきり見えません。

(2) 池の水をすくったとき，葉や枝などが入った場合は取り除く必要があります。そのほかに水の中にある細かいものを取り除く必要があります。

(3) 砂や小石がある近くに小さな生き物が多いといえます。水の中の砂や小石には，緑色のものがついています。これは，植物のなかまです。

解き方

(1) 生物の名前のとなりにある数値は，倍率を表しています。倍率が大きいほど，実際の大きさは小さいといえます。よって，実際の大きさが一番大きいのは**カ**のミジンコ，実際の大きさが一番小さいのは**ア**のミドリムシです。

(2) 葉や枝やそのほかに混じっているどろなどを取り除いた水を，持ち帰るペットボトルの中に入れます。そのためにどのような操作をすればよいのかを考えます。

① ビーカーで池の水をくみとります。

② ピンセットを使って，葉や枝，大きなごみを取りのぞきます。

③ 目の細かいあみを使って，ろ過しながらペットボトルの中にビーカーの水を入れます。あみには，ピンセットでは取れなかった小さなごみやどろなどが残ります。

ペットボトルに入れて持ち帰った水を，スポイトなどでスライドガ

参考

プレパラートの作り方

① スポイトで，池の水を1，2てき落とす。

② カバーガラスをはしからゆっくりとかけ，まわりの水を軽くすいとる。

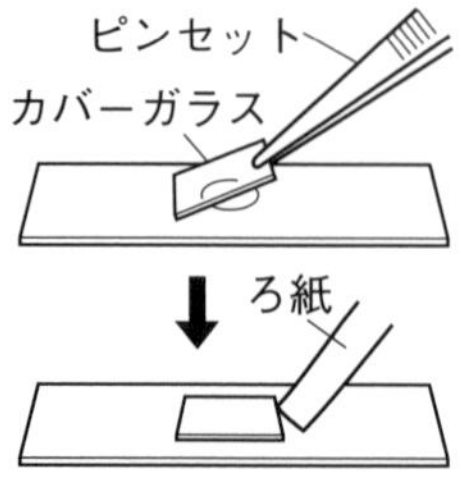

ラスにとり，プレパラートをつくり，けんび鏡で観察します。

参考

けんび鏡の観察のしかた

① 接眼レンズをのぞきながら，鏡を動かして明るさを調節する。

② のせ台にプレパラートをのせ，とめ金でとめる。

③ 真横から見ながら対物レンズをプレパラートに近づける。

④ 接眼レンズをのぞきながら，対物レンズをプレパラートから遠ざけるようにしてピントを合わせる。

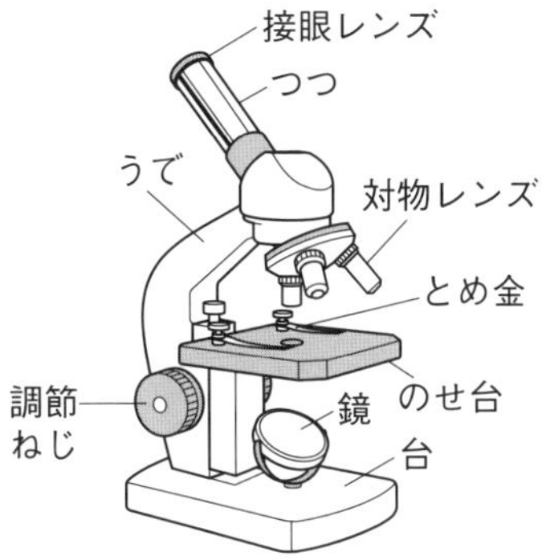

(3) 水そうの底の砂や小石には，緑色をしたミカヅキモ，ケイソウなどが育っています。このような小さな生き物のうち，植物であるものを植物プランクトンといいます。また，小さな生き物のうち，ワムシやゾウリムシなど動物であるものを動物プランクトンといいます。動物プランクトンは，植物プランクトンを食べて生きています。そのため，植物プランクトンが多く育っているところに，動物プランクトンも多くいます。さらに，メダカなどの小さな魚は，動物プランクトンを食べて生きています。砂や小石をきれいに洗ってしまうと，植物プランクトンがいなくなるため，動物プランクトンも少なくなり，メダカのえさがなくなってしまうことになります。

見直そう

●食べ物を通しての生き物のつながり

生き物どうしは，「食べる」「食べられる」という関係でつながっている。このことを食物連鎖という。

コラム

外来種

もともと日本にはいない外国から持ちこまれた生き物を，外来種という。外来種が増えると，もともといた生き物が食べられたり，すむことができなくなったりして，生き物どうしの関係がくずれてしまうことがある。

サポートのポイント

(2)では，持ち帰り用の空のペットボトルが１個用意してあることに注意します。池には葉や小枝，どろ，ごみなどが落ちています。ごみを取ってから採集する必要があることに気づかせましょう。

実戦問題② 40～41ページ

◆〔算数，理科：平均，上皿てんびんの使い方〕

答え

(1) 曜日によって，学年の行事のため，本を借りることができる人数が異なるから。

(2) 39冊

(3) オ→ウ→カ→エ→ア

◆問われる力◆

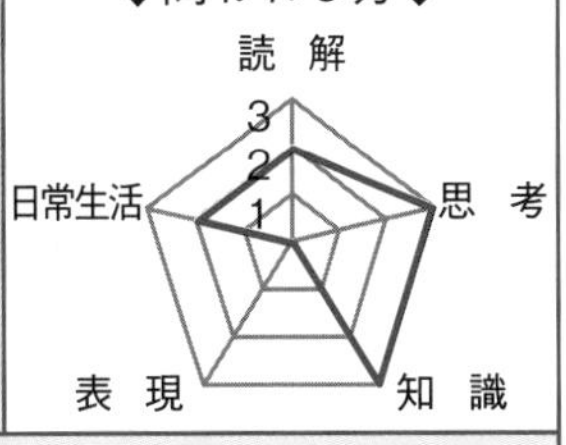

統計方法の複雑な意味を分析し，設問の意図をくみ取ります。また，実験器具のあつかい方について答えます。

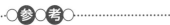

ここに着目

(1)　示されている資料からは，本を借りた人数がわかりません。

(2)　火曜日の1日あたりの本を借りることができた人数が131人です。ただし，10月19日は６年生が修学旅行のためいないので，この日の人数は６年生の人数分少なくなることに注意します。

(3)　重さをはかるとき，はかる人が右ききの場合は，はかるものを左の皿に置き，分銅を右の皿にのせます。

解き方

(1)　カレンダーを見ると，本を貸し出した日は，月曜日と金曜日は３回，火・水・木曜日は４回と回数がちがっていることから，図書室を利用した人数は曜日によってちがうと考えられます。また，行事予定表から，日によって図書室を利用できる人数が異なっていたと考えられます。本を借りることができた人数がちがうので，１人あたりの貸し出し数については，示された資料だけからはわかりません。

見直そう

●平均

いくつかの数量を，同じ大きさになるようにならしたものを，それらの数量の平均という。

平均＝合計÷個数

(2)　まず，火曜日に図書室で本を借りることができた総人数を求めます。

10月19日以外の３日間…131×3＝393（人）

10月19日…６年生の人数を引いて，131－24＝107（人）

よって，総人数は，393 ＋ 107 ＝ 500（人）

10月19日の貸し出し冊数を□冊として，平均を求める式にあてはめると，

（68 ＋ 56 ＋□＋ 72）÷ 500 ＝ 0.47

これより，

68 ＋ 56 ＋□＋ 72 ＝ 235

となることがわかります。よって，□は

235 － 72 － 56 － 68 ＝ 39（冊）

となります。

見直そう

●上皿てんびん

・持ち運ぶときやしまうときは，皿をかた方に重ねておく。

・分銅は，ピンセットで持つ。手でちょくせつ持ってはいけない。

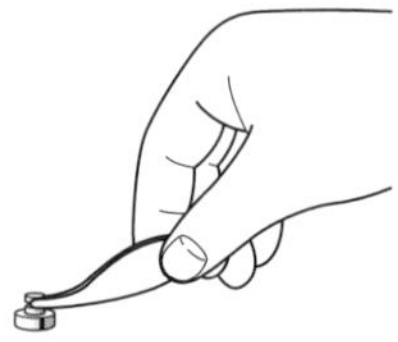

(3)　上皿てんびんを使ってものの重さをはかるときの手順は，次のようになります（右ききの場合。左ききの場合は，「右」を「左」に読みかえる）。

①　上皿てんびんを水平なところに置く。

②　針が左右等しくふれるように調節ねじで調節する。

③　はかりたいものを左の皿にのせる。

④　右の皿に，はかるものより重そうな分銅からのせていく。

⑤　重すぎたら，その次の重さの分銅（１つ軽い分銅）にかえる。のせた分銅が軽すぎたときは，その次の重さの分銅を加える。

⑥　はりが左右に等しくふれたときの，皿にのせた分銅の重さを合計する。

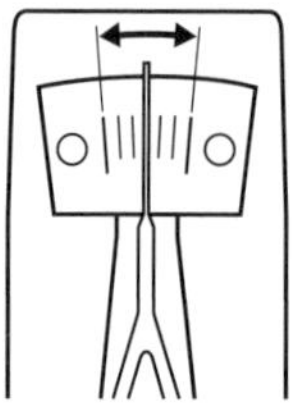

注意

左右がつり合ったかどうかは，針が止まるまで待たなくてよい。左右のふれが等しくなったときつり合ったといえる。

参考

液体や粉のはかりとり方(右ききの場合。左ききの場合は,「右」を「左」に読みかえる)

① 左右の皿に,同じ重さの入れ物や紙をのせてつり合わせる。
② 左の皿にはかりとる重さの分銅をのせる。
③ 右の皿に,液体や粉を少しずつ加えていき,つり合わせる。

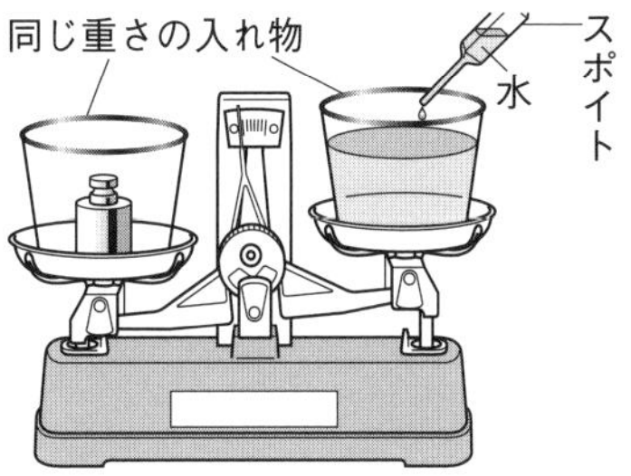

サポートのポイント

統計資料の「方法」について,総合的に判断する力が試されます。「平均」の意味を読み解く,抽象的《ちゅうしょうてき》な思考を要します。

❸規則性・条件処理に関する問題

実戦問題① 44～45ページ

1 〔算数:規則性を見つける〕

答え

(1) 当番の日:2月24日　　内容:校庭の石拾い
(2) 6人
(3) 当番の日:3月4日
わけ:37×2+9=83 なので,たかしさんは1組1番から数えて83番目になる。また,1週間あたりの美化活動を行う人数は,2+4+6+8+10=30 より,30人。以上のことから,たかしさんの順番は,83÷30=2あまり23 だから,3週目の23番目である。水曜日から始まり,3週目は3月2日(水)からなので,そこから23番目になる。3月3日(木)までは 6+8=14 で,14番目までになり,3月4日(金)は15番目から24番目になる。だから,たかしさんの当番の日は,3月4日になる。

◆問われる力◆

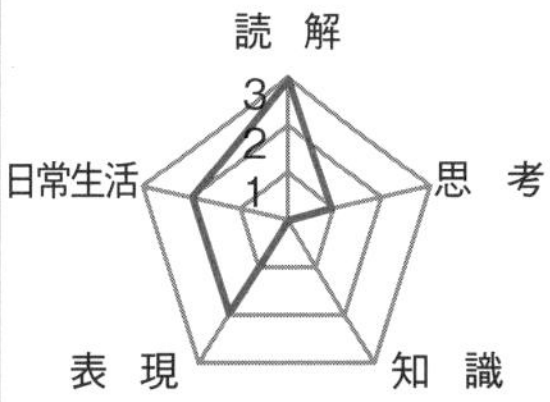

複数の資料に散らばった情報から,必要なもの,重要なものを選びとった上で,規則にしたがった処理を行います。

ここに着目

1週間に美化活動をする人数は,2+4+6+8+10=30(人)です。はじめから数えて31番目の人は第2週目の1日目に,当番がまわってきます。

解き方

(1) 2組1番の人は,1組1番から数えると,37+1=38(番目)になります。1週間に美化活動をする人数は,30人だから,

38÷30=1あまり8 より,第2週の水曜日から数えて8人目になります。

あまりと美化活動を行う曜日と内容は，下の表のようになります。

あまり	1～6	7～14	15～24	25～26	27～29，0
曜　日	水	木	金	月	火
内　容	体育用具の整理	校庭の石拾い	校舎内の窓ふき	図書室の本の整理	パソコン室のそうじ

よって，2月24日（木）の校庭の石拾いであることがわかります。

(2)　6年生は全員で，37×3＝111（人）いますから，111÷30＝3あまり21　となります。

これより，4週目は金曜日の校舎内の窓ふきまでで美化活動の分担は終わることになります。

よって，月曜日の図書室の本の整理は，3回行われることがわかります。これより，2×3＝6で，6人となります。

(3)　(1)と同じように考えます。

①　たかしさんは，1組1番から数えて何番目か … 37×2＋9＝83（番目）

②　たかしさんは何週目の何番目か … 83÷30＝2あまり23

③　たかしさんは3週目の23番目であることがわかります。(1)の表より，あまりが23のときは金曜日の校舎内の窓ふきです。

3週目の金曜日は，3月4日です。

〇参〇考〇

知ってる？
カレンダーの不思議

何年何月のカレンダーでもよいから，3行3列の日付を囲むと…

8	9	10
15	16	17
22	23	24

8	9	10
15	16	17
22	23	24

8	9	10
15	16	17
22	23	24

8	9	10
15	16	17
22	23	24

真ん中を通る縦・横・ななめの3つの数字の合計はみな等しい！理由を考えてみよう。

サポートのポイント

カレンダーはごく身近にある周期性の見本のようなものですが，人間の実際の活動と結びつけて考える場合は，本問のようにさまざまな条件処理をしなければなりません。落ち着いて資料を読む，出した答えをできるだけ別の角度から確認する，という姿勢で取り組むとよいでしょう。

2　〔算数：数字の並び方〕

答え

4657

◆問われる力◆

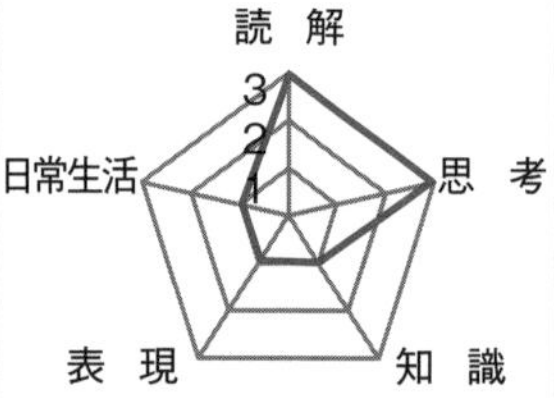

数字の並び方についてのいくつかの条件を読み，あてはまる数をしぼっていきます。

ここに着目　みかさんの言葉の中に，使われている数字が全部わかるところがあります。みかさんのつくった数字についての条件は，会話の順序には関係ありません。

解き方 みかさんの４番目の言葉から４つの数字は，４，５，６，７ということがわかります。

はじめにもどり，みかさんの１番目の言葉から，１つだけあたっている数字「４」は一の位には入らないことがわかります。

したがって，一の位は５，６，７のいずれかです。

□□□5，□□□6，□□□7

次に，みかさんの３番目の言葉から，千の位には「６」は入らず，百の位には「７」は入らないことがわかります。よって，ありえる数を並べると，

７６４５　７５４６　５６４７
７４６５　７４５６　５４６７
４６７５　５４７６　４６５７
　　　　　４５７６　４５６７

このうち，みかさんの２番目の言葉から，５６７８と１つだけ数字も位も合っているとすれば，７６４５，４５７６，４６５７が残ります。さらに，みかさんの４番目の言葉から，５４６７と１つだけ数字も位も合っているのは，４６５７となります。したがって，求める数は４６５７です。

４つの数字の並べ方は24通り。全部書き出して考えてもいいね。
~~4567~~ ~~4576~~ 4657
~~4675~~ ~~4756~~ ~~4765~~
~~5467~~ ~~5476~~ ~~5647~~
~~5674~~ ~~5746~~ ~~5764~~
~~6457~~ ~~6475~~ ~~6547~~
~~6574~~ ~~6745~~ ~~6754~~
~~7456~~ ~~7465~~ ~~7546~~
~~7564~~ ~~7645~~ ~~7654~~

サポートのポイント

まず問題文，ここでは会話文の意味をしっかり読み解かなければなりません。それから根気よく数字の並びを調べていきます。効率よく，かつもれなく書き出す工夫と練習が必要です。

実戦問題②　46～47ページ

◆〔算数：条件にそって処理を行う〕

答え

(1)　4

(2)　③ ⑨ ①
　　⑪ ⑤
　　　⑦

(3)　① ⑪ ⑤
　　③ ⑨
　　　⑦

　　③ ⑪ ⑦
　　① ⑤
　　　⑨

(4)　①　７点

説明：得点表ア～エの倒れた９本の缶は，いずれもＡとは異なる缶で，それぞれ１度だけ倒れている。よって，Ａ以外の９本の缶の合計はア～エの得点の合計93点である。さらに，10本の缶の合計は100点であることから，Ａの缶の点数は，２つの合計の差で求めることができる。

②　⑰ ⑤ ⑪ ③
　　⑬ ⑲ ⑦
　　　⑨ ⑮
　　　　①

◆問われる力◆

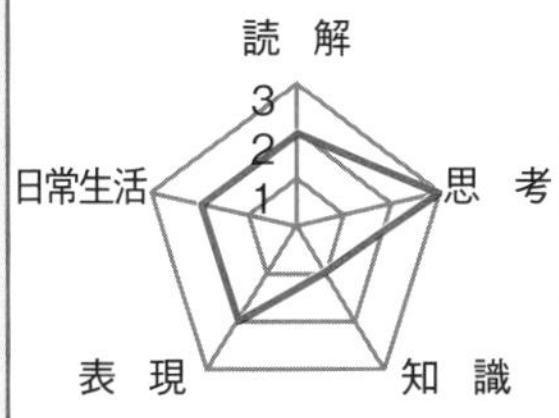

条件に合った組合わせをもれなく書き出す，その場合分けを要領よく図示する，という能力が問われます。論理的思考力に加え，ひらめきも必要。

ここに着目

⑴　わからない数を□とおいて式を立ててみる，または仮に①とおいて合計し，あとで①が何点にあたるかを計算する，という方法があります。

⑵　早く点数を決定するために役立つ情報はどれか，ということを考えましょう。

⑶　「ＰかＱのどちらかだが，Ｐはありえないのでそれである」という思考をくり返します。

⑷　①はヒントにあるように，ア～エの倒れ方に着目すると，くわしい配置がわからなくてもＡの点数が決まります。②はまずア，エ，オに着目して，３列目の右端と１列目の缶の点数を割り出します。

解き方　　　動画解説

⑴　１列目の缶の点数を□点とすると，□×２＋□×３×２＝32（点）という式が成り立ちます。整理していくと，

□×２＋□×６＝□×（２＋６）＝□×８＝32

となるので，これを解いて□＝４（点）となります。

または，１列目の缶を①とおくと，得点は，

②＋③＋③＝⑧＝32（点）

だから，①は　32÷８＝４（点）にあたることがわかります。

見直そう

「□が２つと□が６つ」だから合わせて「□が８つ」と考える。

⑵　２缶で６点になる組み合わせは１点と５点なので，右図でⒸが１点でⒺが５点，またはⒸが５点でⒺが１点です。これを〔Ｃ，Ｅ〕＝〔１，５〕と表すこととします。

Ⓐ Ⓑ Ⓒ
Ⓓ Ⓔ
Ⓕ

Ｃ＝５，Ｅ＝１のとき，Ａ＋Ｂ＋Ｃ＝13より，Ａ＋Ｂ＝８　のはずですが，重複するので，〔Ａ，Ｂ〕＝〔１，７〕も〔Ａ，Ｂ〕＝〔３，５〕もありえません。したがって，Ｃ＝１，Ｅ＝５　と決まります。さらに，〔Ａ，Ｂ〕＝〔１，11〕もありえないので，〔Ａ，Ｂ〕＝〔３，９〕となります。

Ａ＝９とすると，Ａ＋Ｄ＝14　よりＤ＝５　これはＣと重複するので，Ａ＝３，Ｂ＝９，Ｄ＝11　とわかりました。残った缶について，Ｆ＝７　つまり，Ａ＝３，Ｂ＝９，Ｃ＝１，Ｄ＝11，Ｅ＝５，Ｆ＝７となります。

参考

⑵　缶の並べ方は，３回とも同じなので，どの回の得点結果から考え始めてもよい。

注意

残った１缶についても，矛盾なく定まるかどうか確認すること。

⑶　倒れた缶が少なく，得点の低い１回目を考えると，

Ⓐ Ⓑ Ⓒ
Ⓓ Ⓔ
Ⓕ

〔Ｄ，Ｆ〕＝〔１，９〕または〔３，７〕

【１】〔Ｄ，Ｆ〕＝〔１，９〕のとき

Ｄ＝９，Ｆ＝１とすると，Ｃ＋Ｅ＋Ｆ＝21　より，

〔Ｃ，Ｅ〕＝〔９，11〕ですが，重複するのでありえません。そこで，Ｄ＝１，Ｆ＝９，〔Ｃ，Ｅ〕＝〔５，７〕

Ｂ＋Ｃ＋Ｄ＝19　より，〔Ｂ，Ｃ〕＝〔７，11〕となって，Ｃ＝７が決まり，Ｂ＝11，Ｅ＝５　残った缶についてＡ＝３つまり，

Ａ＝３，Ｂ＝11，Ｃ＝７，Ｄ＝１，Ｅ＝５，Ｆ＝９

【２】〔Ｄ，Ｆ〕＝〔３，７〕のとき

【１】
{〔Ｃ，Ｅ〕＝〔５，７〕
{〔Ｂ，Ｃ〕＝〔７，11〕
両式に入っている文字と数字に着目すれば，Ｃ＝７が決まる。【２】でも同様だね。

D＝7，F＝3とすると，C＋E＋F＝21 より，
〔C，E〕＝〔7，11〕ですが，重複するのでありえません。そこで，
D＝3，F＝7，〔C，E〕＝〔5，9〕

B＋C＋D＝19 より，〔B，C〕＝〔5，11〕となって，C＝5が決まり，B＝11，E＝9　残った缶についてA＝1　つまり，A＝1，B＝11，C＝5，D＝3，E＝9，F＝7
【1】と【2】はどちらも成り立ちます。

(4)　①　図8のA以外の9本それぞれは，図7のアからエで1回ずつ倒れていることに注目します。10本をすべて1度に倒したとすると，

1＋3＋5＋7＋9＋11＋13＋15＋17＋19＝100（点）

A以外の9本を1度に倒したとすれば，アからエの得点の合計になるから，10＋30＋39＋14＝93（点）
したがって，Aの点数は100－93＝7（点）となります。

②　7は決まっているので，アより，
〔H，J〕＝〔1，9〕……(a)
これとエより，
〔D，E〕＝〔3，11〕……(b)

Ⓑ Ⓒ Ⓓ Ⓔ
Ⓕ Ⓖ ⑦
Ⓗ Ⓘ
Ⓙ

オによると，〔E，I，J〕＝〔1，3，15〕または〔1，5，13〕または〔3，5，11〕が考えられますが，最後のものは(b)の組み合わせがともにふくまれているので，ありえません。また，(a)，(b)よりEとJについて使える点数がふくまれているものは，
〔E，I，J〕＝〔1，3，15〕だけです。よって，E＝3，I＝15，J＝1，さらに(a)，(b)より　H＝9，D＝11となります。

Ⓑ Ⓒ ⑪ ③
Ⓕ Ⓖ ⑦
⑨ ⑮
①

カによると，C＋F＝18　すでに決まった点数と重複しないようにすれば，
〔C，F〕＝〔5，13〕……(c)
とわかります。ウより，C＋G＝24　　重複しないようにすれば，
〔C，G〕＝〔5，19〕……(d)
(c)，(d)より，C＝5，F＝13，G＝19
イより，B＝30－F＝17
これで10本の点数が決定しました。

⑰ ⑤ ⑪ ③
⑬ ⑲ ⑦
⑨ ⑮
①

(4)②
E＋I＋J＝19
だけど
×〔3，7，9〕
7は使えないね。
E，I，Jの中での重複ももちろんダメ。

(c)の決定
×〔1，17〕
×〔3，15〕
○〔5，13〕
×〔7，11〕
(d)の決定
○〔5，19〕
×〔7，17〕
×〔9，15〕
×〔11，13〕

サポートのポイント

パズルの感覚で「決められるところ」を論理的に「決めていく」問題です。(4)はなかなか複雑ですが，自力で解ければ爽快《そうかい》な気分です。右欄に示したような図解や書き出しが手際よくできるようにしましょう。(4)①は必修といってもいい思考パターンが現れていますので，記述もふくめてぜひ攻略を。

❹図形に関する問題

実戦問題①
50～51 ページ

◆〔算数：正方形のこま〕

答え

(1) ① **12.56**（cm²）　② **$\frac{1}{2}$**（**0.5**）（倍）

③ 式）（正方形アの面積：円イの面積＝正方形ウの面積：円エの面積なので，）**正方形アの面積と正方形ウの面積を求めて，上の式にあてはめていく。正方形アの面積は 4 × 4 ＝ 16**（cm²），**正方形ウの面積は 16 ×$\frac{1}{2}$＝ 8**（cm²）**なので，円エの面積を□とすると，16：12.56 ＝ 8 ：□という式が成り立つ。これを解くと，12.56 × 8 ＝ 16 ×□，□＝ 100.48 ÷ 16 ＝ 6.28 となる。**

答え　**6.28**（cm²）

(2) （例）

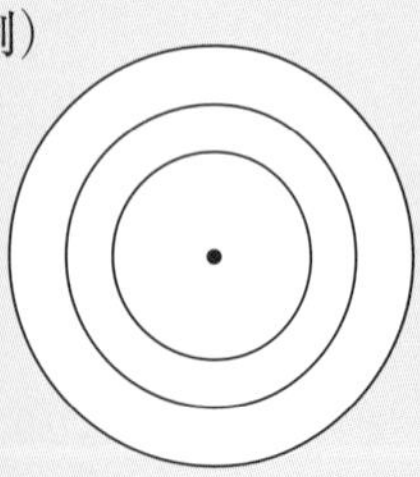

（円の直径は外側から約 5.6cm，4 cm，約 2.8cm）

※左図は約 50%に縮小したものです。

◆問われる力◆

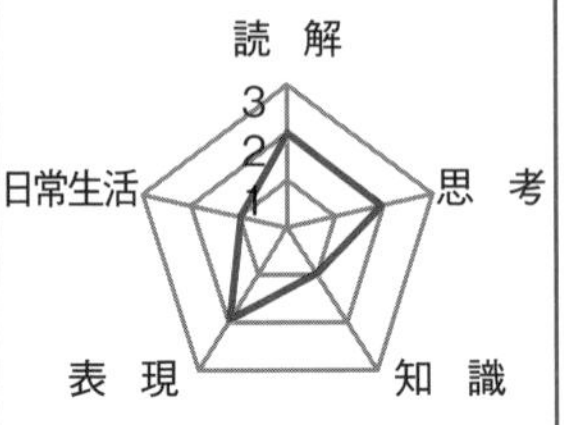

問題文の前半が，この問題を解くためのヒントになっています。図形問題に関する思考力や表現力に加え，そういった面に気づくことも大切です。

ここに着目

(1) ①と②は，算数の基本知識があれば解くことができます。③は，「正方形**ア**の面積：円**イ**の面積＝正方形**ウ**の面積：円**エ**の面積」を解法に使わなければいけないことに注意。

(2) 問題文の前半の説明から，どのような図形になるかは想像できるはずです。正方形の内側に 4 点で接する円は，図形を回したときの線のあと（きせき）になります。

解き方

(1) ① 円**イ**の半径は 2 cmなので，円**イ**の面積は

2 × 2 ×3.14＝12.56（cm²）

② 正方形**ウ**は円**イ**の内側に 4 点で接するので，正方形**ウ**の対角線は円**イ**の直径にあたるから，その長さは

2 × 2 ＝ 4（cm）

正方形はひし形なので，その面積は「対角線×もう一方の対角線÷ 2」でも求めることができます。つまり，正方形**ウ**の対角線の長さから，その面積は

4 × 4 ÷ 2 ＝ 8（cm²）

正方形**ア**の面積は 4 × 4 ＝16（cm²）だから，正方形**ウ**の面積は，

8 ÷16＝$\frac{1}{2}$（倍）

となります。

見直そう

●四角形の面積

長方形の面積
＝縦×横

正方形の面積
＝ 1 辺× 1 辺

平行四辺形の面積
＝底辺×高さ

台形の面積
＝（上底＋下底）×高さ÷ 2

ひし形の面積
＝対角線×もう一方の対角線÷ 2

【別解】正方形**ア**は，右図の正方形ＡＢＣＤが４つ集まってできたもの。正方形**ウ**は，正方形ＡＢＣＤの$\frac{1}{2}$の面積にあたる三角形ＡＢＣが４つ集まったものです。したがって，正方形**ウ**の面積は，正方形**ア**の面積の$\frac{1}{2}$倍ということになります。

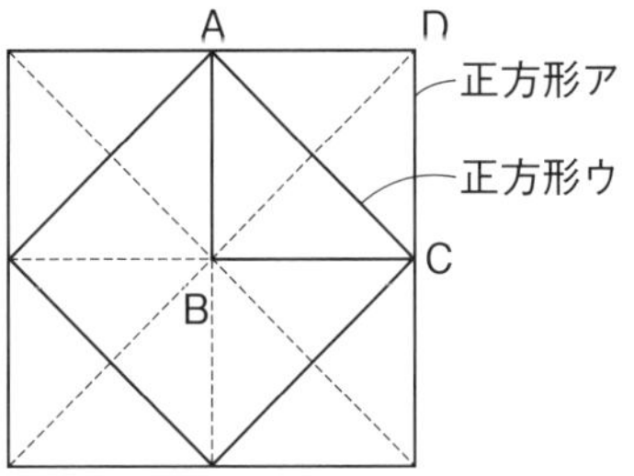

絵にかいてみるのが，きっと正解への一番の近道よ。

③　②より正方形**ア**の面積は16cm^2，正方形**ウ**の面積は８cm^2。また，円**イ**の面積は，①より12.56cm^2。円**エ**の面積を□とするとき，次の式が成り立ちます。

16：12.56＝８：□

この式を□について順序よく解きましょう。

⑵　一番外側の円は右図のａが半径となる円，二番目の円はｂが半径となる円，一番内側の円はｃが半径となる円です。

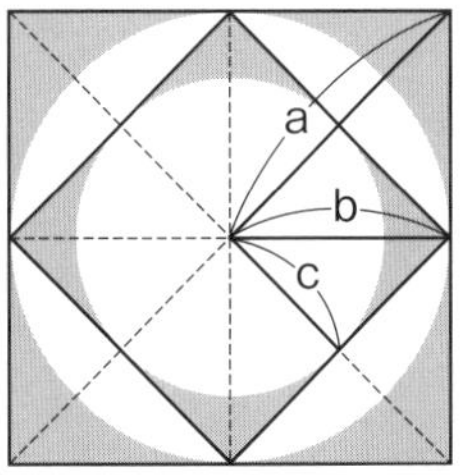

参考

直角二等辺三角形

直角二等辺三角形は，すべて辺の比が

１：１：1.41…

と決まっている。

サポートのポイント

まず，確実にわかるところから解いていくようにアドバイスしましょう。

⑵は問題文と，問題の写真および図が大きなヒントになることを教えてあげましょう。

実戦問題②　52～53ページ

◆〔算数：平面図形〕

答え

⑴　**正三角形，正四角形（正方形），正五角形**

⑵

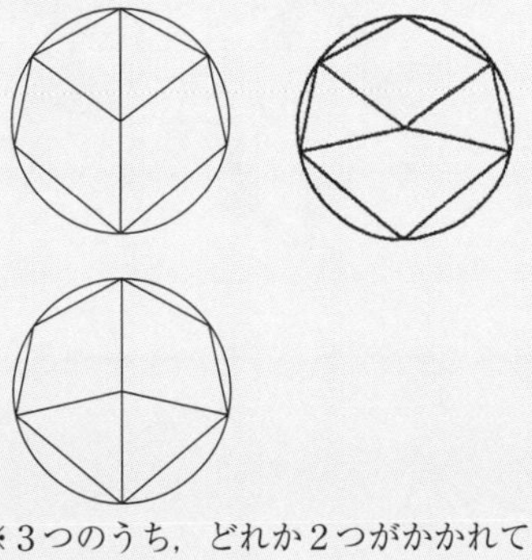

※３つのうち，どれか２つがかかれていればよい。

⑶

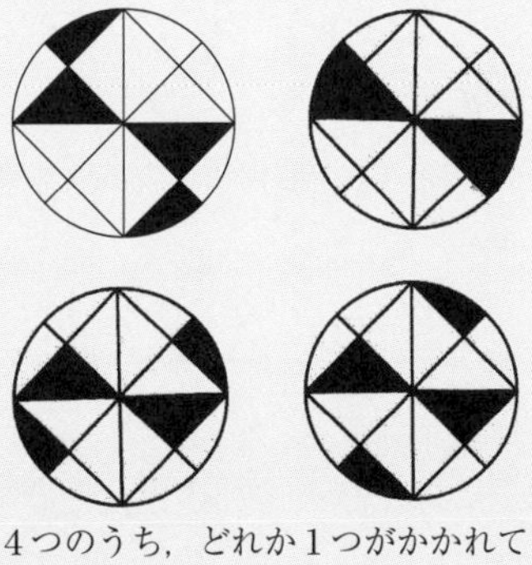

※４つのうち，どれか１つがかかれていればよい。

◆問われる力◆

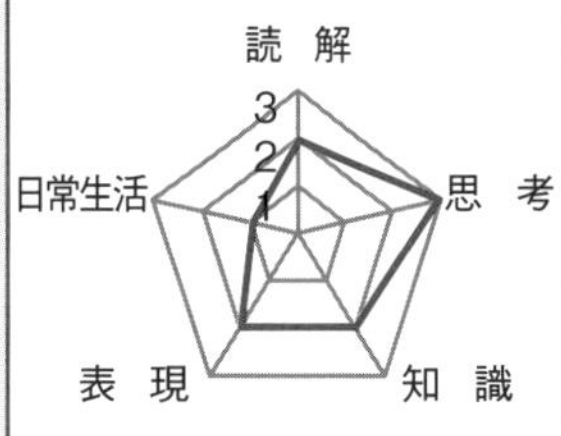

会話から必要な条件を読みとる読解力と，求められている図をかくという表現力が必要な問題です。条件にあてはまる図形を導くだけの知識も必要となります。

ここに着目

(1) 会話からわかることを整理しましょう。「多角形の辺の長さは，みんな等しいよ」「(ひいた)半径の数は５本以下だったよ」という会話から，わかることを整理し，あてはまる図形を考えましょう。

(2) ひろみさんの会話から，ひろみさんのかいたマークは「線対称な六角形」で「六角形の中に三角形と四角形がある」「線対称な図形」であることがわかります。また，式から三角形と四角形の数がそれぞれわかるので，それをもとにして問題を解きましょう。

(3) ひできさんの会話から，ひできさんのかいたマークは「ゆかりさんが色をぬった部分と同じ面積になるように」色をぬった，「点対称の模様」であることがわかります。ゆかりさんのかいた【図１】と見比べ，面積が同じになる部分を探し，そのあと点対称になる模様を考えましょう。

解き方

(1) あつしさんがかいた多角形の手がかりとして，次の２点があります。

①多角形の辺の長さは等しいこと

②円の中心から多角形の頂点にひいた線は５本以下であること

①から，あつしさんのかいた多角形が，正多角形であることがわかります。また，②から，図形の角が５つ以下であることがわかるので，これらの条件にあてはまるのは，正三角形，正四角形（正方形），正五角形になります。

(2) ひろみさんのかいたマークについて，次の２点がポイントになります。

①線対称の図形であること

②三角形と四角形があること

また，ひろみさんが六角形の角の大きさの和を求める式で，$180\times2+360\times2$としていることから，ひろみさんがかいたマークは，六角形の中に三角形と四角形が２つずつあることがわかります。したがって，六角形の中に三角形と四角形が２つずつになるように半径をかけばよいことになります。

(3) ひできさんの会話から，【図１】部分と同じ面積になるように【図２】をぬった，点対称の模様をつくればいいことがわかります。【図１】を【図２】と同じ角度になるように傾けると，ゆかりさんの模様㋕の面積は㋐と㋑の面積の和，㋖の面積は㋒と㋓の面積の和になることがわかります。このことを手がかりに，色をぬります。

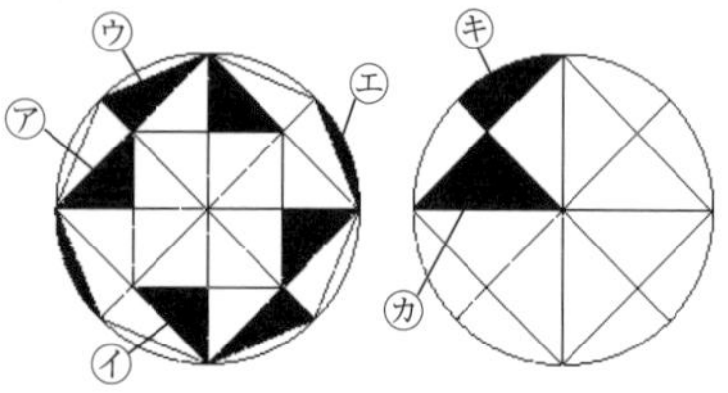

サポートのポイント

会話から図形の条件を読みとることができれば，解くことができる問題です。条件が読みとれているにもかかわらず，解くことができなかったときは，図形の知識で取りこぼしている部分がある可能性があります。もう一度確認するようアドバイスしましょう。

❺数量に関する問題

実戦問題①

56～57ページ

◆〔算数：旅人算〕

答え

(1) ア　午前9時3分

イ　電車　展示館A　　モノレール　展示館D

(2) (午前11時23分，展示館D)(午後2時18分，展示館C)

(理由) 午前9時3分のあと，35分おきに電車とモノレールの到着時刻が同じになる。そのときの駅は，電車が展示館Aのあと右まわりに，モノレールが展示館Dのあと左まわりに，それぞれ1つずつずれていく。到着時刻が同じになる5回目と10回目が，到着駅も同じになる。

◆問われる力◆

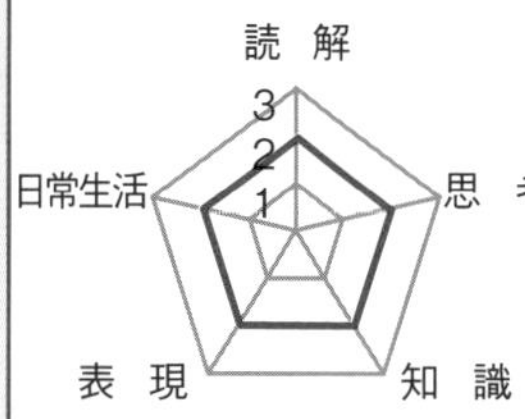

時間の経過にしたがってある周期で同時に起きることを追っていきます。

ここに着目

(1) それぞれどこの駅でもよいが，そこに到着する時刻が同じである状態を聞いています。それぞれ何分おきに「発車」するかを先に考えるとよいでしょう。

(2) 手早く図表を作って到着時刻と到着駅を書きこんでいきます。

解き方

(1) ア　電車は，次の駅まで3分かかり，到着して2分間停車します。したがって，5分おきに発車していることがわかります。モノレールは，次の駅まで5分かかり，到着して2分間停車します。したがって，7分おきに発車していることがわかります。5と7の最小公倍数は35ですから，8時30分の出発から35分後に初めて，同時発車が起こります。停車時間は同じですから，この時刻の2分前に最初の同時到着が起きているはずです。よって求める時刻は，8時30分＋35分－2分＝9時3分　となります。

イ　アより9時3分に到着した駅は，電車は正門から7番目の駅，モノレールは展示館Aから5番目の駅とわかります。

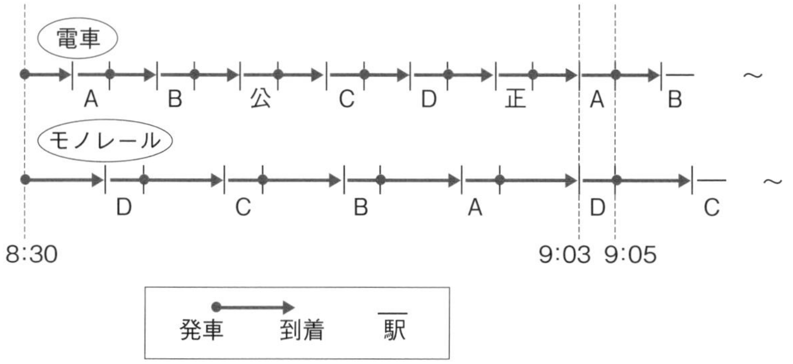

見直そう

●最小公倍数

共通の倍数(公倍数)の中で最も小さいもの。

参考

10年周期の十干と12年周期の十二支が最小公倍数の60年で一巡するので，60才を還暦《かんれき》(暦《こよみ》が還《かえ》る) という。

「番目」という言葉は要注意。出発駅は0番目になるよ。

(2) (1)の考察から，その後も35分ごとに電車とモノレールは同時に到着することがわかります。問題にならって表に表していけば，同じ駅に到着する場合が明らかになります。

到着時刻	午前9時38分	午前10時13分	午前10時48分	午前11時23分	午前11時58分	午前12時33分	午後1時8分	午後1時43分	午後2時18分	午後2時53分
電車の到着場所	展示館B	公園	展示館C	展示館D	正門	展示館A	展示館B	公園	展示館C	展示館D
モノレールの到着場所	展示館C	展示館B	展示館A	展示館D	展示館C	展示館B	展示館A	展示館D	展示館C	展示館B

計算式を使って考えると，次のようになります。

9時5分以降，さらに電車は7番目の駅ごと，モノレールは5番目の駅ごとでたがいに同時発車をくり返します。午前8時30から午後4時30分は8時間あるので，$8\times60\div35=13$あまり25 より，同時発車は13回起きることになります。駅をたどってそれらを順に図にかき入れてみましょう。9時5分の同時発車が1回目です。

注意

電車は6駅，モノレールは4駅をまわるので，同時発車の駅は1つずつずれていく。

図2　電車

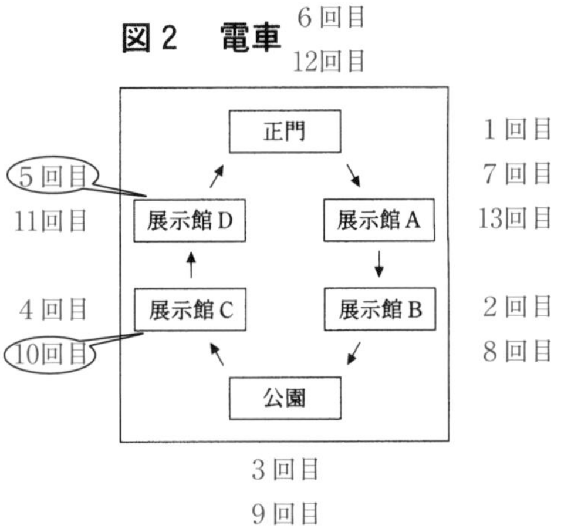

図3　モノレール

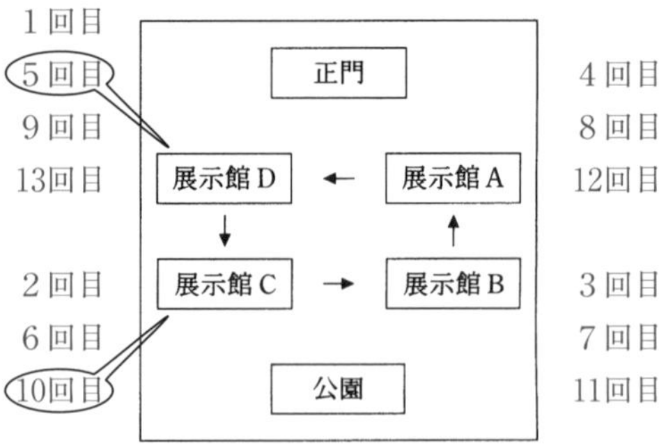

5回目と10回目が発車駅も同じであることがわかります。それぞれの時刻を計算すると，

8時30分＋35分×5＝8時30分＋2時間55分

＝11時25分

11時25分＋2時間55分＝14時20分

＝午後2時20分

到着は2分前ですから，総合すると，

（午前11時23分，展示館D）（午後2時18分，展示館C）

が得られます。

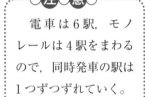

サポートのポイント

落ち着いて取り組めば解ける問題です。ただし時間配分は重要で，「そのように考えた理由を書きなさい」とありますが，厳密に書くことは難しいでしょう。周期性の発見および図表の説明がちゃんと表現できていれば十分です。

実戦問題② 58～59ページ

◆ 〔算数：自転車の歯車の回転，分数〕

答え

1．(1) 1段　1.5回転　　(2) 1884 m

2．(1) $\frac{5}{6}$，$\frac{7}{6}$　　(2) 35通り

(3) 最も大きい数　4　　最も小さい数　$\frac{1}{4}$

◆問われる力◆

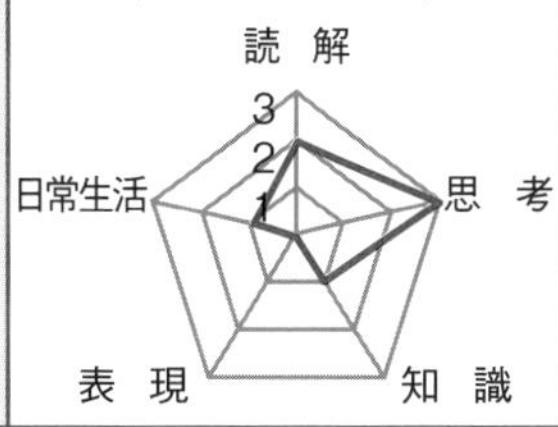

1つは自転車という身近なものを題材にした問題。歯車がどう動くかという思考力が試されます。また，算数の知識も当然ながら必要です。もう1つは約分した分数を整理する問題。

ここに着目

1．自転車のペダルについている前の歯車と，後ろの歯車は同じように動きます。つまり，前の歯車が1つ動くと，後ろの歯車も1つ動くということになります。この点に着目しましょう。(2)では，前の歯車の「歯数×回転数」と後ろの歯車の「歯数×回転数」の関係がわかれば，答えをみちびき出すことができます。

2．約分して同じ値になる分数を整理して，総数を数え上げます。

解き方

1．(1) たかしさんの自転車の動くきょりが最も短いのは，後ろの歯車の歯数が多い場合です。つまり，1段の歯数が32の場合です。また，そのときの回転数は，歯車48で1回転なので，歯車32では，次のようになります。

48÷32＝1.5（回転）

(2) 前の歯車の「歯数×回転数」と，後ろの歯車の「歯数×回転数」は同じです。前の歯車の「歯数×回転数」は，

48×50×10＝24000

また，後ろの3段の歯車の回転数は，

24000÷24＝1000（回）

後輪が1回転するきょりは，後輪の周りの長さを求めます。周りの長さは直径×3.14で求められるので，

60×3.14＝188.4（cm）

1000回転するのだから，求める長さは

188.4×1000＝188400（cm），188400cm＝1884m

コラム

自転車の歯車

自転車にギアチェンジできるものがありますね。この「ギア」こそ，自転車の歯車を意味します。前と後ろでギア＝歯車の歯数のちがいが大きいほど回転数が上がり，その自転車は速いスピードで走ることができます。

見直そう

●円周の長さの求め方

円周＝直径×円周率（3.14）

2．(1)　分母が6のとき，

$$\frac{2}{6}=\frac{1}{3},\ \frac{3}{6}=\frac{1}{2},\ \frac{4}{6}=\frac{2}{3},\ \frac{5}{6},\ \frac{6}{6}=1,\ \frac{7}{6},\ \frac{8}{6}=\frac{4}{3}$$

であるから，約分できる分数を約分したときに分母が6になるものには，

$$\frac{5}{6},\ \frac{7}{6}$$

があります。分母にできる最も大きい数は8なので，約分の結果分母が6になるということはありえません。よって，求める分数は，上の2つに限られます。

(2)　分数を全部表に書き出します。約数を考えて分母・分子のならべ方を工夫すると，同じ数を見つけやすくなります。この場合，約分は暗算でしましょう。

分子／分母	2	4	8	3	6	5	7
2	1	2	4	$\frac{3}{2}$	3	$\frac{5}{2}$	$\frac{7}{2}$
4	$\frac{1}{2}$	1	2	$\frac{3}{4}$	$\frac{3}{2}$	$\frac{5}{4}$	$\frac{7}{4}$
8	$\frac{1}{4}$	$\frac{1}{2}$	1	$\frac{3}{8}$	$\frac{3}{4}$	$\frac{5}{8}$	$\frac{7}{8}$
3	$\frac{2}{3}$	$\frac{4}{3}$	$\frac{8}{3}$	1	2	$\frac{5}{3}$	$\frac{7}{3}$
6	$\frac{1}{3}$	$\frac{2}{3}$	$\frac{4}{3}$	$\frac{1}{2}$	1	$\frac{5}{6}$	$\frac{7}{6}$
5	$\frac{2}{5}$	$\frac{4}{5}$	$\frac{8}{5}$	$\frac{3}{5}$	$\frac{6}{5}$	1	$\frac{7}{5}$
7	$\frac{2}{7}$	$\frac{4}{7}$	$\frac{8}{7}$	$\frac{3}{7}$	$\frac{6}{7}$	$\frac{5}{7}$	1

同じ数（⧅）が重複しないように数えると，全部で35通りの分数ができます。

(3)　最も大きい数は分母が最も小さく分子が最も大きいものを選んで，$\frac{8}{2}=4$　最も小さい数は分母が最も大きく分子が最も小さいものを選んで，$\frac{2}{8}=\frac{1}{4}$

コラム

6の約数は6自身のほかは1，2，3の3つですが，これらをたすと，1＋2＋3＝6で，もとの数6になることを知っていましたか。このようにそれ自身を除く約数の和がその数に等しくなる特別な数を完全数といいます。28もそうです。1＋2＋4＋7＋14＝28　ほらね。次の完全数は，496。確かめてごらん。おもしろいね。

見直そう

●分数の大小

分母が同じとき

分子(大)＞分子(小)

分子が同じとき

分母(大)＜分母(小)

サポートのポイント

「すべて書きなさい」というときは，いったん導かれた結論だけで終わりにせず，「これこれであってこれこれに限る」という方向での確認をしなければなりません。

どんな科目でも論理性にこころがけ，道理を立てて考えられるように，助言を与えてください。「この場合は確認した？」「必ずそうなるの？」「必ずそうならないの？」と。

❻身のまわりの自然・理科に関する問題

実戦問題① 62～63ページ

1 〔理科：在来種と外来種〕

答え

(1) セイヨウタンポポの方が，花の数が多い。また，綿毛が多く遠くまで飛ぶことができる。そのためにほかの植物が生えないような場所でも生育できるので，セイヨウタンポポは都会の街中でも数多く見ることができる。

(2) カントウタンポポは，ほかの植物が数多く生えている場所でも，秋になってそれらが枯れ始めると葉を伸ばし，冬の間に成長するので，なくなることはない。

◆問われる力◆

☞ 2種類の植物の特徴，種子のでき方，生育条件などについて比較《ひかく》した資料を読み解き，科学的な推察を述べる問題です。

ここに着目

(1) セイヨウタンポポは綿毛が多く，広い範囲にたくさん飛んで行って，そこで生育しているということを，カントウタンポポと比較して［資料1］から説明します。

(2) 「そのほかの特徴」に着目して，カントウタンポポのたくましさを述べます。

解き方

(1) ［資料1］から在来種であるカントウタンポポと外来種であるセイヨウタンポポの特徴をとらえると，良夫さんが言う，家や学校の周りで見られたタンポポが，ほとんどセイヨウタンポポだった理由がわかります。特徴は，

①セイヨウタンポポの方が，花の数や種子の綿毛が多いので遠くまで飛べること。

②石垣やアスファルトの道沿い，公園の芝生などほかの植物が生えないような所でも生育できる。

となります。くわしく書きなさいという指示があるので，①，②を入れて具体的にまとめます。ロゼッタ型の葉は，地面をはうように葉を広げています。オオバコ，ムラサキカタバミもこのなかまです。

参考

小さい花って？

タンポポの花といえば，ふつう小さな黄色い花びらが丸く集まっている花を思い浮かべるが，実はこの小さな花びらのそれぞれが独立した花である。この小さな花のことを「舌《ぜつ》状《じょう》花《か》」とよぶ。

(2) ［資料1］のカントウタンポポの生えている場所やその他の特徴に注目します。カントウタンポポはほかの植物が生えている場所で見られるものの，秋にほかの植物が枯れ始めると生育することがわかります。

2 〔理科：温度による水にとける量の変化〕

答え

記号　エ

わけ　150mL の水にとけるミョウバンの量は，50℃で26.85ｇ，60℃で40.35ｇである。そのため30ｇのミョウバンは，50℃ではとけ残るが，60℃では全部とけるから。

◆問われる力◆

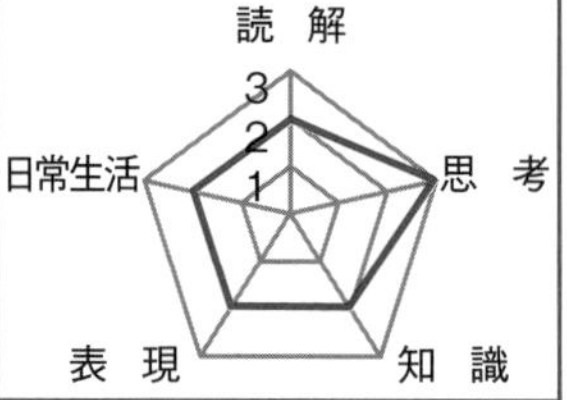

水の量とそれにとける物質の量の関係，またその温度による変化をとらえ，問われていることがらに適切に答えます。

ここに着目

とけるミョウバンの量は水の量に比例します。温度を上げていって10℃ごとに確かめたとき，とけ切った状態になったのは何度のときか，ときかれています。

解き方

100mL から150mL になると，とけるミョウバンの量は

150÷100＝1.5（倍）になるから，表によると

50℃で　17.9×1.5＝26.85 (g)

60℃で　26.9×1.5＝40.35 (g)

がとけます。50℃ではとけ残っていた 30－26.85＝3.15 (g) が，この間のどこかの温度でとけ切り，60℃で確かめたとき初めて全部がとけていることになります。よって正解は，**エ**です。

比で書けば，
□：150 ＝ 17.9：100
△：150 ＝ 26.9：100

サポートのポイント

資料や表から読み解いた内容を，文章で説明する表現力が必要になります。

2のような物質の数量関係をあつかう計算は，類似の問題をたくさんこなして，しっかり復習してください。

実戦問題②　64～65ページ

◆ 〔算数，理科：太陽の高度〕

答え

(1)　夏の太陽は真東よりも北東に寄った方からのぼるから。

(2)　電柱のかげの長さを測る。同じ時刻の棒のかげの長さも測る。(棒の長さ)：(電柱の高さ) ＝ (棒のかげの長さ)：(電柱のかげの長さ) から，電柱の高さを求める。

(3)　記号　ウ

理由　冬の晴れた日の正午は，太陽の高度が夏の同じ時刻より低いから。

◆問われる力◆

夏と冬の太陽の高さや，かげのでき方，窓から差しこんだ日光の角度に関する問題で，ごく基礎的な内容ながら，きちんと説明する力が問われています。

ここに着目

(1) かげは太陽と反対の方向にできます。

(2) 同じ位置の太陽に対し，２つのものの高さの比はかげの比に等しくなります。

(3) 光はまっすぐに進む性質があります。

解き方

(1) 太陽はいつも真東から出て真西にしずむわけではありません。春分や秋分の日は真東から出て真西にしずみますが,夏,特に夏至（6月20日ごろ）には一番北側に寄り，北東寄りから出て，北西寄りの方向にしずみます。

【図2】では，午前９時にかげは真西を示しているので，太陽は真東から当たっていることがわかります。それ以前では北東と東の間から日光は当たっているわけです。したがって棒のかげは，南西から西の間にできるため，画用紙の外にはみ出したのです。

(2) 比例式を使います。観察結果から，10cmまたは６cmの棒のかげの長さがわかるので，同じ時刻の電柱のかげの長さがわかれば，電柱の高さを計算することができます。

(3) 太陽の高度は，夏至のころが一番高く，冬至のころが一番低い。したがって日光の差しこむ角度が水平な面に対して【写真１】より小さいものが,冬の正午ごろのようすを表していることになります。また太陽の高度が低いと，ブラインドの間から入る光線のはばが広くなります。ただし，日光がまどに対してほぼ直角に当たっている**エ**は，夏，北極に近い地域で起こる現象なので，たろうさんの学校の図書室ではありえません。よって**ウ**が正解です。

参考

太陽の通り道

太陽を観察すると，大きな丸い天井を移動しているように見える。

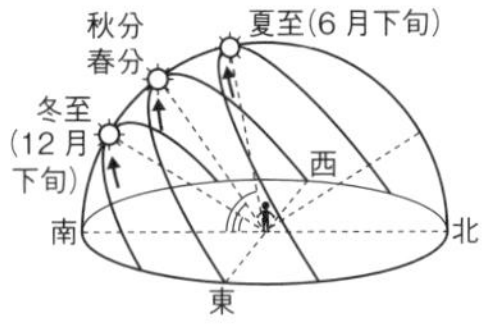

(2)「同じ時刻で」比例式が成り立つということが大切だよ。

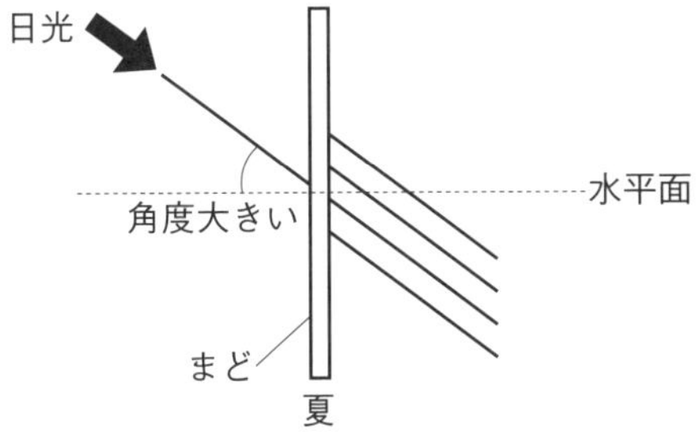

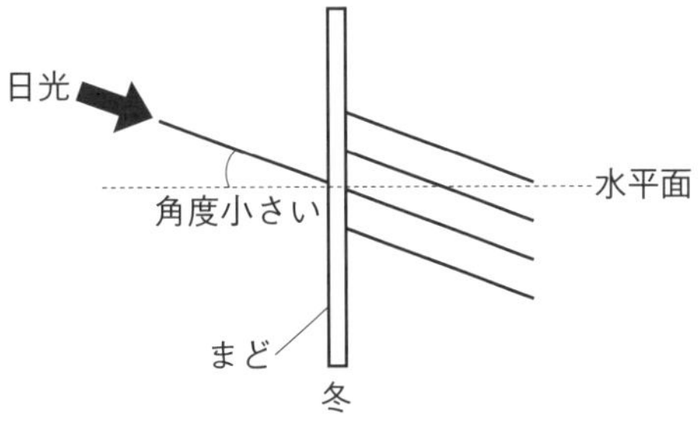

サポートのポイント

日ごろの自然現象に目を向け，理科の知識を定着させているかどうかがカギです。筋道を立てて説明できるように文章を書く練習をしておくことも大切です。

❼環境・身近な社会に関する問題

実戦問題①　　68～69ページ

◆　〔社会：表の読み取り，経済，歴史〕

答　え

(1)　ア，ウ

(2)　①　ウ

　　②　イ

◆問われる力◆

日本の現代と歴史上のお金に関することを題材にした問題です。資料から必要な情報を正しく読み取ることと，正確な知識が必要になっています。

ここに着目

(1)　それぞれの選たくしで必要な値を表からいくつか読み取り，比かくして考えましょう。

(2)　国民の義務や歴史の知識をふまえて，正しい記述を選びましょう。

解き方

(1)　ア　表の一番下にある項目の「計」に注目すると，2015年は18.1％，2016年は20.0％，2017年は21.3％，2018年は24.2％，2019年は26.8％であり，毎年高くなっていることがわかる。また，毎年「クレジットカードでの決済」の割合が最も多いことが読み取れるため，正しい。

イ　「デビットカードでの決済」に注目すると，2015年の割合は0.1％，2019年の割合は0.6％であるとわかる。2019年の割合が2015年の６倍であるため，誤り。

ウ　「ＱＲコードでの決済」に注目すると，2018年の割合は0.1％，2019年の割合は0.3％であり，2018年の割合は2019年の割合の3分の1であるため，正しい。

エ　「電子マネーでの決済」に注目すると，2017年の割合は1.7％，2016年の割合は1.7％と，同じ割合であるため，誤り。

(2)　①　日本国憲法《けんぽう》に定められている国民の義務は，子供に教育を受けさせる義務，勤労の義務，納税の義務がある。ア～エの中ではウが納税の義務にあたるため，答えとなる。

②　ア　条約改正を成しとげたのは小《こ》村《むら》寿《じゅ》太《た》郎《ろう》。よって，誤り。

キャッシュレス決済のふきゅうで，レジでお会計をする時間が短くなったり，売上げや会計データの管理が簡単になったりしているよ。

見直そう

●権利と義務

権利：ある物事を，自分の意思によって自由に行ったり，他人に要求したりできる資格や能力のこと。

義務：人がそれぞれの立場に応じて当然にしなければならない務め。法律によって課せられる制限であり法的義務はいつでも権利とともに存在します。

イ　ドイツの憲法を学んだのは伊藤博文《いとうひろぶみ》。よって正しい。

ウ　日本で初めて政党内閣《せいとうないかく》を組織したのは，板垣退助《いたがきたいすけ》と大隈重信《おおくましげのぶ》。よって誤り。

エ　「解体新書《かいたいしんしょ》」を出版したのは，杉田玄白《すぎたげんぱく》（江戸時代）。よって誤り。

見直そう

●日本の歴史上の人物

小村寿太郎：1911年に関税自主権の回復に成功しました。

伊 藤 博 文：ドイツの憲法を学び，1889年に大日本帝国《ていこく》憲法を発布しました。日本の初代内閣総理大臣も務めました。

板 垣 退 助：1874年に自由民権運動をおこしました。1898年には初の政党内閣を組織しました。

大 隈 重 信：1898年に初の政党内閣を組織し，1898年に内閣総理大臣になりました。

杉 田 玄 白：江戸《えど》時代の医者です。オランダの医学書を翻訳《ほんやく》して「解体新書」を出版しました。

コラム

●国民の権利と義務

日本国憲法では，第三章にて国民の権利及《およ》び義務が定められています。その一部を紹介《しょうかい》します。

〔基本的人権〕

第十一条　国民は，すべての基本的人権の享有《きょうゆう》を妨《さまた》げられない。この憲法が国民に保障する基本的人権は，侵《おか》すことのできない永久の権利として，現在及び将来の国民に与《あた》へられる。

〔自由及び権利の保持義務と公共福祉《し》性〕

第十二条　この憲法が国民に保障する自由及び権利は，国民の不断の努力によつて，これを保持しなければならない。又《また》，国民は，これを濫用《らんよう》してはならないのであつて，常に公共の福祉のためにこれを利用する責任を負ふ。

〔思想及び良心の自由〕

第十九条　思想及び良心の自由は，これを侵してはならない。

〔学問の自由〕

第二十三条　学問の自由は，これを保障する。

〔生存権及び国民生活の社会的進歩向上に努める国の義務〕

第二十五条　すべて国民は，健康で文化的な最低限度の生活を営む権利を有する。

2　国は，すべての生活部面について，社会福祉，社会保障及び公衆衛生の向上及び増進に努めなければならない。

〔教育を受ける権利と受けさせる義務〕

第二十六条　すべて国民は，法律の定めるところにより，その能力に応じて，ひとしく教育を受ける権利を有する。

2　すべて国民は，法律の定めるところにより，その保護する子女に普通《ふつう》教育を受けさせる義務を負ふ。義務教育は，これを無償《むしょう》とする。

〔勤労の権利と義務，勤労条件の基準及び児童酷使《こくし》の禁止〕

第二十七条　すべて国民は，勤労の権利を有し，義務を負ふ。

2　賃金，就業時間，休息その他の勤労条件に関する基準は，法律でこれを定める。

3　児童は，これを酷使してはならない。

〔納税の義務〕

第三十条　国民は，法律の定めるところにより，納税の義務を負ふ。

サポートのポイント

国民の義務や歴史の問題は，知識がないと解けないのでしっかりと復習しましょう。歴史上の人物の名前だけではなく，生きた時代や関係のある出来事・書物などを関連付けて覚えられるようにしましょう。

実戦問題②　　**70～71** ページ

1　〔社会，算数，理科：資料の読み取り，環境問題〕

答え

(1)　**食料（または食糧）**

(2)　**2430 km**

(3)　**バイオエタノールの原料は植物なので，成長の過程で二酸化炭素を吸収するから。**

◆問われる力◆

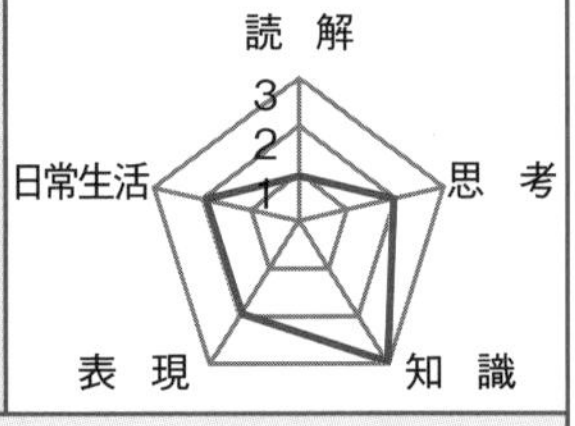

バイオエタノールについての会話文を読み，新エネルギーの意味と実際の効率を，計算や科学的知識も動員して具体的に考察します。

ここに着目

(1)　トウモロコシや小麦は人間にとって大事な食料であり，また，無限に収穫《しゅうかく》できるわけでも，ただで手に入るものでもありません。

(2)　比を使って考えます。畑の面積とそこから得られるバイオエタノールの量の比，バイオエタノールの量とそれで走行できる距離の比は，それぞれ一定です。

(3)　会話文はあいまいで文意の方向がとらえにくいのですが，理科の知識を応用して，趣旨《しゅし》の整った文を書ければよいでしょう。

解き方

(1)　華子《はなこ》さんが「気になっている」点のひとつは，トウモロコシや小麦は人間にとって欠かせない食料であるのに，燃料のために使ってしまって困らないか，ということです。会話文の流れをくんだら，常識的な社会的問題意識をはたらかせて答えます。華子さんも小学生ですから，難しく考える必要はありません。また，用字は「食料」，「食糧」どちらでもよいでしょう。

参考

バイオ－は，「生命の」「生物に関する」という意味。

例）　バイオテクノロジー，バイオ燃料，バイオセラミックス，バイオリズム

(2)　１辺が３ｍの正方形の畑の面積は３×３＝９（m^2）。10000m^2の畑から5400Ｌのバイオエタノールが作れるので，９m^2の畑から作れる量を□Ｌとおくと，

5400：10000＝□：９

□＝5400×９÷10000＝48600÷10000＝4.86（Ｌ）

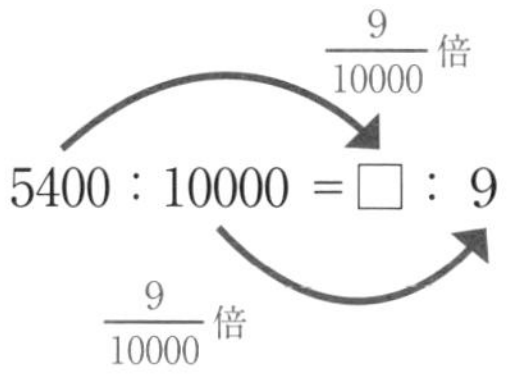

このような式をたてて，□を求めることを「□について解く」といいます。

３％燃料１Ｌつまりバイオエタノール0.03Ｌで15km走行できるので，4.86Ｌで走行できる距離《きょり》を△とおくと，

15：0.03＝△：4.86

△＝15×4.86÷0.03＝72.9÷0.03＝2430（km）

(3)　華子《はなこ》さんの発言で，「地球温暖化の原因と考えられている」とあるから，②にあてはまる言葉は「二酸化炭素」です。

さて，高校生の言う通り「バイオエタノールも燃料として燃やすと，主に，二酸化炭素を排出する」のであるなら，どうしてバイオエタノールが「環境《かんきょう》にやさしい」などと言われるのか。会話文中には「植物だから」とのヒントしかありません。

そこで理科の知識を思い出します。植物にとって二酸化炭素は養分を作るために必要で，日光が当たると植物は二酸化炭素を吸収しています。これまでの石油などの燃料とは異なって，植物を燃料として使えば二酸化炭素を排出《はいしゅつ》するが吸収もするという循環《じゅんかん》が生まれ，地球上の二酸化炭素の総量から考えた場合，環境への悪影響《あくえいきょう》は少なくなるでしょう。

解答は，指示通り②にあてはまる言葉（二酸化炭素）に下線を引くことを忘れないように。

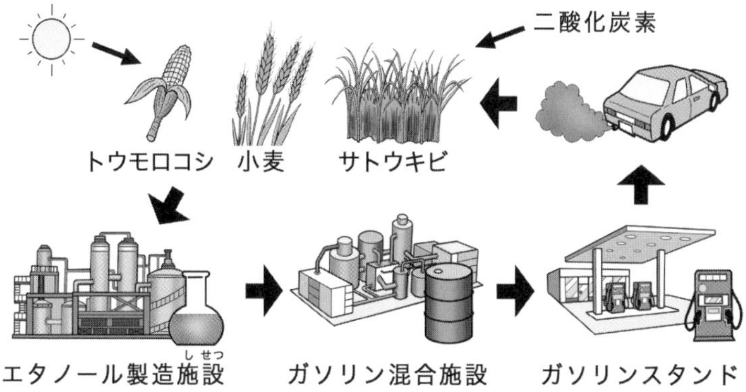

見直そう

●面積の単位

1 km^2＝1000000m^2
＝100 ha
＝10000a

1 m^2＝10000 cm^2

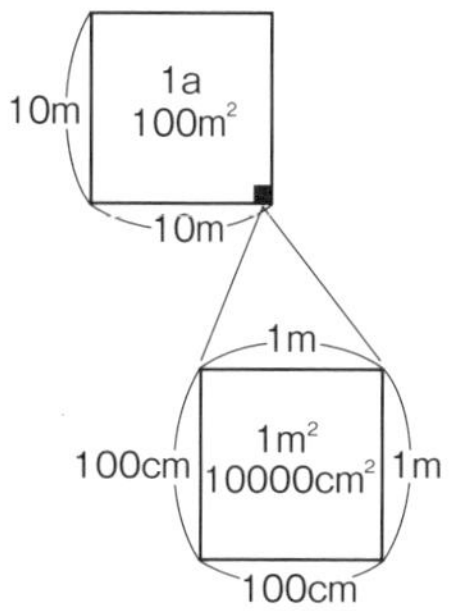

参考

光合成

植物が光エネルギーを用いて，二酸化炭素と水からデンプンなどの炭水化物を合成し，酸素を放出することを光合成という。

伝えたいことを明確に，一文を短く書くよ。

左の図は，バイオエタノールについての二酸化炭素の循環を表したものだよ。

参考

バイオエタノールに関しては，食糧《しょくりょう》としての穀物《こくもつ》をエネルギー資源にしてしまう点のほか，処理《しょり》や輸送にかかるエネルギーの点でも問題が指摘《してき》されている。このように環境問題の背景にはさまざまな事情がからみ合っていて，多くの真剣な発明努力にかかわらず，改善はひとすじ縄《なわ》ではいかない。

サポートのポイント

地球的規模の問題に広く関心をもち，ふだん見聞きしたことがらを学校で習った基礎《きそ》知識と結びつけながら，自分の言葉で順序立てて説明してみる習慣をつけておくとよいでしょう。そのことがらについて，自分の考えを短い文章にまとめる練習も大いに役立ちます。

2 〔社会：地球温暖化への取り組み，ペットボトルの回収〕

答え

キャップとラベルを取り，ペットボトルをよく洗って出すように，みんなによびかけるためのポスターを作って，公民館などにはってもらう。また，クラスに回収ボックスを置き，回収日以外でも回収できるようにする。

◆問われる力◆

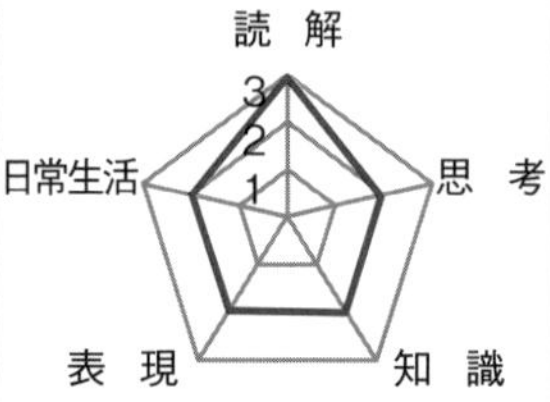

ペットボトルの回収について，問題点がどこにあるかを探し，改善のためにどんなことができるかを考えます。

ここに着目

回収のきまりは3つあり，それを守ってもらうことのほかに，リサイクルのため，より多くのペットボトルを回収したいという課題が与えられています。

解き方

きまりを守ってもらう（課題1）にはどうしたらよいでしょうか。多くの人が集まる場所に，よびかけのポスターをはるのもよい考えです。多くのペットボトルを回収する（課題2）には，いつでも回収できるようにクラスに回収ボックスを置いたり，学校のイベントのときに多くの人に持って来てもらうようによびかけたりするのもよいでしょう。

サポートのポイント

単に正解を出せばよいというのではなく，答えを出すまでの過程を言葉で表現することが求められますから，はば広い知識に加え，自分の考えを上手に説明する力をつけておきたいものです。

❽文化・歴史・国土に関する問題

実戦問題① 74～75ページ

◆ 〔社会，算数：東海道の宿場町〕

答え

(1) ア　仕事1　幕府の荷物を次の宿場町まで運ぶ。
　　　仕事2　参勤交代の大名行列をむかえる準備をする。
　イ　かわさき宿　　ウ　おだわら宿

(2) あ　おおいそ宿　　い　かながわ宿　　う　はこね宿

◆問われる力◆

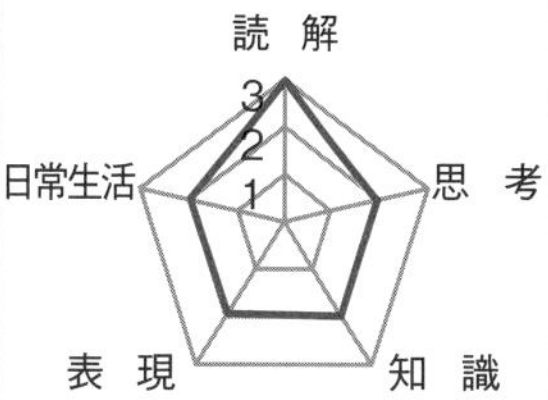

江戸時代の地図をふくむ資料から，問いに即《そく》した必要な情報を読み取り，論理的な処理に基づいて解答します。計算もありますが，地理・歴史用語に慣れていると有利です。

ここに着目

(1) ア 「役割」「行う」という言葉に着目すれば，〔資料2〕の第1項《こう》・第2項から2つの仕事がわかります。

イ　道のりを表す単位を〔資料1〕の説明から的確におさえます。1里は何町？

ウ　1日に最長歩ける道のりを計算します。「さやかさんの考えにしたがうと」，その道のり以内には着けるが，それを1町でもこえては歩けない，ということになります。

(2) カードの中の重要語句に下線を引き，地図と照らし合わせるとよいでしょう（(1)も同様です）。学校所在地周辺など，関連が深い地図中の方角や，海の位置は，知っておきたいことです。

解き方

(1) ア 〔資料2〕の第1項と第2項に，問屋場の重要な仕事を説明してあります。第1項の終わりに「その仕事は問屋場によって行われました」とありますから，「その」にあたることがらを書きます。第2項では，本陣・はたご・茶屋は宿場町に「あったもの」，その宿場町にとっての重要な仕事で問屋場が「行ったこと」とは何か，というふうに読み取ります。「参勤交代の大名行列をむかえる準備」とわかります。

イ　神奈川県内の宿場町は，かわさき宿からはこね宿までです。

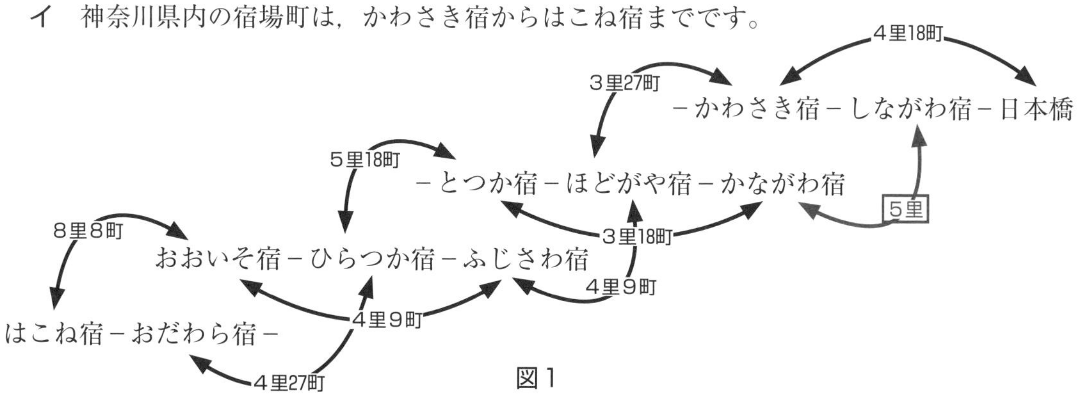

図1

図１のようにして，２つどなりまで５里ある区間をさがします。〔資料１〕によれば，しながわ宿－かながわ宿間は，

２里18町＋２里18町＝４里36町＝５里

となり，かわさき宿がこの５里はなれた２つの宿場町のちょうど真ん中にできたと考えられます。とつか宿もあとからできた宿場町とありますが，もし，かわさき宿ができるとき，とつか宿がなかったとすると，かながわ宿－ふじさわ宿間は５里18町，ほどがや宿－ひらつか宿間は７里27町となり，第３項の記述に最も適合するのは，やはりかわさき宿です。

ウ　江戸時代の旅人が１日に歩く最長の道のりは，

４×11＝44（㎞）＝約11（里）

とつか宿から京都方面へ向かう道のりを計算すると，おだわら宿までは，図１から

５里18町＋４里27町＝10里９町

はこね宿までは，

10里９町＋４里８町＝14里17町

したがって，旅人はおだわら宿までたどり着けることがわかります。

⑵　**あ**「西どなりの宿場町への道のりは，東どなりの宿場町への道のりの５倍以上だった」とあります。おおいそ宿－ひらつか宿間が27町，おおいそ宿－おだわら宿間が４里。「里」を「町」に直して計算すると，４×36÷27＝5.33…　道のりは５倍以上となり，おおいそ宿があてはまります。

い「東京湾《とうきょうわん》に近いところ」「町の大部分は海沿い」「相模湾《さがみわん》沿いに出るまで海からはなれたところを通っていた」がヒントです。しながわ宿やかわさき宿とまちがえないようにしましょう。

う「高い山の中にあり，日本橋から約25里の地点にあった」とあります。図１を用いて，はこね宿が日本橋から約25里とわかります。また，「東海道のなかでも険しいことで有名」とあることもヒント。はこね宿の次はみしま宿といい，おだわら宿－みしま宿間が約８里でした。「箱根の山は天下の険《けん》」で始まる，鳥居忱《とりいまこと》作詞・滝廉太郎《たきれんたろう》作曲による唱歌『箱根八里』はよく知られています。

見直そう

●参勤交代

江戸幕府が開かれると，全国の大名は，自分の妻子などを人質として江戸の屋敷に住まわせるとともに，自分の領地と江戸の間を大勢の家来を引き連れて行き来しなければならなくなった。大名たちは旅費の負担も大きく，以降，徳川家に逆らうことが難しくなったとされる。

参考

東海道五十三次

東海道に設けられた53の宿場。

［日本橋《にほんばし》］—品川《しながわ》—川崎《かわさき》—神奈川《かながわ》—保土ヶ谷《ほどがや》—戸塚《とつか》—藤沢《ふじさわ》—平塚《ひらつか》—大磯《おおいそ》—小田《おだ》原《わら》—箱根《はこね》—三島《みしま》—沼津《ぬまづ》—原《はら》—吉原《よしわら》—蒲原《かんばら》—由比《ゆい》—興津《おきつ》—江尻《えじり》—府中《ふちゅう》—鞠子《まりこ》—岡部《おかべ》—藤枝《ふじえだ》—島田《しまだ》—金谷《かなや》—日坂《にっさか》—掛川《かけがわ》—袋井《ふくろい》—見《み》付《つけ》—浜松《はままつ》—舞阪《まいさか》—新居《あらい》—白須賀《しらすか》—二川《ふたがわ》—吉田《よしだ》—御油《ごゆ》—赤坂《あかさか》—藤川《ふじかわ》—岡崎《おかざき》—地鯉鮒《ちりゅう》—鳴海《なるみ》—宮《みや》（熱田《あつた》）—桑名《くわな》—四日市《よっかいち》—石薬師《いしやくし》—庄野《しょうの》—亀山《かめやま》—関《せき》—阪ノ下《さかのした》—土山《つちやま》—水口《みなくち》—石部《いしべ》—草津《くさつ》—大津《おおつ》—三条大橋《さんじょうおおはし》［京都《きょうと》］

サポートのポイント

本問であつかうような地名や「東海道」「宿場町」「参勤交代」などの用語は，抵抗《ていこう》なく頭に入って来てこそ有利というもの。きっかけは，読書でもテレビ番組でもかまいませんが磯のかおり，茶屋で休む旅人，はたごの泊り客，関所の取り調べ，飛脚……などなど，イメージしつつ接することで，基礎知識が身につきます。

実戦問題②

◆〔社会：聖武天皇と大仏〕

答え

(1) A ア　B ②

(2) ア，イ

(3) 大仏はどのようにしてつくられたか

(4) エ

(5) ウ→ア→イ

◆問われる力◆

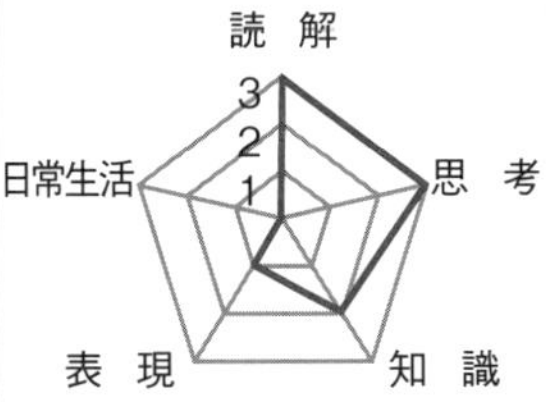

大仏建立《こんりゅう》という，聖武《しょうむ》天皇の大事蹟《だいじせき》(大きな業績)の背景や，その過程についての調べ学習が題材です。奈良《なら》時代を中心にした歴史の基礎《きそ》知識，調べものの基本などがポイントです。

ここに着目

(1) 聖武天皇は，災いの続く不安な世の中が仏のめぐみを受けて安らかになるようにと，東大寺の大仏造営の発願《ほつがん》(願を起こすこと)をしました。

(2) インターネットの利用に際しては，ぼう大な情報の中から適正なもの，有益なものを選び出す能力が絶対に欠かせないので，**ウ**は不適切。

(3) 原稿の一部であることをふまえ，広すぎず，せますぎもしないテーマを考えます。

(4) **ア**～**エ**すべて銅について述べていますが，質問の趣旨《しゅし》に合ったものを選びます。

(5) **ア**と**イ**は武士の登場以後，**ウ**は平安《へいあん》時代，**エ**は飛鳥《あすか》時代です。

解き方

(1) 724年，天皇の位についた聖武天皇は，伝染病の広まり，天候の不順による米などの不作，また貴族の政権争いも起こったので，仏教の力を借りて社会の不安をしずめ，国を治めようとしました。そのため，国ごとに国分寺をおき，都にはその中心として東大寺を建て本尊の大仏建立を命じました。

奈良時代の貴族文化は，遣唐使《けんとうし》がもたらした仏教などの影響《えいきょう》を強く受けており，聖武天皇の天平《てんぴょう》年間に最も栄えたため，**天平文化**とよばれます。東大寺の正倉院《しょうそういん》に伝わる美術工芸品には，中国や朝鮮《ちょうせん》半島だけでなく，シルクロードを渡《わた》ってきたインドや西アジアの文化の影響もみられます。キリスト教の伝来は16世紀，一向宗《いっこうしゅう》は鎌倉《かまくら》時代の新しい仏教です。

(2) インターネットは誰《だれ》でも簡単に世界中の情報を集めたり，世界中に情報を流したりできます。手軽な分，情報をあつかう場合は注意が必要です。自分の名前や住所など個人情報を気軽に書きこまないこと，情報を発信するときは，必要とする人だけに送り，ほかの人に迷惑《めいわく》をかけないようにすること，発信元がはっきりしているところの情報をあつかうこと，などに注意します。

参考

710年，奈良に平城京がつくられた。北中央に位置する平城宮には，天皇が住む内裏《だいり》と政治を行う役所がおかれ，そこからまっすぐにのびた朱雀大路《すざくおおじ》は道《みち》幅《はば》が約70mあったという。全国各地の産物を運んでくる人々などでにぎわったことが，多数発掘された木簡《もっかん》(貴重な紙のかわりに細長い木の板に墨《すみ》で書いたもの）から知ることができる。

(3)　大仏の体の材質や仕上げ方が書かれているので，大仏のつくり方をテーマとして調べたことがわかります。

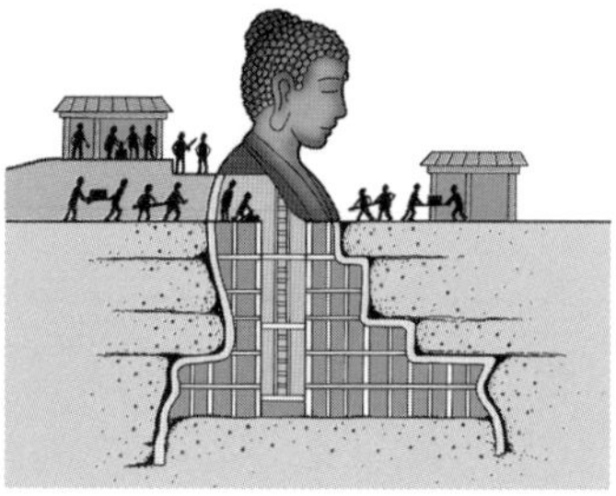

参考

当時こんなに巨大な銅像をどのようにしてつくったか，実は正確にはわかっていない。しかし設計には，国中公麻呂《くになかのきみまろ》という百済《くだら》（朝鮮《ちょうせん》半島にあった国）からの渡来人《とらいじん》を祖父にもつ，すぐれた彫刻家《ちょうこくか》がたずさわったという。

(4)　質問は，大仏に使われた銅の出所を聞いています。**ア**は働いた人の人数を，**ウ**は銅を使う技術の伝来を答えているので，この質問にはふさわしくありません。**イ**は現在のことですから，答えにはなりません。**ア**～**エ**の中では，**エ**が適切であるといえます。

(5)「聖武天皇と大仏」は奈良時代のことです。この時代より古いのは，**エ**「聖徳太子と法隆寺」で，飛鳥時代（古墳時代の終わり）ですから，作業１でこのカードを取り除きます。**ア**「足利義満と金閣」は室町時代，**イ**「徳川家光と日光東照宮」は江戸時代，**ウ**「藤原頼通と平等院」は平安時代のことです。したがって，作業２は，**ウ→ア→イ**の順になります。

見直そう

● 大まかにみる日本史の流れ

国の成り立ち（～飛鳥時代《あすか》）
大和朝廷《やまとちょうてい》の国土統一が進む

貴族の時代（奈良《なら》・平安《へいあん》）
710 奈良に都をうつす
794 京都に都をうつす

武士の時代へ（鎌倉・室町）
源頼朝《みなもとのよりとも》が鎌倉に幕府を開く
1338 足利尊氏《あしかがたかうじ》が京都《きょうと》に幕府を開く

武士の時代（江戸）
1603 徳川家康《とくがわいえやす》が江戸《えど》に幕府を開く

1868 明治維新《めいじいしん》～

法隆寺は世界最古の木造建築物だよ。

コラム

東大寺の大仏

聖武天皇は，大仏建立の詔《みことのり》（天皇の言葉，命令の文書）を発し，

「一枝《ひとえだ》の草や一握《ひとにぎ》りの土のようなわずかなものでもささげて，この事業に参加したいと願う者があれば，これを許そう。みんなで仏の功徳《くどく》（めぐみ）を受けようではないか」

とよびかけています。そして，民衆はそれぞれ得意な分野で自分のできることに取り組んだということです。

人々が力を合わせてつくった大仏は，仏教伝来（一説では552年）からちょうど200年にあたる752年に完成しました。開眼供養《かいげんくよう》には，インドなど諸外国から僧《そう》が招かれて盛大な儀式がとり行われました。

奈良の大仏は，自身で姿勢を保っている銅像では世界最大です。また東大寺二月堂で毎年行われる「修二会《しゅにえ》（お水取り）」は開眼供養以来，一度も欠かすことなく今日まで続いている壮大《そうだい》な行事です。

サポートのポイント

歴史の問題は知識がないと解けないので，しっかり復習し，覚えるものは覚えるという姿勢でがんばりましょう。概要《がいよう》をとらえてから細部へ移るという方向が必ずしも正しいとは限らないので，小さなことでも興味をもったことがらに対しては，どんどん応援《おうえん》して多角的に発展するようアドバイスしてあげてください。

❾日本と世界の結びつきに関する問題

実戦問題①

80～81 ページ

◆〔社会：資料の読み取り，貿易〕

答え

(1) ア　売れなくなった

　　イ　現地で生産する日本企業が増えた

(2) ２国で合わせるとより多くのテレビと小麦を生産している

(3) 貿易によって得られる利益が安定しない

◆問われる力◆

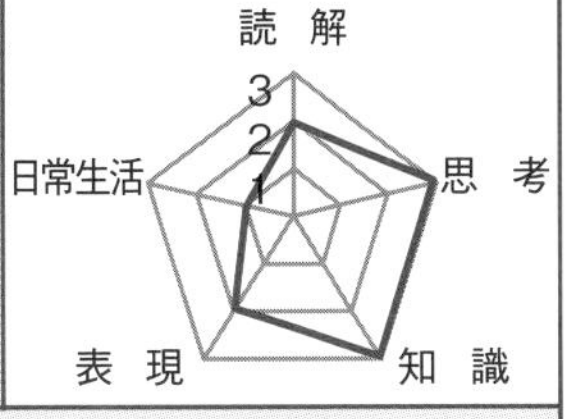

貿易に関する問題です。それぞれの資料から読み取れることを結びつけて考えましょう。会話の流れもヒントになっています。

ここに着目

(1) 考えたこと と，資料２，３ をヒントにあてはまる内容を考えていきます。資料２ の特徴と，資料３ で説明されている貿易まさつについて，それぞれを正しくとらえましょう。

(2) 資料４ にある，【表２】と【表３】を比かくして考えましょう。会話から，【表３】ではＡ国がテレビだけを，Ｂ国が小麦だけを生産していると分かります。そこから，【表２】の場合とどのように異なってくるのかを考えればよいでしょう。

(3) かなこさんが考えたこと では，すでに 資料５，６ から読み取れることはまとめられています。２つの資料を結びつけて，かなこさんは何が原因でザンビアが困ることになると考えたのか，考えてみましょう。

すでに 考えたこと や，会話 でそれぞれの資料や表からわかることはまとめられているから，そこから分かったことや考えられることを短く分かりやすく書くよ。

解き方

(1) ア　資料３ に，「日本の工業製品が大量に輸出されると，相手国の工業製品が売れなくなり，その国の産業がおとろえる」とある。考えたこと では，「アメリカの企業が倒《とう》産し，労働者が仕事を失った」とあることとあわせて考えると，日本からアメリカへの自動車の輸出台数が増えたことで，アメリカの企業が生産した自動車が売れなくなったと分かる。

　イ　輸出が増えることによる貿易まさつを減らすため，現地での生産が増えたのではないかと考えられる。考えたこと に，「アメリカの労働者も働く場所ができ，不満が出ることも少なくなった」とあることからも，アメリカで自動車を生産する日本企業が増えたと分かる。

見直そう

●大まかにみる戦後の日本史

1945年
ポツダム宣言受諾，第二次世界大戦終戦

1951年
アメリカと平和条約を締結

1955～1973年
高度経済成長

1981年
アメリカと貿易まさつ激化

(2) 資料４ の【表2】と【表3】について，A，B国それぞれにおけるテレビ，小麦の生産物の合計と，２国における生産物の合計を下の表にまとめた。この表から，【表2】の場合はA国とB国の生産物の合計はテレビが２台，小麦が２ｔであるのに対し，【表3】の場合ではテレビが３台，小麦が３ｔと，どちらも増えていることがわかる。

【表2】，【表3】それぞれの場合のA，B国の生産物の合計

	A国における生産物の合計	B国における生産物の合計	２国における生産物の合計
【表2】の場合	テレビ１台 小麦１ｔ	テレビ１台 小麦１ｔ	テレビ２台 小麦２ｔ
【表3】の場合	テレビ３台 小麦０ｔ	テレビ０台 小麦３ｔ	テレビ３台 小麦３ｔ

(3) 資料５ から，ザンビアの輸出品は７割以上を銅がしめていることがわかる。一方で，資料６ からは銅の貿易価格は変動が激しく，不安定であるということがわかる。

この２つの資料を結びつけて考えると，ザンビアの輸出による利益の多くは銅によるものだが，銅の貿易価格は変動が激しく不安定なため，利益そのものを不安定にしているとわかる。**輸出品の種類が少ないと，貿易価格の変動によって国の利益が左右されてしまうため，問題である。**

コラム

●モノカルチャー経済

国の経済が，特定の作物の生産や輸出に依存《いぞん》した経済のことを，モノカルチャー経済といいます。発展途上《とじょう》国でよくみられ，スリランカのお茶やサウジアラビアの原油などが代表的です。

モノカルチャー経済のメリットとしては，問題(2)で考えたように，１つの生産物に特化することで効率よく生産できることや，輸出先がある程度安定していることなどがあげられます。一方，デメリットとしては，販売価格の変化が大きく利益が安定していないことや，効率を重視するため環境《かんきょう》に悪影《えい》響《きょう》をあたえること，輸出先の先進国に有利な価格になりやすいことなどがあげられます。

参考

●ザンビアの経済

ザンビア共和国，通称ザンビアはアフリカ南部に位置する内陸国です。面積は日本の約２倍の752.61千平方キロメートルですが，人口は2022年時点で日本の約６分の１の2001万人です。1964年に独立してから，銅の生産に依存するモノカルチャー経済です。ザンビアの主な輸入品は科学製品や，石油製品，薬剤等です。輸出品は，銅が６割以上を占めています（2023年現在）。

問題(3)で考えたように，銅の貿易価格は変動が激しく，利益が安定していません。実際にザンビアでは，銅の国際価格が上昇《じょうしょう》していた時には，毎年前年よりも経済規模が大きくなり続けていましたが，2014年秋以降に，銅の国際価格が下落し，経済は悪化してしまいました。そのため，ザンビアでは，農業や観光などの産業の成長に力を入れることなどを最優先の政策として掲《かか》げています。

サポートのポイント

資料と「考えたこと」や会話の前後の流れから，どういった情報をもとに何を書けばよいのかを考えられるようになりましょう。解答の際には必ず書かなければいけないことは何なのかを考えて，わかりやすい文章になるよう心がけましょう。

実戦問題② 82～83ページ

◆ 〔社会，算数，理科：世界の地理と平面図形，水の変化〕

答え

(1) ①**北アメリカ**（大陸） ②**南アメリカ**（大陸） ③**南極**（大陸）
④**オーストラリア**（大陸）

(2) 〔ア〕**37** 〔イ〕**11**

(3) （解答例） ⒶⒷ（ABに丸） CD **3368km**

(4) (1)〔エ〕**水の体積が大きい** 〔オ〕**水の温度が下がりにくい**

(2)〔カ〕**からだが大きい**

〔キ〕**体温が下がりにくく，気温の低いところでも生活できる**

◆問われる力◆

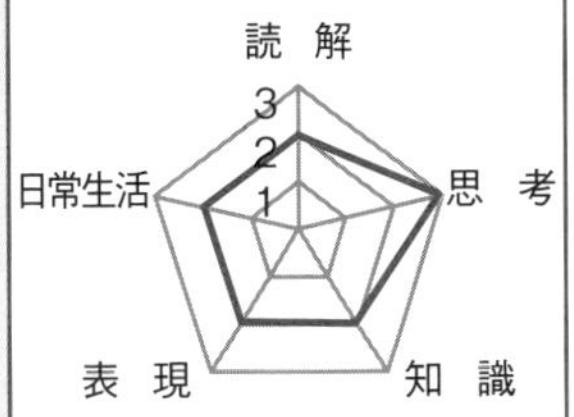

☞ データから特ちょうを読み取り，的確な連想をはたらかせて，大陸の特ちょうや位置関係を考えます。

ここに着目

(1) 角度がちがっても大陸の形や位置関係は変わりません。一つの大陸をじくに他の大陸も考えます。

(2) まずは，陸の総面積が何万km²になるかを求めます。

(3) 比かくする対象が同じなら比率も同じになるため，赤道の比率を利用して考えます。

(4) 水の体積と水の温度を維《い》持する時間の関係から，体積が大きいほどどうなるかを理解します。

解き方

(1) **図1**は地球儀《ぎ》を太平洋の真ん中の赤道のあたりから見た図です。右上は北アメリカ大陸であることがわかれば，あとはすぐにわかります。**各大陸の形の特ちょうをつかんでおくと，**早く解くことができます。ちなみに日本は，左上にあります。

(2) 大陸の総面積は，**資料1**から14886万km²になります。各大陸の面積が大陸の総面積にしめる割合《わりあい》は，（各大陸の面積）÷（大陸の総面積）×100で求めます。また，海洋をふくめた地球の総面積にしめる割合は，（各大陸の面積）÷５億×100で求めます。小数第１位まで求めて一の位までのがい数で表しましょう。

(3) **地球儀：地球の縮尺《しゅくしゃく》**から求めます。ABの場合，95：40000＝８：□となります。このことから，□は，40000の$\frac{8}{95}$倍となります。□＝40000×$\frac{8}{95}$ よって，小数第一位を四捨五入すると，□＝3368（km）です。CDの場合も同様にして求めると，3789kmになります。

(4) ① ビーカーＡは４時間後には13℃下がっているのに対して，ビーカーＢは15℃下がっています。ビーカーＡとＢのちがいは，ビーカーに入っている水の量です。水の量が多いと，水の温度が下がりにくいことがわかります。

② ホッキョクグマは体重が500kg，体長が2.2mと，からだがとても大きいです。からだが大きいことと体温変化がどのようにかかわっているのかを，**水の体積と水の温度の変化の関係**に当てはめて考えましょう。

コラム

現代の海賊《かいぞく》と海洋国家日本

ソマリア沖・アデン湾《わん》は，インド洋・南シナ海を経てヨーロッパとアジア・日本をつなぐ重要な海上交通路にあります。日本に関係のある船舶《せんぱく》だけでも，毎年約2,000隻《せき》ものタンカーやコンテナ船などがこの海域を通過しています。ところがソマリアが乱れ，国が立ち行かなくなったことなどを背景にして，2008年ごろからこの付近に機関銃《きかんじゅう》などで武装《ぶそう》した海賊がたびたび現れて無法（道理にはずれた乱暴なこと）をはたらくようになりました。大事な資源《しげん》や食料の多くを海上輸送にたよっているわが国は，遠く自衛隊を派遣《はけん》し，海賊から人命・財産を守り海の上の安全が保たれるように努めています。（2016年12月現在）

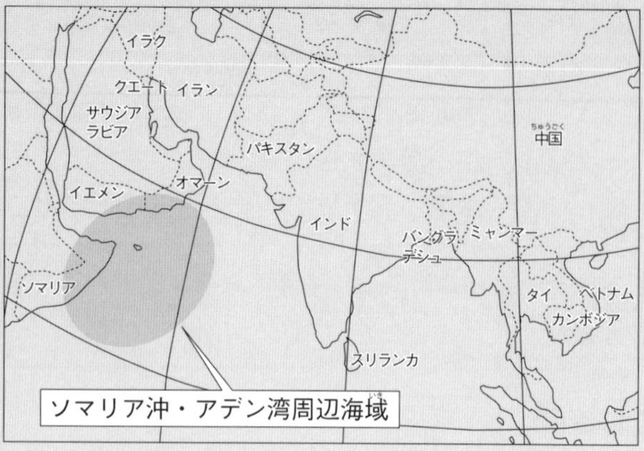

参考

世界とつながる時事用語

iPS細胞（人工多能性幹細胞）　皮膚《ひふ》などの体細胞に特定の遺伝子を導入することで，全身のあらゆる細胞に変化できる能力（多能性）をもった細胞のこと。この研究でノーベル生理学・医学賞を受賞した山中伸弥《やまなかしんや》教授の命名。

TPP（環太平洋《かんたいへいよう》経済連携《れんけい》協定）　太平洋を取り囲む国々の間で，工業製品や農作物の関税撤廃《てっぱい》，サービスや医療《いりょう》の自由なやり取りなどを進めようとする取り決めのこと。

排他的《はいたてき》経済水域　領土から200海里《かいり》（約370km）の距離《きょり》内を「排他的経済水域」といい，水産・地下資源を利用する権利が認められている。

メタンハイドレート　日本近海の広い範囲《はんい》に存在することがわかったメタンハイドレート（メタンガスが水と結合してできた結晶《けっしょう》）は，新しいエネルギー源として注目されている。

ラムサール条約　2012年７月，茨城《いばらき》・栃木《とちぎ》・群馬《ぐんま》・埼玉《さいたま》各県にまたがる渡良瀬《わたらせ》遊水地や，広島《ひろしま》県の宮《みや》島《じま》などをふくむ国内の９湿《しつ》地が新たにラムサール条約（正式には「特に水鳥の生息地として国際的に重要な湿地に関する条約」という）湿地として登録された。

サポートのポイント

(1)と(3)は地球儀《ぎ》についての問題で，平面的な世界地図ばかり見ているとイメージが難しい問題なので，地球儀に親しんだり，丸い地球を日ごろからイメージしたりするようにするとよいでしょう。(2)は順序立てて計算し，計算する際の条件をしっかりチェックするように声がけしましょう。(4)はわたしたちがイメージする普通のクマをマレーグマとして考えたときに，ホッキョクグマの特ちょうをマレーグマと比べて考えてみるようにアドバイスしましょう。

⑩言葉に関する問題

実戦問題① 　　86～87 ページ

1 〔国語：お弁当の日〕

答　え

① 調理方法や栄養の知識をもとに，健康的な食生活について考える。

② 全児童が家の人に協力してもらい，手作りのお弁当を持参する。

◆問われる力◆

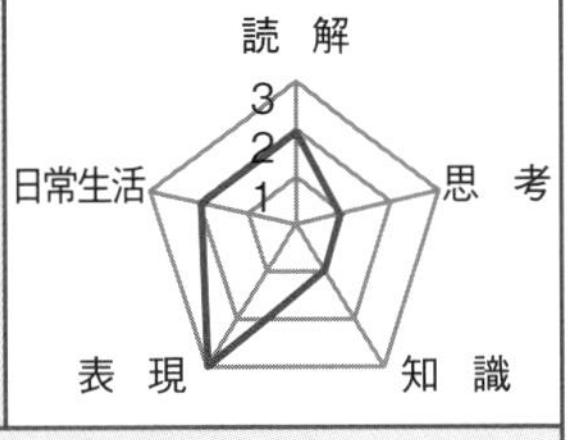

要旨《ようし》(文章や話の中で中心となることがら)をとらえる問題です。

ここに着目

よし子さんの原こうの中の「目的」「ということをしています」という言葉に着目します。

解き方

① 「お弁当の日」の目的をまとめます。

・校長先生のお話から「目的」がわかる部分を探します。

・最後の段落に「きっかけとしてほしい」とある。⬅この部分が目的。

② 「お弁当の日」にしていることをまとめます。⬅第二段落に「どの学年の児童～」とあります。

1，2年生，3，4年生，5，6年生だけのことではなく，全児童のことをまとめている部分を探すことが大切だよ。

サポートのポイント

①は，校長先生のお話の中に「目的」という言葉がないので，それに代わる言葉，内容を探し出すことができるかどうかがポイントです。②は，各学年のことだけでなく，すべての学年に共通することを探せるかどうかがポイントです。

2 〔国語：熟語の読み方〕

答　え

上手➡じょうず・かみて

色紙➡しきし・いろがみ

◆問われる力◆

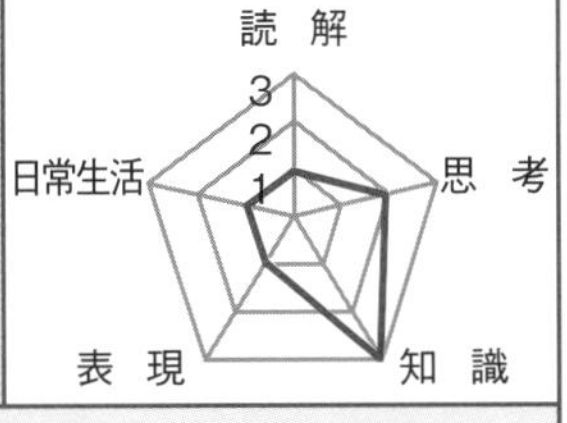

言葉の知識を使って，条件《じょうけん》に合う言葉を見つける問題。

ここに着目

生物（せいぶつ・なまもの）は，一つは音読み，もう一つは訓読みということに着目します。

解き方

小学校で学んだ熟語で，音読み，訓読みの二通りの読みがあって，読み方によって意味のちがうものを書き出してみましょう。

高学年で学んだものだけでなく，低学年で学んだ漢字を使った熟語でもつくれるはずです。思いつく限り書き出してみましょう。

例　人気（ひとけ・にんき），目下（めした・もっか）

参考

漢字・熟語の知識として知っておきたいこと

二通りの読みがある熟語　例　牧場（ぼくじょう・まきば），草木（そうもく・くさき）

二通りの読みがあり，読み方が変わると意味が変わる熟語　例　大事（だいじ・おおごと）

漢字を入れかえると意味が変わる熟語　例　火花・花火，動作・作動，陸上・上陸，出演・演出

サポートのポイント

ふだんから，字や言葉に興味をもっていることが，このような問題を解くときにとても大切になります。

3　〔国語：変換ミスを直す〕

答え

・速く➡早く　　・返って➡帰って

・約➡役　　・器械➡機会

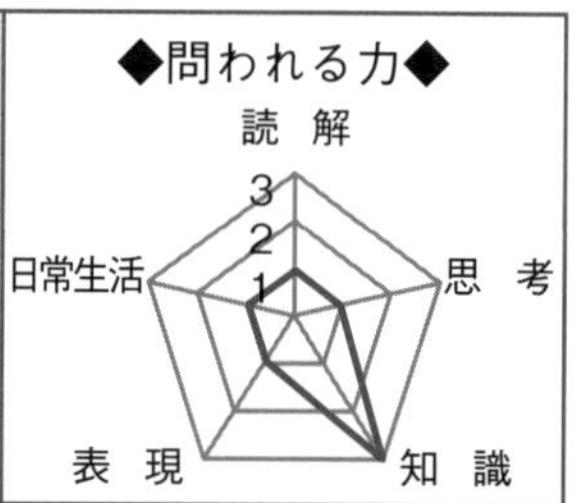

漢字を正しく書き直す問題です。

ここに着目

「はやく・かえって」は同じ訓読み，「やく・きかい」は同じ音読みということに着目します。

解き方

同じ訓読みで意味がちがう言葉（同訓異字），同じ音読みで意味が異なる言葉（同音異字）に注意しましょう。

サポートのポイント

特別な熟語の知識などは必要なく，漢字の知識さえあればできる問題です。ただし，このような問題の形式になれておくことが大切です。

実戦問題② 88～89ページ

◆〔国語：招待状を書く〕

答 え

(1)

> 招待状
>
> 校長先生へ
>
> 私たち6年1組は，これまでお世話になった方たちに感謝の気持ちを伝えるために「お別れサンドイッチ会」を開くことにしました。教頭先生やこれまでの担任の先生方ほかがたくさんいらっしゃいます。校長先生もおいそがしいでしょうが，ぜひ出席くださいますようにお願いします。私たちが作ったサンドイッチを用意いたします。日時，場所は以下のとおりです。
>
> 日時：2月24日(金) 12時30分から
>
> 場所：家庭科室
>
> 6年1組 一同

(2) ・山田さんあての招待状に家庭科室の位置を示した地図をそえる。

・校門か玄関に家庭科室までの順路をかいた地図をはっておく。

(3) 私が選んだ漢字は，発です。

(中学生になったら，)英語の勉強をがんばりたいと思います。将来は，通訳になりたいという夢があるからです。中学校では初めての科目なので少し不安がありますが，夢に向かって努力すればだいじょうぶだと思います。

◆問われる力◆

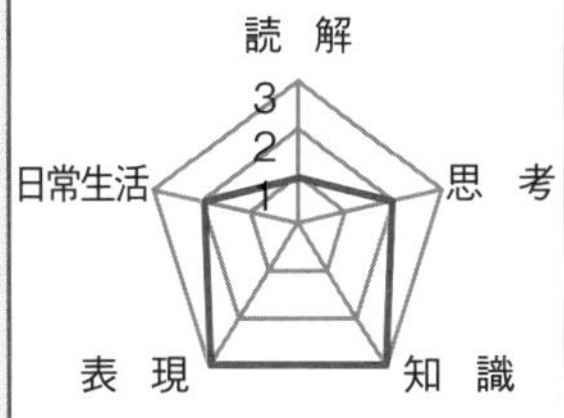

国語の総合的な力が必要な問題です。

・文字を正しく書く。

・正しいことばづかいをする。

・手紙の書き方の基本にしたがって書く。

・自分の気持ちや考えを文章にまとめる

などの力が問われます。

また，状きょうや設定を読み取って，それに対応する力も必要とされます。

ここに着目

この招待状は目上の方に出すものだということに着目します。

招待する方には，校長先生など，学校の中のことを知っている人だけでなく，学校の中のことをよく知らない人もいるということに着目します。

発表は，同級生だけが聞くのではなく，先生やほかの大人の方が聞いているということにも着目します。

解き方

(1) 書かなければならないことをまず整理しましょう。

・手紙のタイトル，受け取り人の名前，差出人の名前，本文，日時，場所。

・敬語を使って書こう。

プラス1

手紙の文の配置

横書きの手紙の配置については答えを参考にしましょう。縦書きの手紙では，配置は以下のようになります。

受け取る人の名前は上から書く。

招待状

校長先生へ

私たち六年一組は、これまでお世話になった方たちに感謝の気持ちを伝えるために「お別れサンドイッチ会」を開くことにしました。教頭先生やこれまでの担任の先生方ほかがたくさんいらっしゃいます。校長先生もおいそがしいでしょうが、ぜひ出席くださいますようにお願いします。私たちが作ったサンドイッチを用意いたします。日時、場所は以下のとおりです。

日時：二月二十四日（金）十二時三十分から

場所：家庭科室

六年一組　一同

差し出す人の名前は下に書く。

見直そう

敬語を正しく使っているか確かめよう。

・「です・ます」などを使って書いているか。

・言葉の使い方にまちがいはないか。

例

○先生方がいらっしゃいます。

×先生方が来ます。

縦書きのときは，ふつう，数字は漢数字で書くよ。

(2)　相手の立場になって考えましょう。

・自分が行ったことのない学校に行くことを想像して，どんなことに困るか，何があったら便利かを考えよう。

(3)　①「中学校生活で自分がやりたいことやがんばりたいこと」をまず書き出してみよう。

例　英語の勉強をがんばりたい。

②　①で書き出したことと，表の中の漢字，《主な意味》で，つながるものを選ぼう。

例　中学校から英語を本格的に学ぶ。➡「発／はじめること」

参考

小学校と中学校のちがい

中学校では英語の授業が本格的に始まったり，算数が数学になったりするなど，いろいろな教科を深く広く学びます。

部活動，ボランティア活動なども小学生のときより，ずっと本格的になることでしょう。目標をもって，中学校生活をむかえましょう。

サポートのポイント

「中学校生活で自分がやりたいことやがんばりたいこと」は，作文などの問題で問われやすいというだけでなく，現在の学習の動機に結びつく大切なことです。しっかりした考えをもち，文章に書けるようになっておきましょう。

⑪問題解決の方法に関する問題

実戦問題① 92～93ページ

◆〔国語，算数，社会：テーマ型，組み合わせ〕

答 え

(1) ①間に合う

理由：1800m を時速 4 ㎞で歩くと，0.45 時間（27 分）かかる。9 時 15 分にＥ駅に着いて，27 分歩くと，9 時 42 分に放送局に着くことになるから。

②選んだ方法：（解答例）電車とバスで行く（方法）

理由：バスだけで行く方法より，料金が安くて出発時間に余ゆうがあるし，Ｅ駅からバスに乗れば，歩いて道に迷う心配がないから。

(2) ラジオは，聞いている人に，音や声だけを使って伝えるため，くわしく伝えるにはたくさんのことを話さなくてはならないから。

(3) （解答例）全校のみんなに伝えるときは，下級生にも分かりやすい言葉や内容を選んで，これからの学習を楽しみに思えるようなことを中心に伝えるようにする。5 年生に伝えるときには，準備に使った資料やノートを見せるなど，失敗や苦労をふくめて，来年の参考になるようなことを伝えるようにする。

◆問われる力◆

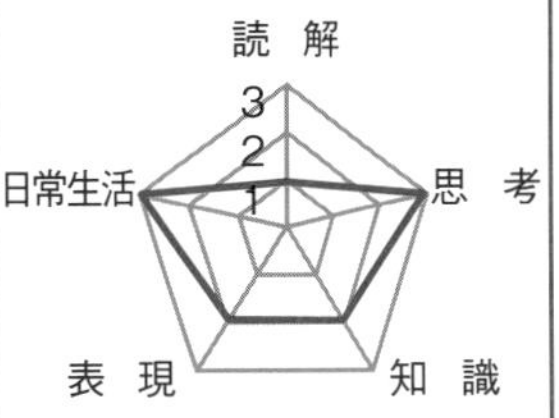

比かくされているものや方法について考えます。日々の生活の中で何気なくおこなっている選択と，その理由を意識することが大切です。

ここに着目

(1)「数字や言葉を使って」や「理由を40字以上60字以内で」という問題文の指示に注意して答えます。電車，バス，歩き，それぞれの方法の料金や経路，かかる時間などを整理しましょう。

(2) 放送局の人の話しに注意しましょう。「テレビのスポーツ中けいとちがって」という部分から，テレビとラジオのちがいを考えてみましょう。

(3)「全校のみんな」と「５年生だけ」と話す対象が異なると，なぜ話す内容や伝え方を変える必要があるのかということを考えると，そのために伝え方をどう変えたらよいかもわかります。

解き方

(1) ① 電車がＥ駅まで行くのにかかる時間と，Ｅ駅から放送局に着くまでにかかる時間を足して，待ち合わせ場所に間に合うかを考えます。表から，電車は９時15分に駅につくことがわかります。みどりさんの発言から，歩く道のりは1800m で，由美子さんの発言から，人の歩く速さは時速4km です。**道のりの単位が「m」**なので，速さを時速4000m に直します。1800（m）÷4000（m/ 時間）=0.45時間＝27分なので，９時42分にとう着し，待ち合わせ時刻《こく》に間に合います。

② それぞれの方法のよい点と，そうでない点を整理します。電車はＥ駅まで110円で，９時15分には着きます。歩きはそこから27分かかりますが，料金はかかりません。ただし，道に迷う可能性があります。バスはＥ駅からだと90円で，待っている時間をふくめても一番早く着きますが，料金は合計で200円かかります。最初からバスで行くと，一度乗れば目的地

まで着きますが，一番着くのがおそく，料金は一番高くなります。これらのことをふまえて理由を考えます。電車と歩きで行く方法を選んだ場合は，「他の二つの方法より，料金が安く，待ち合わせ時間にも十分に間に合う。それに歩いて体を動かすのは気持ちがいいから。(54字)」。バスだけで行く方法を選んだ場合は，「他の二つの方法より，料金が高く，出発時間も早いけれど，乗りかえがないため，迷わず着くことができるから。(51字)」などがあります。

(2) スポーツ中けいは，だれが何をどんなふうにしているかなどをすぐに伝えることで，状きょうをイメージしやすくしなければいけません。テレビ中けいは，テレビ画面があることで，目で見て状きょうや表情をはあくすることができ，言葉の量よりもたくさんの情報を送ることができます。一方で，ラジオは，アナウンサーの話す言葉だけが情報のもとになっているため，「だれが」「何を」「どんなふうに」のすべてを常に伝え続けなければいけません。そのため，休みなく話し続けているのです。

(3) 全校のみんなに伝える場面では，１，２年生などの下級生がいるので，下級生が上級生になることが楽しいと思うような内容にすることが大切です。そのためには，低学年にも分かるような言葉やイラストを使って，興味を持たせる方法で発表することが必要です。それに対して，５年生だけに伝える場合は，来年６年生になったときに参考にしてもらうための情報を提供《きょう》する必要があります。そのためには，楽しいことの他にも，苦労したことや失敗したことなどを具体的に伝えることが必要です。

コラム

いろいろなメディア

テレビやラジオのように，たくさんの人に情報を発信するときの手段となるものをメディアといいます。メディアごとにそれぞれ特ちょうを持っています。

・**テレビ**…音と映像によって情報を伝えることができます。そのため，見ている人が，自分があたかもその場にいるような感じを味わうことができます。

・**ラジオ**…音声のみで情報を伝えます。そのため，想像力をかきたてるような言葉づかいや効果音などによって演出が工夫されています。また，災害時にも常に情報を発信・入手することができる重要なメディアです。

テレビとラジオは，情報を伝える速さと情報を得られる対象の広さが特ちょう的なメディアです。

・**新聞**…紙という形で残るため，保存性が高く，何度でも読むことができます。情報量が多いことも特ちょうの一つです。近年は，読んでいる人が減少している傾向にありますが，信頼性が高いメディアとして重要視されています。

・**雑誌**…読む人をしぼって発行されています。趣味や娯《ご》楽だけではなく，学術を専門にしたものや政府などが刊行しているものもあります。

新聞と雑誌は速報性に欠けますが，内容の多さや正確さが特ちょう的なメディアです。

サポートのポイント

(1)の②はどの方法を選んでも間に合いますが，なぜその方法を選んだのか，情報を整理して，自分の言葉で書けることが大切になります。表や会話から読み取れないような，日々の生活の中で感じることを付け加えても構いません。

実戦問題②

◆ 〔算数，国語：小数の計算，平均の速さ，司会のしかた〕

答 え

(1) あ 16　い 58

(2)

さやか	たけし	なぎさ	はじめ
まりや	やすし	ゆきお	わかこ

(3) ①・④

◆問われる力◆

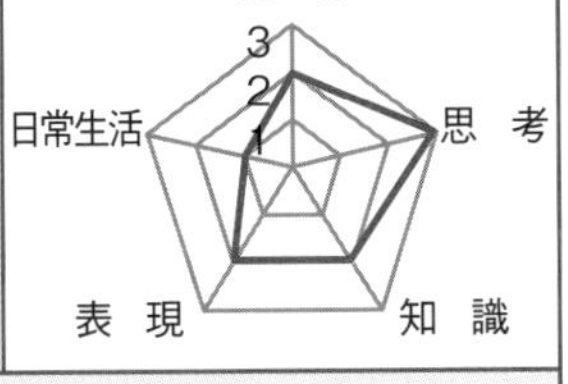

目安を立てた計算の工夫，話し合いの場を読み取る能力などがテーマです。

ここに着目

(1) あ　1年生10人，6年生10人の合計タイムをそれぞれ計算し，その差の秒数だけ6年生が後からスタートすればよいということです。たし算は順序を変えて計算しやすくしましょう。

い　あで求めた1年生の合計タイムを，6年生にとっての走るべき距離《きょり》に換算《かんざん》します。

(2) 両チームの6年生の合計タイムは同じです。小数第1位の数に着目して，適する組み合わせをはやく見つけましょう。

(3) 話し合いの場を思いえがきながらあきこさんの発言を確認し，不適切なものを慎重《しんちょう》に取り除いていきます。

解き方

(1) あ　1年生の記録の合計

$11.5+13.8+12.1+13.1+12.2+11.9+10.3+10.2+10.8+10.1=116$(秒)

6年生の記録の合計

$10.1+9.7+10.5+9.4+11.6+8.9+9.9+10.6+10.2+9.1=100$(秒)

この場合の計算は，整数と小数とを分けて計算するとはやくできます。

1年生の記録を例にすると次のように計算できます。

$$(11+13+12+13+12+11+10+10+10+10)$$
$$+(0.5+0.8+0.1+0.1+0.2+0.9+0.3+0.2+0.8+0.1)$$
$$=(10+10+10+10+11+11+12+12+13+13)+4$$
$$=(10\times10+1+1+2+2+3+3)+4=116$$

時間差は16秒であるから，この分6年生は後からスタートすれば，記録の上では10番目の人が同時にゴールすることになります。

い　6年生の平均の速さは，500(m)÷100(秒)＝5(m／秒)となり，1秒間に5m進むからあで求めた1年生の合計タイム116秒では5×116＝580(m)進みます。この長さを10人で走るので，6年生の片道コース1つは，580÷10＝58(m)となります。こうすれば記録の上では10番目の人が同時にゴールすることになります。

(1)い　つねに6年生の平均の速さで走る“平均ロボット”が，6年用コースを5往復すると考えるのよ。

(2) 各チームの6年生の合計記録は100÷2＝50(秒)なので，まずBチームで，小数第1位が0となる5人の組み合わせを考えます。

9.7 + 10.2 + 9.1=29.0　　　9.4+10.6=20.0

かずお　ゆきお　わかこ　　　たけし　やすし

に着目すると，この５人の合計29+20=49(秒)より，だれか１人をその人より１秒おそい人と入れかえれば，合計がちょうど50秒となります。そこでやすし10.6秒となぎさ11.6秒を入れかえて，

Bチーム５人の組み合わせ

{かずお・ゆきお・わかこ・たけし・なぎさ}

がとりあえず決まりました。表にすると，次のようになります。

Aチーム		Bチーム	
あきこ	10.1（秒）	かずお	9.7（秒）
さやか	10.5	ゆきお	10.2
はじめ	8.9	わかこ	9.1
まりや	9.9	たけし	9.4
やすし	10.6	なぎさ	11.6
合計	50.0	合計	50.0

各チームの合計をともに50秒にしたまま，あきこ・かずお以外の１人あるいは２人を交換して別の組み合わせをつくることはできません。これは小数第1位に着目することではやく確認できます。

こうして，Aチームのメンバーが決まりました。

(3)　あきこさんは，初めに何について話し合うかを説明しています（①）。④にある通り，１つの提案が出されるたびにその要点をはっきりさせ，みんなに意見を求めていますが，②にいう質問，③の軌道《きどう》修正の役割は見られません。また⑤のように賛成や反対を確認しながら一本化していくような発言はありません。話し合いはまだ続くので⑥もここではあてはまらないでしょう。したがって，あてはまるのは①と④です。

見直そう

●１から99までの奇数を全部たすといくつ？

1+3+5+ … +95+97+99
= (1+99) + (3+97) + (5+95) +…+ (49+51)
=100×25=2500

参考

魔方陣《まほうじん》

●３×３のマスに１から９までの数を入れて，縦・横・ななめの３つのマスの数の合計をすべて等しくするには？

<手順>

①1+3+…+9=45
45÷3=15

真ん中の数字を□とすると，□を除いた８マスの合計について，

45−□=(15−□)×4

これを解けば，□=5

②縦・横・ななめにできた１組の合計は15だから，7，8，9は同じ組にならない。

③残りのマスをうめていけばできあがり。

4	3	8
9	5	1
2	7	6

サポートのポイント

問題文をよく読んで，設定された条件をつかみます。会話文では７人が発言しますが，司会のあきこを中心に，話し合いの場を想像しながら流れを追います。途中で考えこまず，最初はさっと読み切っておこうという余裕をもちたいところです。そのためには多くの問題に当たり「よし，本質がわかった」という体験を積んでおきましょう。

⑫表現力が問われる問題

実戦問題① 121 ～ 120 ページ

1 〔国語：武道や芸道における型〕

答　え

「型」による訓練は，個々人のもつ癖を否定し，矯正する働きをもつが，システム全体の中で結果を出すように訓練され，癖がうまく活かされて技に替えられている場合は，その技が独自のスタイルをつくりあげる。

◆問われる力◆

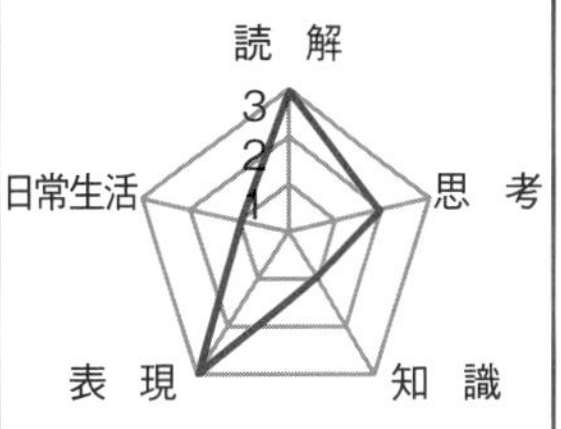

☞ 文章を読んで筆者の主張をまとめる問題です。

ここに着目

「型」はこの文章を理解する上でのキーワード。また，「型」とは対の意味で「癖」という言葉が使われていることにも着目しましょう。

解き方

①各段落の内容をとらえます。

第一段落…型は個々人のもつ癖を矯正する働きをもつ。

第二段落…スポーツの世界では，癖が自分のスタイルとなることがある。

第三段落…イチロー選手は，癖が技になっている。

第四段落…癖がシステム全体の中で結果を出すように訓練している場合は，独自な技となる。

②「型」と「癖」とは何かが書かれている部分を探します。

型については第一段落，癖については第四段落にまとめて書かれている。

③「型」について書かれている部分，「癖」について書かれている部分の言葉を中心に使って，筆者の主張をまとめます。

コラム

武道や伝統芸能の「型」

技の見本というだけでなく，昔からの人々の経験や知恵，思いがこめられたものです。

できるだけ文章中の言葉を使ってまとめよう。

注意

第一段落は武道や芸道などの癖と型の関係を述べたもので，この文章の話題を示している。第二段落はスポーツと癖の説明，第三段落はその例である。筆者の主張をまとめるときは，結論の部分を中心に書く。この文章では，第四段落が結論である。

サポートのポイント

「癖」という言葉は，ふつうよい意味に使われませんが，この文章ではよい意味もあると語られていることに気づかせます。

2 〔国語：江戸のエコロジー〕

答　え

江戸時代までの日本人は，太陽の熱を直接利用するか，太陽エネルギーによって育った植物を利用するなどして，くらしをまかなっていたということ。

◆問われる力◆

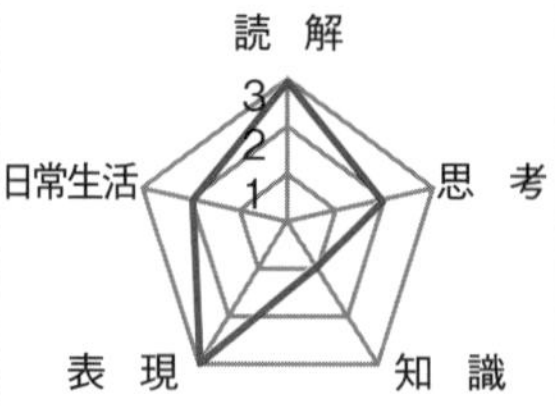

☞ 文章中の言葉が表す内容を説明する問題です。

ここに着目

「生きていた」をどのように言いかえるかがポイントです。

解き方

①江戸時代までの日本人が「太陽エネルギー」をどうしていたかがわかる部分を探します。

第三段落…太陽エネルギーによって生育した植物を利用する。

第四段落…太陽エネルギーを直接利用する。

②「生きていた」を言いかえられる言葉を探します。

第七段落…実際にその中で暮らしていた～

太陽エネルギーという言葉の前後を注意して読もう。

注意

この問題は，「～とは，どういうことですか」という問いかけの問題なので，より具体的な言葉に言いかえて説明しなければならない。

解答例１　江戸時代までの日本人は，太陽の熱を直接利用するか，太陽エネルギーによって育った植物を利用するなどして，くらしをまかなっていたということ。

解答例２　江戸時代までの日本人は，太陽エネルギーだけを使って生きていたということ。

こうして並べてみると，解答例２の方は，内容はまちがっていないのに，説明不足で不十分な解答になっていることがわかる。

参考

江戸時代の人は着古した着物をぞうきんやおむつなどに使うなどして，ほとんどゴミというものを出さない知恵《ちえ》をもっていた。最近，エコ（エコロジー（環境《かんきょう》保護などに関わること）の略）という言葉をよく耳にするが，江戸時代はまさにエコ社会だったというわけである。「エコ」は国語だけでなく，社会などでも取り上げられやすいテーマである。

サポートのポイント

「生きていた」という言葉をそのまま使って書いた場合は，答えとして不十分だということに気づかせます。

実戦問題②

1 〔国語：変貌する村〕

答 え

久しぶりに帰ると故郷の村の変化にはおどろかされるが，長い年月の経過を思えば考えられないことではない。

◆問われる力◆

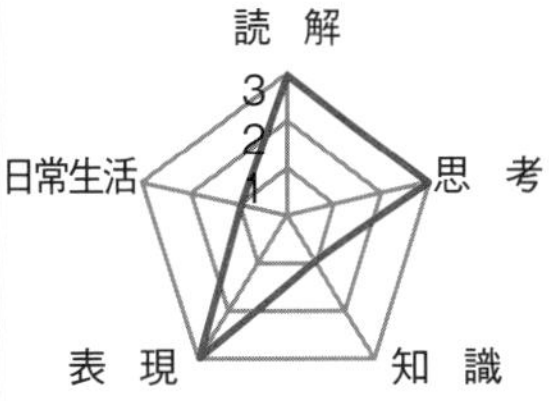

筆者の考えをまとめる問題です。

ここに着目

筆者の気持ちと，筆者が自分の気持ちからはなれて，冷静に考えたことに着目しましょう。

解き方

①筆者の気持ちを表す言葉を探します。

最後の段落…目をみはるような変化➡おどろくような変化だったということ。

②目をみはったあとで，筆者が考えたことを読み取ります。

1．村の人びとにとってはむしろ遅々とした変化だったかもしれない。

2．こういう変化は私が生まれる前にもあったはず。

③筆者が考えたことをまとめます。

筆者が考えたことは②の1，2だけれども，そのままでは使えないので，表現を工夫します。

たとえば，筆者の気持ち(おどろき)と反対の内容にするとよいでしょう。➡おどろかない，不思議ではない，考えられないことではないなど

注意

筆者の考えとして，①1，2をそのまま書くと長くなりすぎるし，うまくまとまらない。

答えは，文章中にはない言葉で，まとめているけれども，こういった場合は，文章と照らし合わせて，答えに書いたことが，内容からそれていないかどうか確かめること。

参考

自分が思ったり，感じたりしたことを中心にしてものごとをとらえることを「主観」，気持ちや判断などに関係なく，ものごとをありのままにとらえることを「客観」という。

この文章では，「私」が村のようすを見て変化におどろいた部分は，主観的なとらえ方をしているといえる。一方で，「村の人びとにとって～」「そうしてこういう～」の部分は，客観的なとらえ方をしているといえる。

サポートのポイント

筆者の考えは，最後の段落にまとめて書かれています。最後の段落で，筆者が自分の気持ちを客観的に考えていることに気づかせます。

2 〔国語：卒業制作〕

答え

自分の班の絵のできばえに対する大きな満足や，各班の絵をつなぎ合わせていくにつれて高まる期待と興ふんに，作品が完成したときの感動が加わり，全員で協力し合って作り上げた達成感でいっぱいの気持ち。

◆問われる力◆

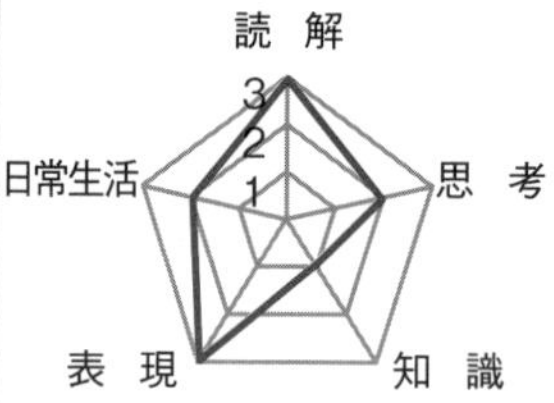

登場人物の気持ちを説明する問題です。

ここに着目

勇一の気持ちだけでなく，そのような気持ちになった理由にも着目します。

「勇一も」とあるので，勇一もみんなも同じような気持ちになっているとわかるね。

解き方

①「心がホッホともえていた」という表現から受ける印象をまとめてみよう。

・興奮している感じ　など

②文章全体から，みんなの気持ちが読み取れるところを探そう。

・勇一だけではない。六年生全員が興奮していた。

・「うわあ，きれい。」／「やった。すごいぞお。」／一枚置くたびに，どっと歓声が上がる⬅興奮／うれしい

・女子の中には涙ぐんでいる子もいる⬅感動

③勇一やみんなの興奮やうれしさの理由を簡単にまとめてみよう。

・卒業制作で作ったモザイクの絵がすばらしい出来であったから。⬅満足／達成感

この絵は勇一の提案だったこと，勇一の班の絵はよくできていて，作り上がったのが一番だったことも，参考にするとよいでしょう。

①～③のことを，文章にまとめてみましょう。

注意

興奮にもいろいろな興奮がある。

例

・うれしいときの興奮

・夢中なときの興奮

など

この問題は，気持ちを説明する問題だが，そのような気持ちになった理由にもふれることで，どのような気持ちかがわかりやすくなり，うまくまとまる。

参考

「心がホッホともえていた」のように，たとえを使った表現を比ゆという。ふつうに「心に熱いものを感じた。」といった書き方をするよりも，比ゆを使った方が印象的な表現になる。

サポートのポイント

登場人物がそのような気持ちになったいきさつをふり返ることで，そのときの気持ちがうまく表現できることに気づかせましょう。

⑬文章を読んで作文にまとめる問題

実戦問題① 113～110ページ

◆〔国語：わからなかったものごと〕

答え

(1) 役立つかどうかわからなかったものが，関係なさそうに思えたものとつながることで，あらたな要素が生まれるということ。

(2) 生徒たちの心を養う（ため。）

(3) わからなかったものごとがわかるようになるためには，着眼点をかえてみる，ということが必要だと思います。文章中では，難しい言葉を，知っているものを使って想像したり，別の視点に立つことで街の知らなかった様子を発見したりしていました。

　わたしは以前，仲のよい友だちと大げんかをしたことがあります。理由は，彼女の大切なしおりを，間違って捨ててしまったからです。わたしは「たかだかしおりだ」と思っていたので，彼女がなぜそんなに怒るのかわからず，その日はけんか別れをしてしまいました。その後一人になって落ちついて考えてみて，わたしがすててしまったしおりは，わたしにとっては「たかだかしおり」だけれども，彼女にとってはとても大事なものだったに違いない，わたしだって大事なものをすてられたらとても怒るだろう，と思いました。そしてそのことを彼女に話し，仲直りしました。

　このことからわたしは，わからないことに対しては，それを別の角度や立場から考えてみるとわかることがあると気づきました。

◆問われる力◆

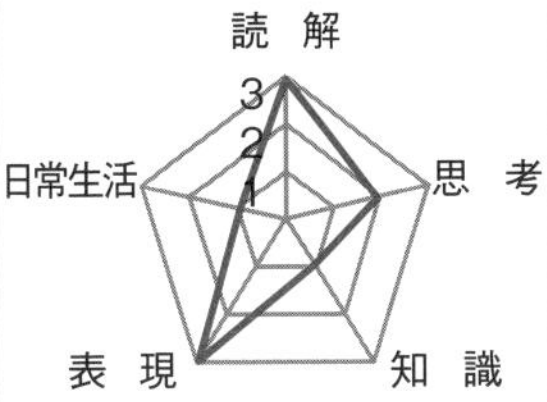

☞物語文の内容を読み取った上で，その内容に関連した体験を交えて作文を書く問題。

　わからなかったことがわかるようになった過程を文章の中から読み取り，そこで必要だったことは何だったのかをふまえて考えをまとめます。

ここに着目

　この文章は，大きく三つの部分に分かれているので，それぞれの話題・内容は何だったかを整理しておきましょう。

先生の話の前おき…人の話や読書の意味について。

先生の話…「夜空の旅」の話➡銀河から想像がいろいろと広がる話。

その日の放課後…飛び立ったコマメを目で追ううちに，音和は，コマメの視線から町を見ているような気持ちになる。

解き方

(1) ①「古びたネジ」が，何のたとえなのかを読み取ります。

・直前の河井先生の言葉に注目する➡「役立つかどうかも怪しい。だが，むだでもない」ことのたとえ

②「古びたネジ」が生み出した結果を読み取ります。

・関係なさそうに思えたものがつながる➡あらたな要素を生む

以上のことをふまえて，まとめましょう。

(2) 河井先生が人の話を聞くことをどういっているか読み取ります。

・先生の話の前おきの初めに「心を養うものだと私《わたくし》が信じているから」とある。

(3)　①河井先生の話の前おきから，わからなかったものごとがわかった過程を考えます。

・役立たないと思ったもので，あらたな要素を生み出す。

②河井先生の話から，わからなかったことがわかった過程を考えます。

・さあ，もうここは町ではない➡本来は見えない夜空や星，湖面が見える。

③その日の放課後のできごとから，わからなかったことがわかった過程を考えます。

・コマメの目に映ったそのまぶしさを，音和も感じる➡音和は鳥になったつもりで下を見下ろしている。

※(3)は，「河井先生の話の前おき」「河井先生の話」「放課後のできごと」のいずれを中心にして書いてもよい。

「河井先生の話の前おき」「河井先生の話」「その日の放課後のできごと」のそれぞれが，それまでわからなかったものごとがわかることに結びついていくよ。

参考

河井先生の話と放課後のできごとを図で示してみた。
想像力をはたらかせて読み取ろう。

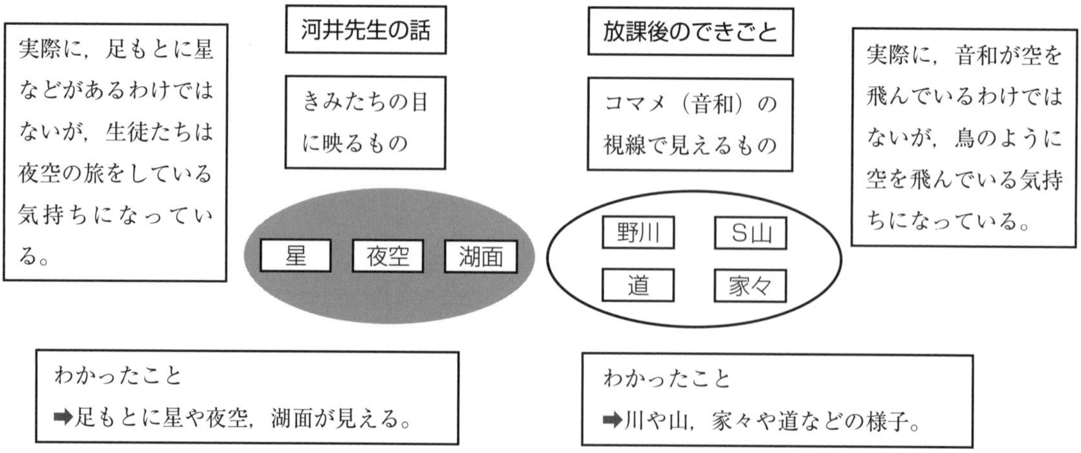

実際に，足もとに星などがあるわけではないが，生徒たちは夜空の旅をしている気持ちになっている。

コマメ（音和）の視線で見えるもの
野川
S山
道
家々
実際に，音和が空を飛んでいるわけではないが，鳥のように空を飛んでいる気持ちになっている。
わかったこと
➡足もとに星や夜空，湖面が見える。
わかったこと
➡川や山，家々や道などの様子。

サポートのポイント

空に飛び立ったコマメと同じ視線で，音和が町をながめるところなど，想像・空想の中での情景描写《びょうしゃ》がなされる場面があり，意味を取りにくいかもしれません。物語には，空想の世界が描《えが》かれる場合もあることに気づかせましょう。

きみたちの目に映るもの

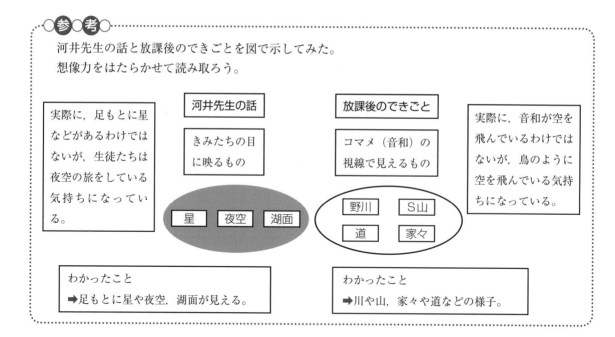

実戦問題②

109〜105ページ

1 〔国語：あいさつ〕

答 え

あいさつは，あいさつがもっている文字通りの言葉の意味ではなく，それよりも相手と自分の間によりよい関係を築くきっかけ作りとしての役割をもっている。

ぼくは，あいさつとは自分と他人との関係を作り上げるものであり，また反映させるものであると思う。元気にあいさつしてくれる友人には元気にあいさつをし返し，気持ちよい気分で相手と向き合える。しかし，あまりあいさつをしない相手とは，どことなく関係がぎくしゃくしてしまい，同じ場所にいることさえも苦痛に感じてしまうこともあった。そのような関係の相手でも，よりよい関係を築いていくためのきっかけとして，元気なあいさつができるように心がけたい。

◆問われる力◆

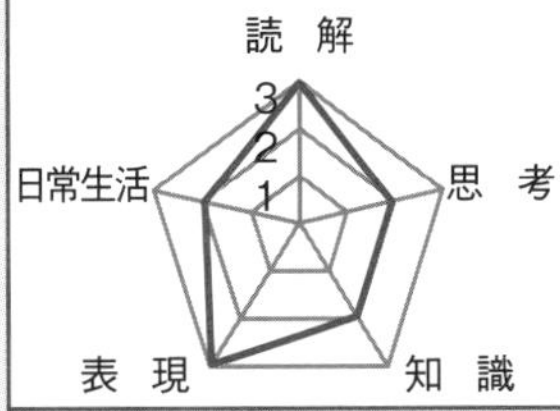

文章の内容をまとめ，その内容をふまえて意見を書く問題。意見には自分の体験を交えます。字数はそれほど多くないので，簡潔にまとめます。

ここに着目

第三段落に「声をかけ合うことで親しくなったり親しさを維持したりする」とあいさつ（挨拶）の重点はどこにあるかが書かれているので，まずはここに着目します。ただし，その前後の部分も作文を書くときの参考になるので，きちんと内容を読み取りましょう。

解き方

①あいさつの役割をまとめます。

第三段落に「声をかけ合うことで親しくなったり親しさを維持したりする」とあります。この部分をそのまま使ってもよいし，自分の言葉でまとめなおしてもよい。

②「あいさつをすることで親しくなったり親しさを維持できること」に関して，自分の意見を書きます。

２つの内容を書くので，段落も少なくとも２つに分けるよ。

参考

あいさつに対する意見が思いつかなかったら，逆にあいさつがない世界のことを想像してみるのもよい。

サポートのポイント

あいさつなど，人と人とのコミュニケーションを考えさせる問題はよくあります。これを機会に，あいさつについてもしっかりとした考えをもたせましょう。

2 〔国語：生きていること〕

答え

(1) 文章１　どんなときにも自分を大切にし，自分以外の人と共に生きていることのすばらしさを知ってほしいということ。

文章２　目に見えない小さな生きものが重要な役わりを果たしていて，わたしたちはそれと共に生きているということ。

(2) わたしは，テレビのニュースで，マルタという国で育てられたクロマグロの多くが日本に運ばれてきて，日本で食べられていることを知った。地球儀でマルタを探してみるとはるかに遠い国だ。こんなに遠いところから，食料が届けられていることにとてもおどろいた。

スーパーのチラシを見ると，メキシコ産のカボチャやタイ産のエビなど，遠くから運ばれた食品も多い。それらのものを毎日食べているのだから，わたしのからだの一部は遠くから運ばれてきたものによって作られているのだと思い至った。食料だけでなく，その食品を育ててくれた人や土地，運んでくれた人たちなど多くの人の力によって，わたしは「生きている」のだと思った。

さらに，近くでとれた作物だって，生産者や販売・流通と多くの人の手を経て，わたしが食べることができることにも気づいた。わたしはこのように考えることで食物を通して数えきれないほど多くの人に支えられて生きていることを知ることができた。

◆問われる力◆

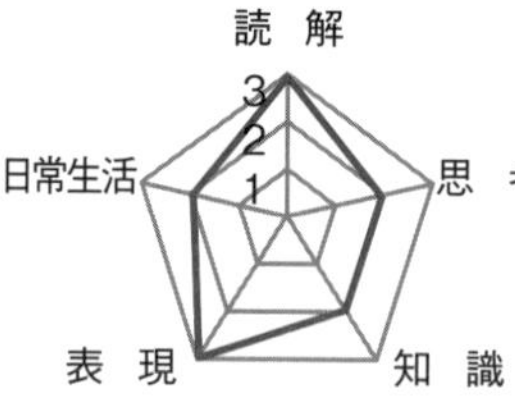

二つの文章を読んで，それぞれの内容をまとめます。そして，その内容をふまえて，体験などを交えた自分の考えをまとめる問題です。

ここに着目

文章１は「きみ(＝人間)」が生きていることについて，文章２は「プランクトン(＝小さな命)」が生きていることについての文章です。どちらも「生きていること（＝命)」についての文章であることに着目しましょう。

解き方

(1) 文章１…最後の段落の「すばらしい」「すてき」の部分が筆者の言いたいこと。何がすばらしいのか，すてきなのかをまとめます。

文章２…「命の賑わいをぼくたちが〜」の段落，最終段落に簡潔にまとめてあるので参考にします。

(2) 文章１と２をふまえるということなので，人と人との関係，人とほかの生き物との関係などを考えて，題材となるものを見つけます。

文章２の「命の賑わいをぼくたちが〜」の段落と最終段落以外は，会話や行動，心情を書いた部分だね。

サポートのポイント

「生きていること」「命」なども，よく出題されるテーマです。この問題の文章なども参考にして，自分なりの考えをもつようにさせましょう。

⑭あたえられた題材やテーマで作文を書く問題

実戦問題①　　102～100ページ

1 〔国語：ことわざ〕

答え

　ぼくは，機械が好きだ。小さいころから，動くものを見れば，中のしくみを見てみたくてしかたがなかった。ついバラバラに分解して元にもどせなくなったものも数多い。今は逆に部品を集めてきて組み立てて，いろいろな機械を作っている。ぼくは発明だと思っているのだが，家族はまた役にも立たないものを作っていると相手にしてくれなかった。

　ところが，ある寒い日，家のこたつがこわれた。家族はもう古いからなあなどと言って，あきらめ顔だった。ぼくは，試しにヒーター部分を開けて，ヒューズを見たり，電気が流れているかをテスターで調べてみたりして悪い部分をつきとめ，こたつを修ぜんした。家族は，「『好きこそものの上手なれ』とはこのことだな」と感心しだした。だれでも好きなこと，興味があることには熱心に取り組むので，知識が広がり，うでが上がるということだ。人はそれぞれ得意なことや好きなことがちがう。だから，ある場所で力がはっきできなくても，またちがうところでははっきできるにちがいないのだ。みんなが自分の得意なところを生かして生きていけば，自分も満足のいく人生を歩めるし，社会も効率よく動くのではないかと思う。

◆問われる力◆

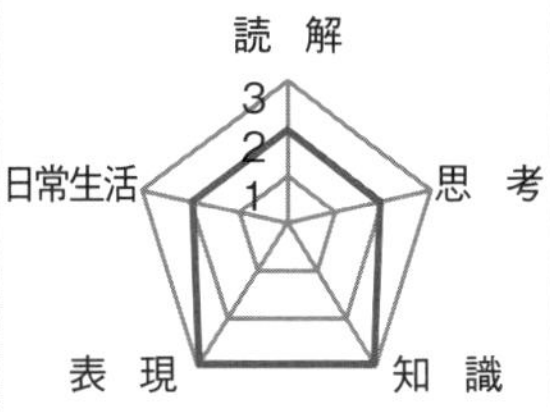

三つのことわざから一つを選び，そのことについて考えたり感じたりしたことを，経験を例に挙げながら作文に書く問題です。

　おもなことわざの意味を知っていることが前提となっています。

ここに着目

　ことわざの意味を知っていること（言葉の知識）がまず試されます。ことわざの意味さえ知っていれば，あとは，ふつうの作文の問題だといえます。

解き方

　問題にことわざの意味は出てきません。まずは確認しましょう。

「千里の道も一歩より」… 大きなものごとをなすときも，初めは身近なことから着実に始めなければならない。

「好きこそものの上手なれ」… 好きなことは一生懸命《けんめい》に取り組むので上達も早い。

「七転び八起き」… 多くの失敗にもくじけず，何度も立ち直ること。

選んだことわざを作文の中で一度は使うという条件があるので，意味を正しく知っておくことが必要だね。

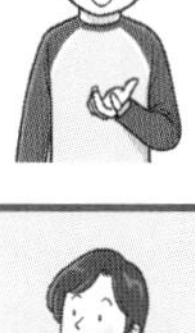

サポートのポイント

　作文に出題されるかどうかに関係なく，おもなことわざの意味は知っておいた方がよいでしょう。

2 〔国語：おかげさま〕

答え

「おかげさまで」という言葉は，感謝の気持ちを伝えるための言葉である。資料に書かれている例も，感謝の気持ちを表現した言葉である。しかし，会話の相手に直接，お世話を受けたわけではない。では，だれに対して感謝の気持ちを述べているのだろうか。

お年寄りの会話を例にして，具体的に考えてみる。この会話は，「お元気ですか？」という問いかけに対して，周りの人がお世話してくれた「おかげ」で元気に過ごしているといった意味で使っている。つまり，自分の力だけでは生きていないということが，この「おかげさま」という言葉にふくまれている。ほかの二つの例も同様で，だれかの支え，助けてくれる何かの力があったから，その「おかげ」で今こうしていられる。と考えて，周りの人たちとそして自分を取り巻く世界に感謝して使っているのだと考えられる。

人間は，決して一人では生きてはいけない。私も家族や友だち，先生など，たくさんの人に支えられている。しかし，そのことを普段は気にもとめておらず，「ありがとう」と伝えることはしていないのが現状だ。自分を陰ながら支えてくれる人がいることが，どれだけありがたいことなのかを再認識させてくれるのが「おかげさまで」という言葉なのではないだろうか。口先ではなく，たくさんの人や物に支えられていることに気づき，心から感謝してこの言葉を使い続けていかなくてはいけないと私は思う。

◆問われる力◆

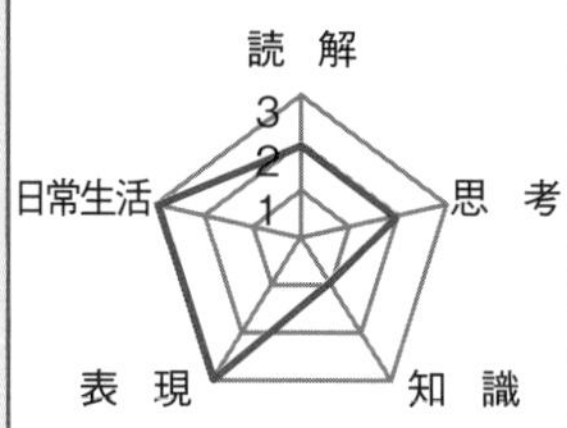

絵と会話で構成される資料を見て，考えたことを作文に書く問題です。

会話の中で太字で書かれている「おかげさまで」という言葉の意味や使われ方，その言葉を使う人の気持ちなどを題材にして書きます。

ここに着目

三つの場面で「おかげさま」という言葉が，ちがう意味で使われているのか，同じ意味で使われているのかといったことに着目しましょう。

解き方

①「おかげさま」の意味を確かめましょう。

おかげさま … 自分や自分の身内などがよい状態である，よい結果を得たというときに使う言葉。

②考えたことを書き出してみましょう。

「おかげさま」という言葉について … 意味，使われ方，使うときの便利さ　など

それぞれの人物の心情 …「おかげさま」という言葉に，どんな思いをこめているのか　など

③文章の構成を決めて，書いていきましょう。

・考えたことだけでなく，自分自身の体験などを書いてもよい。

・三つの場面の説明を簡潔に書いてもよい。

「おかげさま」という言葉のうらに，「おかげさまでよい状態です。ありがとうございます。」といった，感謝の気持ちがこめられていることが多いよ。

注意

自分の体験などは，中心的内容ではないので，あまり長く書かない。

サポートのポイント

この問題の資料は，絵と会話で描《えが》かれているので，まるでマンガのようです。マンガを読んで問題に答えるという不慣れな形式にとまどうかもしれませんが，あるものごとを読み取った上で，自分の考えを作文に書くという点では，文章を読み取って作文を書く問題と同じです。状況を読み取ることの大切さを気づかせましょう。

実戦問題②　99～97ページ

1 〔国語：人に理解されるということ〕

答え

ぼくの家から学校に行くには，大きな幹線道路を通らなければならない。遠回りすれば安全に行くことができるのだが，十分も時間が多くかかる。学校には，学校生活の安全を考える安全委員会というのがあり，委員からいつも大通りを通らないようにと注意されていた。でも，家が近い友達三人とぼくは，ち刻したくないので，注意を守らなかった。ところが，六年生になって，ぼくは安全委員会の委員になった。委員会に出席して，先生方や委員の人たちが，どれだけ学校や登下校時の安全を真剣に考えてくれているのかが身にしみてわかった。ぼくは，登下校に大通りを歩くことをやめ，あとの三人にもいっしょにやめるように言った。道路の危険性や委員会での安全への取り組みの話を一生けん命話したら，三人ともぼくの気持ちを理解してくれ，快く遠回りをしてくれるようになった。とてもうれしかった。人が自分の一生けん命な気持ちや立場をわかってくれるということは，こんなにうれしいことなのだ。そしてぼくは初めて，それまで委員の人の説得に耳を貸さなかった自分のあやまちに気がついた。これからは，ぼくもできるだけ人の話に耳をかたむけ，気持ちにこたえたいと思う。

◆問われる力◆

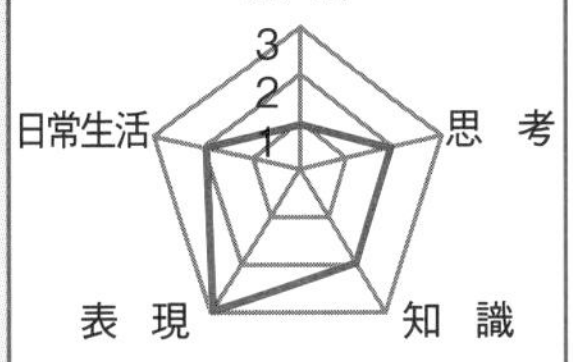

題材となる言葉，資料などはなく，テーマだけをあたえられて作文を書く問題です。出題者の意図を正しくつかむことが重要になります。

ここに着目

「ほかの人から理解されたと実感した経験」をどのようにとらえるかがポイントです。

例　誤解されていたが，誤解が解けた。

疑われていたが，信じてもらえた。　など

解き方

①自分が誤解されていたり，信じてもらえなかったりしたことなどを思い出して，作文の題材となることを探しましょう。

②作文の構成を考えて，書いていきましょう。

作文の構成例

・自分が誤解されて困ったこと（7行）
・その誤解がどのように解けたか（10行）
・その時に実感したこと（5行）
・その経験から学んだこと（3行）

自分が誤解されたなどは，ひとつの例にすぎないよ。自分が思いついたことを，自由に書いてみよう。

サポートのポイント

題材となる言葉や資料がないので，題材を自分で探さなければなりません。普段から，自分の経験を作文に結びつける訓練が必要です。

2 〔国語：人間関係づくり〕

答え

私は，クラスでよい人間関係を築いていくためには，一人ひとりの努力や心がけが必要になってくると思います。

確かに，自然と友達になっている場合が多いかもしれません。しかし，仲よくなりたい相手に対しては，無意識のうちに相手のことを理解しようとよく話を聞いたり，自分の気持ちを相手に伝えようと努力をしているものです。では，クラス全員に対してはどうかを考えてみましょう。クラスには複数の人がいます。苦手だなと感じる人も中にはいるかもしれません。私も6年生のとき，何を話せばよいか迷う人がクラスの中にいました。その人と同じ学習グループになったとき，「うまくやっていけるのかな。」と困惑したのをよく覚えています。でも，いっしょに調べものをするうちにだんだんと会話が増え，普段からよく話す仲になりました。苦手だと感じていたのは，これまで話す機会をもとうとせず，互いのことを理解し合おうという気持ちがなかったからだと気がつきました。

人はそれぞれいろいろな考えや気持ちをもっています。クラスはそういう人の集まりです。だからこそ，よい人間関係を作るには，一人ひとりの努力や心がけが必要だと思うのです。あいさつを交わしたり，いっしょに掃除をしたりするだけで，心が通い合うこともあります。互いに相手を思いやる気持ちで接することを少し意識するだけで，よい人間関係ができるのではないでしょうか。

◆問われる力◆

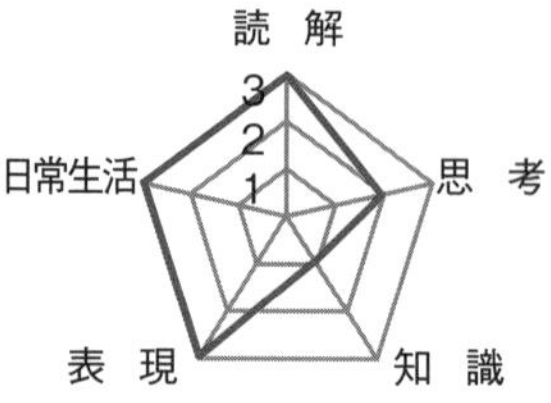

「今後入学する中学校のクラスにおける，よい人間関係づくりについて，どう考えますか」というテーマで作文を書く問題。編集委員たちの話し合いでの会話を参考にし，自分の経験にふれて，自分の考えとその理由を書きます。

ここに着目 アンケートや編集委員の会話を作文の中にどのように生かすか，自分の経験にどのようにふれるかがポイントです。

解き方

①まずは，編集委員たちの会話を整理してみましょう。

Aさん…・アンケートの結果から，6年1組がよいクラスであることを実感。
・いっしょに生活しているうちに，今みたいなクラスになったと思っている。

Bさん…・アンケート結果から，6年1組はみんなの仲がよいと結論。

似た意見の人，反対の意見の人などを整理しよう。

・クラスの仲間は自然にできていくと考えている。

Cさん…中学のクラスもよいクラスだといいと思っている。

・中学のクラスは，このクラスのようにはいかないかもしれないと思っている。

・友達をつくるために自分から何かした覚えはない。

Dさん…・よいクラスにはよい人間関係が必要だと考えた。

・新しいクラスではよい仲間づくりのために，一人ひとりの心がけが大切だと考えている。

ポイントは次のようになります。

・6年1組はよいクラスだ，よいクラスとはみんなの仲がよいクラスだということは，全員が同じように思っているということ。

・友達は自然にできるものだという考えと，よい仲間づくりのためには一人ひとりの努力や心がけが必要だという考えで，Bさん・CさんとDさんの間で，意見が異なっていること。

②編集委員の会話を参考にして，作文を書きます。

参考にする方法として，次のような方法があります。

・キーワードとなるような言葉を選んで作文の中で使う。

・自分と同じ意見の人，あるいは，自分とは異なる意見の人の考え方をもとに，自分の考えをまとめる。

アンケート，編集委員たちの会話は参考にすればいいので，作文の中でふれる必要はないよ。ただし，必要ならふれたり，引用したりしてもいいよ。

注意

理由を書くときは，「～ので」「～から」などの表現を使うと，その部分が理由を書いているということがわかりやすくなる。

参考

話し合いでは，以下の点に注意する。

・だれが，どういう立場に立っているか，どういう意見をもっているか。

・異なる意見がある場合，意見の異なっている点（論点）はどこなのか。

サポートのポイント

話し合いでの会話を参考にするとありますが，個々の意見そのものを題材にするということではありません。しかし，まったくかけ離れた内容でも不適切ですので，関連する内容を題材に選ばせましょう。

仕上げテスト　1回　解答・解説

125～130ページ

答え

1　(1)　20

(2)　(逆数の説明)　もとの数との積が1になる数のこと。

(2の逆数)　$\frac{1}{2}$

(3)　わられる数とわる数に同じ数をかけても，商は変わらない性質

(4)　$\left(\frac{4}{3}\div\frac{5}{2}=\right)$　$\left(\frac{4}{3}\times\frac{2}{5}\right)\div\left(\frac{5}{2}\times\frac{2}{5}\right)=\left(\frac{4}{3}\times\frac{2}{5}\right)\div 1$　$\left(=\frac{4}{3}\times\frac{2}{5}\right)$

2　(1)　ふっとうした湯でゆでる

ゆでた後，水につけて冷ます

(2)　ア　卵

イ　いためる（スクランブルエッグにする）

(3)　でんぷんがだ液と混ざる

(4)　ウ　土の中の水や養分を取り入れるために，地面の下にある

エ　②

3　(1)　ア　4（g）

イ　立方体A：6（g）

立方体B：13（g）

(2)　ア　31（g）

イ　127（g）

4　(1)　141.75（㎠）

(2)　75（°）

解き方

1　(1)　$\frac{2}{0.1}=2\div 0.1=20$

(2)　ある数と，その数の逆数をかけ合わせると1になる。つまり，2の逆数を□で表すと，2×□＝1が成立する。したがって，□にあてはまるのは$\frac{1}{2}$とわかる。1÷2を計算して，0.5としてもよい。

(3)　75.6÷63や756÷630は，7.56÷6.3のわられる数とわる数の両方に10や100をかけているが，どちらも商は同じである。

(4)　(3)の性質から，③では式のわられる数とわる数の両方に同じ数をかけて最後に$\frac{4}{3}\times\frac{2}{5}$となるように式の変形を行う。わられる数とわる数の両方に$\frac{2}{5}$をかけると，わる数が1となり，わられる数の部分だけが残る。他にも，$\left(\frac{4}{3}\times 2\right)\div\left(\frac{5}{2}\times 2\right)=\left(\frac{4}{3}\times 2\right)\div 5$などのように計算してもよい。

2 (1) こまつなを色よく仕上げるためには，**ふっとうした湯でさっとゆで，すぐに冷ます**ことが大切になる。他にも，**湯に塩を入れておく**ことも，色よく仕上げることにつながる。

(2) 卵やこまつな，だいこんを，できるだけ短い時間で加熱調理する方法を考える。卵の場合は，いためたり，スクランブルエッグにしたりすることで，また，こまつなやだいこんの場合は，より小さく切ることで加熱時間を短くできる。

(3) でんぷんはだ液によくふくまれている成分によって，あまい味のする物質にかえられる。「でんぷんがだ液によって消化される」などとしてもよい。

(4) 根のはたらきとは何かを考える。根は植物のからだを支え，水分や養分を取りこむ役割をもつので，土の中にある②の部分が根と判断できる。

3 (1) **ア**〔**ねんどのおもり**〕の組み合わせとはかることができる重さは，下の表のようになる。

1 g	1 g	10 g	9 g + 1 g
2 g	2 g	11 g	9 g + 2 g
3 g	2 g + 1 g	12 g	9 g + 2 g + 1 g
4 g	×	13 g	×
5 g	5 g	14 g	9 g + 5 g
6 g	5 g + 1 g	15 g	9 g + 5 g + 1 g
7 g	5 g + 2 g	16 g	9 g + 5 g + 2 g
8 g	5 g + 2 g + 1 g	17 g	9 g + 5 g + 2 g + 1 g
9 g	9 g		

はかることができない重さは4gと13gであるから，このうち1番軽い重さは4gである。

イ〔**表**〕と〔**はかりかたの手順**〕から，使ったおもりを見極める。

立方体A：1回めに9gのおもりをのせて右側にかたむくので，2回めに9gのおもりを5gのおもりと入れかえる。すると針が左にかたむくので，3回めは5gのおもりに加えて2gのおもりをのせる。ここでは針は右側にかたむくので，4回めで3回めにのせた2gのおもりを1gのおもりと入れかえると，左右がつりあう。したがって右の皿には合計6gのおもりがのっていることになるから，立方体Aの重さは6gだとわかる。

立方体B：1回めに9gのおもりをのせると左にかたむくので，2回めは9gのおもりに加えて5gのおもりをのせる。すると針が右側にかたむくので，立方体Bは14gより軽いということがわかる。3回めは2回めにのせた5gのおもりを2gのおもりと入れかえる。ここで針が左側にかたむくので，4回目でさらに1gのおもりをのせるが，まだ左側にかたむいていることから，立方体Bは12gより重いということがわかる。これらより，立方体Bの重さは12gと14gの間の13gであることがわかる。

(2) **ア** 1gきざみの重さがはかれるように，小さい重さから考えて必要なおもりを追加していく。できるだけ重い重さまではかることができるようにしたいので，追加するおもりはできるだけ重いものを選ぶ。まず，1～3gまでをはかるには1gと2gのおもりがあればよい。しかし，４ｇはその組み合わせでははかれないため，４ｇのおもりを追加する。すると，４ｇのおもりと組み合わせることで，５～７ｇまでは１ｇきざみではかることができる。ここで，この状態では８ｇがはかれないので，新たに８ｇのおもりを追加する。同様に考えていくと，今あるおもりの組み合わせで８＋７＝15（g）まではかることができるので，次にはかれなくなる16gのおもりを追加する。ここまででおもりの個数は（あ）16g，（い）８g，（う）４g，（え）２g，１ｇの５個となる。これらのおもりの組み合わせでは，16＋15＝（お）31（g）の重さまではかることができる。

イ　アで考えた５個のおもりは，１ｇから順に２倍にしていった重さになっていることがわかる。また，おもりの組み合わせではかることができる重さは，新たに追加したおもりの重さの２倍から１を引いた重さになっていることもわかる。よって，おもりを７個まで増やしたときのおもりの重さとはかることができる重さは，下の表のようになる。

おもりの個数	１個	２個	３個	４個	５個	６個	７個
追加するおもりの重さ	１ｇ	２ｇ	４ｇ	８ｇ	16ｇ	32ｇ	64ｇ
はかることができる最大の重さ	１ｇ	３ｇ	７ｇ	15ｇ	31ｇ	63ｇ	127ｇ

4　(1)　できあがった形(あ)は，１辺が９㎝の正方形１つと，その半分の大きさの三角形１つと，さらにその半分の大きさの三角形１つが合わさった形になっている。それぞれの面積は，

（１辺が９㎝の正方形）＝９×９＝81（㎠）

（半分の大きさの三角形）＝81÷２＝40.5（㎠）

（さらに半分の大きさの三角形）＝40.5÷２＝20.25（㎠）

と求められるから，これらをたし合わせて，

81＋40.5＋20.25＝141.75（㎠）

$141\frac{3}{4}$（㎠），$\frac{567}{4}$（㎠）でもよい。

(2)　右の図で，太線で囲まれた三角形は正三角形であるから，その１つの角の大きさは60°である。よって，(う)の角の大きさは，

(90－60)÷２＝15（°）

三角形の内角の和は180°なので，(い)の角の大きさは，

180－(90＋15)＝75（°）

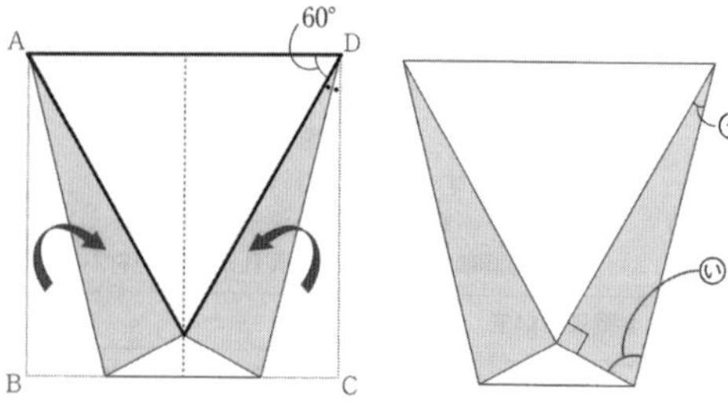

仕上げテスト　2回　解答・解説

131～137ページ

答　え

[1] (1) ア　し　イ　つ

(2) 追い出してください

(3) （一休さんからの切り返しによって，男も将軍も，）自分が出した問題を，一休さんより先に解決しなくてはならなくなった（から。）

[2] (1) 水

(2) 長い期間しゅうかくできる。

(3) 良さ①　生産者や生産地が分かるため，安心して買うことができる。

良さ②　とれたてのため，新せんなものを買うことができる。

[3] (1) 1　Chozyamachi

2　Chojamati

(2) あ　水飲み場

い　台を設置する（ことで）

う　こどもなど身長の低い人でも，水を飲み（やすくなるようにしている）

(3) くふうするもの　照明のスイッチ

くふう　どの照明がどのスイッチでつくのかわかりにくいため，文字や点字を使って照明とスイッチの関係をわかりやすくする。

[4] (1) ①　1.5（ha）

②　男　5（人）

女　2（人）

③　27.4（束）

(2) どのように国を治めたか　仏教の力で社会の不安をしずめて国を治めようとした。

天皇の名前　聖（しょう）武（天皇）

(3) ①　28000（人）

②　投票できる人　**としこ**　**まさき**　**はるこ**　**まこと**　**みなみ**　かんた

立候補できる人　**としこ**　**まさき**　**はるこ**　**まこと**　みなみ　かんた

③　政治に参加する・自分の意見を政治に反映させる

解き方

[1] (1) **ア**　問題文のとおりにたてにまっすぐ線を引き，線の最後になるところで右上に丸くはらえばひらがなの「し」ができる。

イ　たてにまっすぐのばした線の最後になるところを左上に丸くはらい，反時計回りに90°回転させるとひらがなの「つ」となる。

(2) かおりさんの「Bに似た話」だという言葉から考える。一休さんは虎《とら》をつかまえろと言われていたので，そのためにびょうぶから虎を出すように将軍にお願いしたという内容がふくまれていればよい。字数の指定があるので注意する。

(3)　Bの話の男も「びょうぶの虎」の将軍も解けない問題を出して一休さんを負かそうとしていたが，一休さんの切り返しによって自分が出した問題を先に自分が解かなければならなくなってしまっている，という内容が記述できていればよい。語句の指定があるので忘《わす》れずに使って答える。

2　(1)　地中にしみ込んだ雨水に土の中の栄養分がとけ出して，その雨水が川から海へ流れ出ることによって山の栄養分は海に運ばれている。

(2)　ろじ栽培《さいばい》では収穫《しゅうかく》期間が７～９月の３か月間しかないが，しせつ栽培だと12月～６月の７か月の間収穫することができる。収穫の期間が長いほど生産者は収入を得る期間が長くなるので，収穫期間が長いのは良い点である。

(3)　どこでだれが作っている農産物なのかが分かると消費者は安心して買うことができる。また，地産地消の農産物は輸送に時間がかかっていないので，他の地域《いき》で作られたものよりも新せんである。

3　(1)　ローマ字では,「ちょ」は「cho」と「tyo」の２通り,「じゃ」は「zya」と「ja」の２通り,「ち」は「ti」と「chi」の２通りで表すことができる。別解として，Chozyamati，Tyojamachi，Tyojamati，Tyozyamachi，Tyozyamati がある。

(2)　どのような人々が水飲み場やテーブル，ベンチを使うか考える。**【写真１】**では，そばに台があることや、手すりがあることに着目するとよい。**【写真２】**では，ベンチが短いことに着目する。(**あ**) で「テーブルとベンチ」を選んだ場合では,「(**い**) ベンチを短くする（ことで），(**う**) 車いすの人でも，みんなと並んで座り（やすくなるようにしている)」などの別解が考えられる。

(3)　**【図２】**の照明のスイッチは，文字や点字がなにも書かれていないことに着目するとよい。使いにくさとして，高い位置にあるということも考えられる。「私でもできるくふう」であるため，スイッチの高さを変えることはできないので，台を用意するなどのくふうが考えられる。**【図３】**の学級の道具箱は道具が整理されていないことに着目するとよい。いろいろな種類の道具が混ざっているため，箱に仕切りを入れて道具を種類ごとに分類するなどのくふうが考えられる。

4　(1)　①　１段は12 a なので，$\frac{38}{3}$段は$12\times\frac{38}{3}=152$（a）と表せる。100a = 1 ha なので，152a は1.52ha となる。答えは小数第二位を四捨五入して，小数第一位まで表すので，1.5ha となる。

②　資料から，男は２段，女はそれより３分の１減らして田んぼが与えられる。よって，男女で与えられる田んぼの差は，$2\times\frac{1}{3}=\frac{2}{3}$（段）と求められる。７人の家族のうち７人全員が男だったとすると，与えられる田んぼは$2\times7=14$（段）となるが，これは$\frac{38}{3}$段よりも$14-\frac{38}{3}=\frac{4}{3}$（段）だけ多い。ここで，$\frac{4}{3}\div\frac{2}{3}=2$より，この差は男女で与え

られる田んぼの差２つ分にあたるとわかるので，男の人数を２人減らすと，与えられる田んぼは$2 \times 5 + \left(2 - \frac{2}{3}\right) \times 2 = \frac{38}{3}$（段）となる。よって，男の人数は５人，女の人数は２人であるとわかる。

③　１町は10段であるから，田んぼ１町で稲が720束収かくできるとき，１段で収かくできるのは，$720 \div 10 = 72$（束）である。したがって，②の家族の収かく高は，$72 \times \frac{38}{3} = 912$（束）となる。このうち３％を税として納《おさ》めるので，②の家族が納める稲の合計は，$912 \times 0.03 = 27.36$（束）である。答えは小数第二位を四捨五入して，小数第一位まで表すので，27.4束となる。

⑵　**表２**から，741年に国分寺を建てる命令が出されていることや，743年に大仏を作る命令が天皇から出されていることがわかる。つまり，仏教の力を使って，都で流行した病気や貴族の反乱などによる社会の不安をしずめようとしていたと考えられる。奈良に大仏を建てるように命令を出したのは聖武天皇である。

⑶　①　**図**から，仙台市の人口のうち，20代の人口の割合は12％なので，その人数は$1060000 \times 0.12 = 127200$（人）である。**表３**から，平成29年の20代の投票率は22％なので，人数を求めると$127200 \times 0.22 = 27984$（人）となる。答えは上から２けたのがい数で表すので，上から３けた目を四捨五入して，28000人となる。

②　選挙に投票できる権利《けんり》は18さい以上に与えられているため，投票できるのは，としこさん，まさきさん，はるこさん，まことさん，みなみさんの５人である。**市長の選挙に立候補《りっこうほ》できる権利は25さい以上に与えられている**ため，立候補できるのは，としこさん，まさきさん，はるこさん，まことさんの４人である。

③　選挙に参加し，市などの代表や議員を選ぶことで政治に参加したり，自分が支持する立候補者に投票することで自分の意見を政治に反映させたりすることができる，というような内容を書けるとよい。

仕上げテスト　3回　解答・解説

138ページ

答え（例）

私は，だれもが気持ちよく学校生活を送るために，人の気持ちを考えて行動したいと思います。

私が小学五年生の時，クラスに転校生が来て，私のとなりの席になりました。人と話すことが好きな私はその子にたくさん話しかけましたが，その子はほとんど反応してくれませんでした。私はとても悲しくなり，このことを母に相談しました。すると，母は，「その子は転校してきたばかりできん張しているんじゃない。みんながあなたみたいに話すことが好きとは限らないわよ。」と言いました。母の言葉を聞き，私はその子の気持ちを全く考えていなかったことに気づきました。もしかしたらその子は，私にたくさん話しかけられることで，いやな気持ちになっていたかもしれないと思いました。それからは，以前のように一方的に話しかけるのではなく，相手の様子をうかがいながら相手のことを考えて話しかけるようにしました。すると，少しずつではありますが，その子は私が話しかけたことに反応してくれるようになりました。

クラスには，自分と同じような人ばかりがいるとは限りません。自分のことしか考えていないと，クラスの中でいやな思いをする人が出てきてしまうと思います。一人一人が，人の気持ちを考えるようにすれば，そのような人を減らすことができます。だから，まずは私自身が人の気持ちを考えた行動を心がけたいです。

解き方

図と会話文から，自分ならどのようなことを考えるかを表現する問題となっている。会話文の要素と資料の内容の関連性に注意しつつ，自分の意見をまとめる。

「だれもが気持ちよく学校生活を送るために」自分がどんなことをしたいかを書く。600字程度なので３～５段落《だんらく》構成にし，第一段落では，だれもが気持ちよく学校生活を送るために自分がしたいことを明確に示す。第二段落では，その理由と，根拠となる自分の経験を具体的に書く。この部分は必要に応じて段落を分けてもよい。第三段落では自分の意見を簡潔《かんけつ》にまとめる。